# Advanced Russian through History

# Дела давно минувших дней

# Advanced Russian through History

# Дела давно минувших дней

**Benjamin Rifkin**
*Temple University*

**Olga Kagan**
*University of California, Los Angeles*

**with Anna Yatsenko**
*Reed College*

Yale University Press
New Haven and London

Copyright © 2007 by Yale University.
All rights reserved.
This book may not be reproduced, in whole or in part, including illustrations, in any form (beyond that copying permitted by Sections 107 and 108 of the U.S. Copyright Law and except by reviewers for the public press), without written permission from the publishers.

Publisher: Mary Jane Peluso
Development Editor: Brie Kluytenaar
Manuscript Editor: Karen Hohner
Production Editor: Ann-Marie Imbornoni
Production Controller: Maureen Noonan
Marketing Manager: Timothy Shea

Cover designed by Vladimir Paperny
Maps by Mark Mattson

Printed in the United States of America.

ISBN 978-0-300-10947-4 (pbk. : alk. paper)
Library of Congress Control Number: 2006931443

A catalogue record for this book is available from the British Library.

The paper in this book meets the guidelines for permanence and durability of the Committee on Production Guidelines for Book Longevity of the Council on Library Resources.

10 9 8 7 6 5 4 3 2

# Contents
# Содержание

Acknowledgments................................................................................................vii
Preface to Teachers................................................................................................ix
Preface to Students................................................................................................xi
About the Learning Tasks ..................................................................................xiii

| | | |
|---|---|---|
| Карта 1 | Киевская Русь ........................................................................ | xv |
| Карта 2 | Российская империя (1890) ................................................. | xvi |
| Карта 3 | Советский Союз и страны Варшавского договора (1950) . | xvii |
| Карта 4 | Европейская часть России и Европа ................................. | xviii |
| Карта 5 | Карта мира ............................................................................ | xix |
| Глава 1 | Киевская Русь ......................................................................... | 1 |
| Глава 2 | Татаро-монгольское иго ......................................................... | 9 |
| Глава 3 | Московское княжество ......................................................... | 15 |
| Глава 4 | Смутное время ....................................................................... | 21 |
| Глава 5 | Первые Романовы .................................................................. | 31 |
| Глава 6 | Пётр I ...................................................................................... | 35 |
| Глава 7 | Екатерина II. Формирование и развитие Российской империи | 41 |
| Глава 8 | Александр I и победа над Наполеоном .............................. | 45 |
| Глава 9 | Декабристы ............................................................................ | 51 |
| Глава 10 | Западники и славянофилы .................................................. | 57 |
| Глава 11 | Александр II и общественные реформы ........................... | 63 |
| Глава 12 | Внешняя политика Российской империи в 1856–1914 гг. | 69 |
| Глава 13 | История евреев в России (XVI–XIX века) .......................... | 75 |
| Глава 14 | Революционное движение в России .................................. | 81 |
| Глава 15 | Женщины в истории России (XIX век): «право на самостоятельность — право на самопожертвование» ....... | 89 |
| Глава 16 | Русский авангард в литературе, живописи и музыке ....... | 93 |
| Глава 17 | Россия в Первой мировой войне ........................................ | 99 |
| Глава 18 | Владимир Ильич Ленин ....................................................... | 105 |
| Глава 19 | 1917 год и послереволюционные события ....................... | 115 |
| Глава 20 | Гражданская война ............................................................... | 121 |
| Глава 21 | Образование СССР ............................................................... | 127 |
| Глава 22 | Новая экономическая политика ......................................... | 133 |
| Глава 23 | Советская культура (1917–1953 гг.) ..................................... | 139 |
| Глава 24 | Сталин и сталинизм .............................................................. | 147 |

| | | |
|---|---|---|
| Глава 25 | Коллективизация | 153 |
| Глава 26 | Великая Отечественная война | 159 |
| Глава 27 | СССР в период «холодной войны» | 165 |
| Глава 28 | Н.С. Хрущев и «оттепель» | 171 |
| Глава 29 | Брежневская эпоха: «время застоя» | 177 |
| Глава 30 | Самиздат и тамиздат | 183 |
| Глава 31 | Советская история 1980-х гг. | 189 |
| Глава 32 | История российского кино (1896–2004 гг.) | 197 |
| Глава 33 | Женщины в истории России (XX век) : разные лики «свободы» и «равенства» | 203 |
| Глава 34 | Этнические конфликты в СССР | 209 |
| Глава 35 | История евреев в России (XX век) | 219 |
| Глава 36 | Постсоветская история России: проблемы и противоречия посткоммунистического периода | 227 |
| Appendix | Reading Strategies | 233 |
| Об авторах | | 237 |

# Acknowledgments

We thank all the authors who contributed written and oral texts for our book and extend to them special thanks for their patience and persistence in working with us, sometimes halfway across the planet. We are grateful to Dean Cadoret of Middlebury College, Ron Cramer and Doug Worsham of the University of Wisconsin-Madison, and Galina Aksenova of the Middlebury Russian School for their technical assistance in recording mini-lectures for our book. We thank Michael Baumann, Danielle Berman, Amy Rothbart-Forster, and Lauren McCarthy, students at the University of Wisconsin-Madison, who piloted our textbook in its initial stages and gave us important suggestions as to how to improve the materials in the book and on the website. We extend our thanks also to Maria Shardakova of the University of Pennsylvania and her students at the Middlebury Russian School for the same reason. We are deeply indebted to Anna Yatsenko of Reed College for her dedication and professionalism as our style editor. We thank Maria Lekic (University of Maryland), Karen Evans-Romaine (Ohio University), Sandra Rosengrant (Portland State University), Frank Miller (Columbia University), and Michael Long (Baylor University) for their thoughtful reviews of our manuscript. We thank Antoinette Johnson, of Temple University, for beginning the research for our maps and are very grateful to cartographer Mark Mattson of Temple University for his extraordinary dedication to our project. We thank Mary Jane Peluso, Brie Kluytenaar, Ann-Marie Imbornoni, and Karen Hohner of Yale University Press for their help from the beginning of this project to its happy end. Lastly, we thank our families for their support.

# Preface to Teachers

*Advanced Russian through History*: Дела давно минувших дней covers the history of Russia from its distant past to the present. It is designed to meet the needs of mixed groups of students, including heritage learners and students of Russian as a foreign language, who have had the equivalent of approximately 350 hours of Russian-language classroom instruction or have at least intermediate mid or high oral and reading proficiency. The book consists of 36 chapters focusing on the history of Russia, from Kievan Rus' to the Post-Soviet era. Each chapter consists of:

➢ a written text (in this textbook)
➢ a mini-lecture (on the CD-ROM packaged with this textbook)
➢ learning tasks on the web (at http://www.yalebooks.com/advrushist)

The text of each chapter was written by a Russian scholar working at a Russian institution. The same scholar also delivered a recorded mini-lecture (which runs from 3–7 minutes) on a topic related to the chapter's text. The mini-lecture is *not* an oral performance of the text. Rather, it contains additional information or discussion. It is an entirely distinct text, the transcript of which is included neither in the textbook nor among web-based learning tasks.

Each chapter is accompanied by learning tasks designed to meet the needs of students striving to reach advanced-level or higher competency in reading, speaking, listening, and writing. The learning tasks are on the website provided by Yale University Press (www.yalebooks.com/advrushist), but are described in greater detail in this volume in the section, "About the Learning Tasks." In this essay we provide pedagogical suggestions for teachers assigning the tasks to their students.

In order to complete all the tasks for any given chapter, students may need 10–15 hours, depending on the length of the film screened for task 23. However, we do *not* recommend that all students be assigned all the tasks. Rather, we recommend that teachers assign or students choose more of the earlier tasks in the beginning of the semester, more of the middle tasks in the middle of the semester, and more of the later tasks toward the end of the semester. Note that later tasks are more challenging than earlier tasks. Moreover, different students can be assigned or can choose different chapters. Students may also want to work in groups to prepare oral presentations on the chapter studied by the whole class or chosen by several students.

We suggest that students complete tasks 1 and 2 and read through tasks 3–6 *before* reading the text for any chapter. These pre-reading activities will help improve comprehension of the text. We recommend working through tasks 5–6 after the first reading and tasks 7–20 as students read and re-read the text. Tasks 21-25 are designed as post-reading activities. In addition to these activities, one may want to search for images of individuals featured in the text at a Russian search engine, such as www.google.ru, and to compare and discuss the images.

In-class activities may consist of grammatical analysis of participles and other forms targeted in the grammar section of each chapter's tasks, but we prefer to think of classes at this level of consisting more productively of discussions of the text, the authors' ideological perspectives (task 7 in each chapter), circumlocution activities (task 12), and working on presentations summarizing the text (tasks 20, 22). Listening to mini-lectures (task 21) can be done partially in class and also as homework. After watching films the class could analyze the differences among historical depictions between the text and the film (task 23). Discussion of images found through a Russian search engine may be scheduled as a pre- or post-reading activity.

As students reach toward advanced-level oral proficiency, they need opportunities to speak in extended discourse. Accordingly, class activities at this level need to provide students with the challenge of speaking in longer turns. In order to keep class meaningful for all students, not merely the one student speaking at any given moment, we recommend that instructors establish the expectation that whenever one student is speaking, other students are expected to listen, prepare questions for further discussion, and be ready to add other information or perspectives.

Because the chapters were written by several different scholars, the texts do not necessarily grow in complexity with each chapter. Rather, certain chapters are stylistically more challenging than others. The students with whom we have piloted these materials have reported that the texts by Tendriakova were the most accessible, while those by Ershov and Kobrinsky were the most challenging.

The textbook can be used as a complete course or together with other instructional materials and assignments and provides a range of reading, listening, speaking, and writing tasks; however, this book does not include any grammar explanations. We recommend that students at this level consider a solid reference grammar, such as Wade's *Comprehensive Grammar of Russian*.

We encourage students and teachers to read the appendix on reading strategies because we believe that the development of a broad range of reading strategies at this level is the key to reaching advanced- and even superior-level reading proficiency in Russian.

We hope you find our book useful and interesting.

Benjamin Rifkin
Temple University, Philadelphia

Olga Kagan
University of California, Los Angeles

# Preface to Students

*Advanced Russian through History:* Дела минувших дней is designed to help you improve your reading, listening, speaking, and writing skills while providing you with Russian scholarly texts on historical, political and social topics covering the sweep of Russian history from the days of Kievan Rus' to the post-Soviet era. Our intention in this book is not to present a comprehensive history of Russia: this is the task for history monographs that come in multiple volumes. Instead, we have selected what we believe to be some of the most important issues in Russian history and have arranged texts on these issues, written by Russian scholars, in chronological sequence.

Our textbook consists of 36 chapters, each featuring the following three components:

➢ a written text (presented in this textbook)
➢ a mini-lecture (in mp3 format on the CD-ROM accompanying the textbook) of 3–7 minutes in length (not a recording of the written text, but a distinct text on a topic related to that of the written text)
➢ a series of learning tasks on the website at www.yalebooks.com/advrushist

The authors of all the texts in our book are Russian scholars working in Russia. Their language is the language of Russian scholarly discourse. In reading the texts and listening to the lectures, you will be better prepared to do research using sources in Russian, participate in social science courses taught in Russian, and engage in discussions with Russian scholars and other Russians interested in history, politics and philosophy (many Russians have such interests). The authors of the texts present their own perspectives on Russian history: these perspectives may be different from what you may have read in American or European works on Russian history. One of the goals for our book is to help you understand Russian *perspectives* (note the use of the plural) on important topics in Russian history. It is essential that you understand that there is no such thing as *the* Russian perspective on the cold war or on the revolution of 1917, but rather there exist a range of Russian points of view on these and other controversial topics in Russian history. (Of course, in the Soviet era, it may have seemed that there was only one official Soviet perspective on Russian history, but official Soviet views changed rapidly, such as was the case with Soviet policy on collaboration with West European socialists in the 1930s.) The scholars whose works are featured in this book are experts in their field and we believe that their views on Russian history are well-founded, rigorously argued, and genuinely representative of contemporary (post-Soviet) Russian scholarship.

At first you may find it difficult to understand the texts because they are written in a style with which you may be unfamiliar. If you persist and work through the exercises in the tasks as we suggest, you will find that it will become easier to read, understand, and remember the information presented in the texts. As you read, consult the glosses in the texts for challenging words, historical and geographical terms, and idiomatic expressions. As you see words and phrases recurring, write them down and create flashcards for them. You will find that many words and phrases are repeated from one text or topic to another; as you master them, you will find it progressively easier to read new texts. It is critically important that you take note of the rhetorical structure of the texts by identifying the words and phrases each author uses to structure his or her argument, especially cohesive devices such as «в первую очередь» or «тем не менее», and so forth. Keeping track of these words and phrases will help you understand the bigger picture of each author's argument as well as the ideological perspective on the events or issues described.

You may read the chapters in the chronological sequence in which they are presented (Chapters 1–36) or in any order, depending on your interests and learning goals. There is no progression from "easier" to "more difficult" texts that one might expect to find in a traditional textbook.

Each chapter in the textbook is accompanied by 25 learning tasks on the website (www.yalebooks.com/advrushist). The tasks are described in greater detail in this volume in the section, "About the Tasks." You may find some of the tasks on the website more or less useful for you personally; we have deliberately provided a variety of activities and exercises to meet the needs of a broad range of students, including learners of Russian as a foreign language as well as heritage learners of Russian. As you go through the tasks on the website, consider the degree to which you find each kind of activity helpful and focus your time and energies on those you find most productive. You may also find that you will benefit from other assignments, such as translating certain paragraphs or entire chapters, analyzing additional sentences, and so forth. Notice which exercises appear to be most productive—whether they are indicated in the tasks, suggested by your instructor, or of your own design. Be creative in your approach and think about what works best for you.

As you read the texts in this book, you will improve your reading proficiency most effectively if you deliberately try to use a broad range of reading strategies. You may be familiar with some strategies already, but you can improve your reading competency by broadening the range of your reading strategies. We encourage you to make a conscious effort to try at least one new reading strategy with every chapter's text and analyze, after reading the text, whether that strategy was helpful for you. Continue to use newly tested and productive strategies as you try applying strategies you've never used before, in order to gradually enhance your reading comprehension. Use the list of strategies in the Reading Strategy Appendix.

We hope you enjoy using our book and that it helps you improve not only your reading proficiency in Russian, but also your understanding of Russian history and society.

Benjamin Rifkin
Temple University, Philadelphia

Olga Kagan
University of California, Los Angeles

# About the Learning Tasks

The learning tasks correlated with the text of each chapter are available on the web at www.yalebooks.com/advrushist. The learning tasks are consistently sequenced as follows:

*Pre-Reading Tasks: Complete before Reading the Text*

1. Before Reading (Перед чтением): Read guided questions, in English, to prepare to read the chapter's text
2. Chronology (Исторические даты): Match the English translations of important events given in Russian; in some chapters, also practice reading dates out loud in Russian. (The chronology activity will help students acquire vocabulary essential for understanding the text.)
3. Historical and Political Lexicon (Историческая и политическая лексика): Read alphabetically sequenced list of historical, geographical, and political terms.
4. Rhetoric (Вводные слова, союзы, риторические средства): Read alphabetically sequenced list of connecting words and phrases.

*Pre-Reading Tasks: Read and Reflect before Reading the Text*

5. Map Activity (Найдите на карте): Locate important places on a map and explain (orally or in writing as assigned) why those places are important for our understanding of the chapter's topic. The map activity is not included in every chapter, but the numbering of tasks is consistent throughout the chapters, regardless.
6. General Comprehension (Хорошо ли вы понимаете текст?): Answer general comprehension questions in English.

*Reading Tasks: Complete Upon Successive Re-Readings of the Text*

7. Ideology of the Text (Идеология текста): Identify the ideological perspective of the author.
8. Roots (Корни): Find words in the text with given roots and analyze given words by roots.
9. Word Formation (Словообразование): Create adjectives from nouns or verbs.
10. Word Meaning (Значение слов): Use roots, prefixes and suffixes to identify the meaning of given words.
11. Words, Expressions, and Constructions (Слова, выражения, конструкции): Translate into English selected phrases and sentences from the text.

12. Circumlocution (Перефразируйте): Explain in Russian given words or phrases from the text.
13. Translation (Перевод): Translate from Russian into English given phrases and sentences from the text.
14. Participles and Verbal Adverbs (Причастия и деепричастия): Identify the infinitive from which a given word is formed or create a participle or verbal adverb from a given infinitive (format varies by chapter).
15. Work with Pronouns and Antecedents (К какому слову относится местоимение?): Identify the antecedent of the pronoun in given sentences from the text.
16. Word Order (Порядок слов): Determine how meaning is influenced by word order in the given sentences.
17. Structure of the Sentence (Структура предложения): Determine how many clauses are in each of the given sentences and identify the predicate and subject in each clause.
18. Structure of the Text (Построение текста): Rewrite sentences in the text that feature the given connecting words and phrases (using different strategies to convey the meaning of connecting words and phrases).
19. Additional Historical Terms (Дополнительные исторические термины): Make a list of historical terms in the text not included in the historical lexicon in section 3.
20. Summary (Краткое содержание): Draw up a paragraph-long summary of the text, using historical terms from exercise 19 and connecting words and phrases from
section 4.

*Post-Reading Tasks: Complete After Reading and Mastering the Text*

21. Lecture (Лекция): Listen to a mini-lecture by the author of the text.
22. Presentation (Выступление): Make a presentation based on the summary, using rhetorical devices in the lecture (section 21).
23. History in Film (История в фильмах): Watch a film related to the text and answer questions about the film.
24. Symposium (Симпозиум): Prepare an oral presentation on a topic related to the text.
25. Research Report (Письменная работа): Write a paper on the topic of the oral presentation, using additional sources as necessary.

We hope that teachers and students will find the tasks helpful.

Benjamin Rifkin  
Temple University, Philadelphia

Olga Kagan  
University of California, Los Angeles

**Карта 1**     **Киевская Русь**

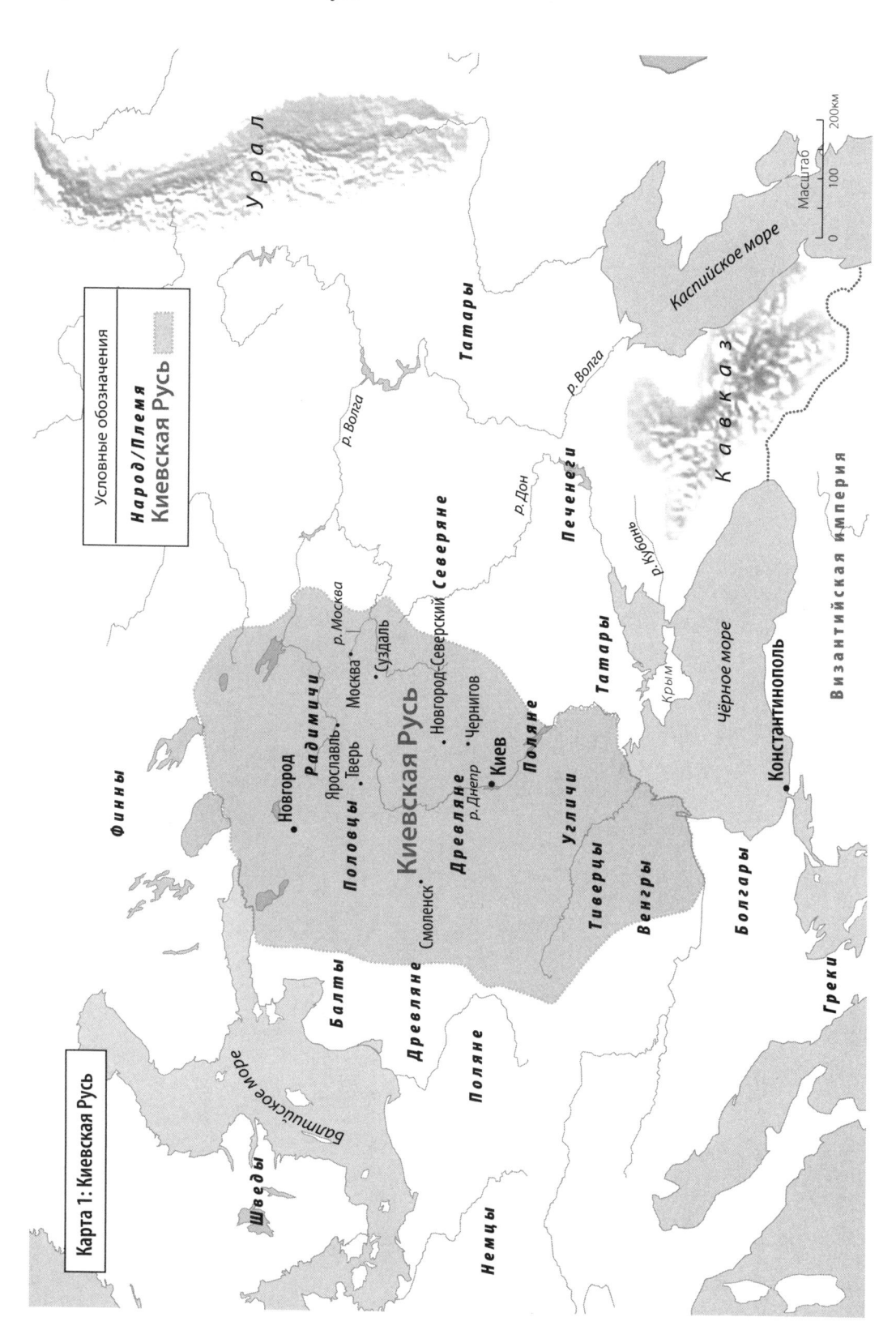

**Карта 2**  Российская империя (1890)

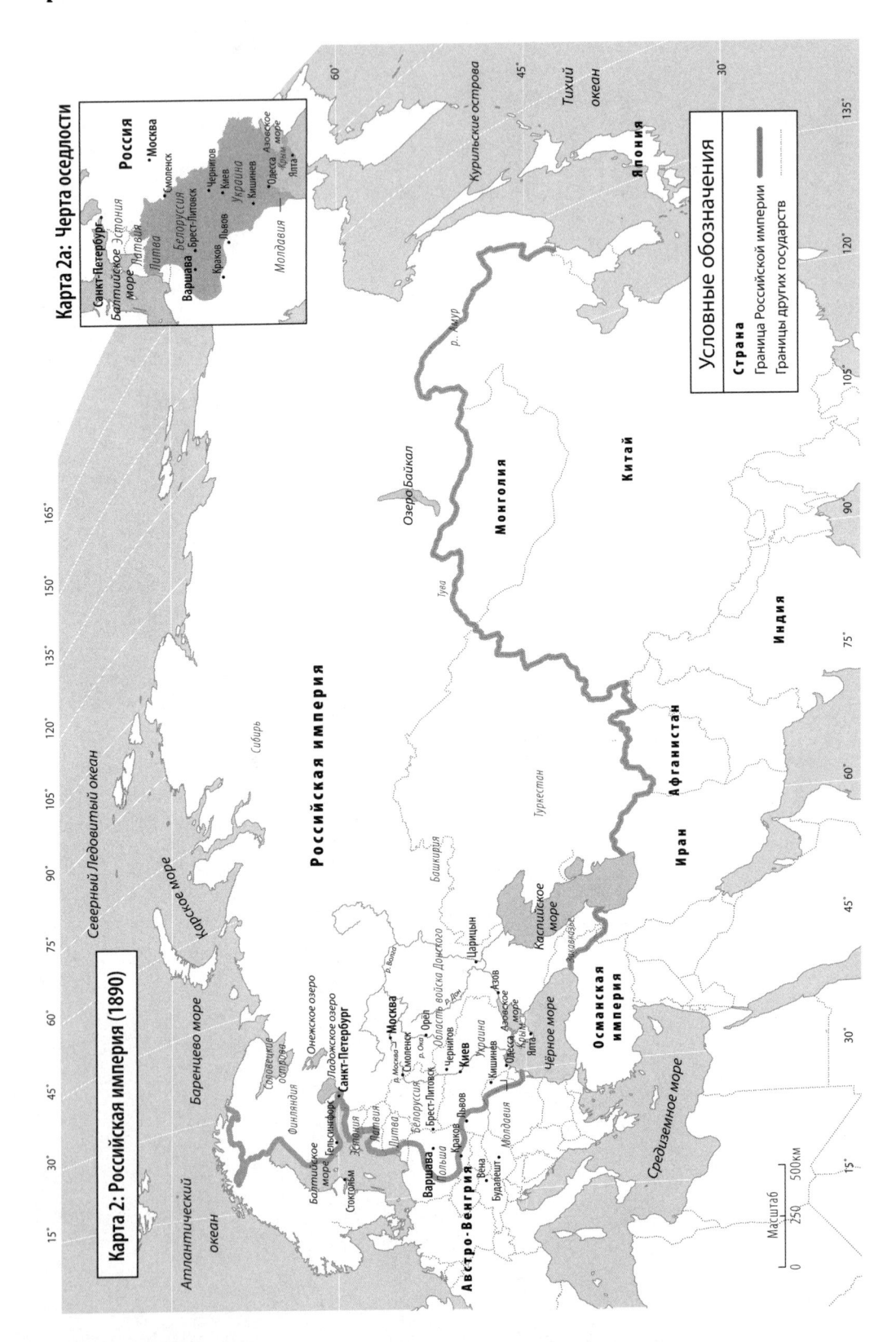

**Карта 3** Советский Союз и страны Варшавского договора (1950)

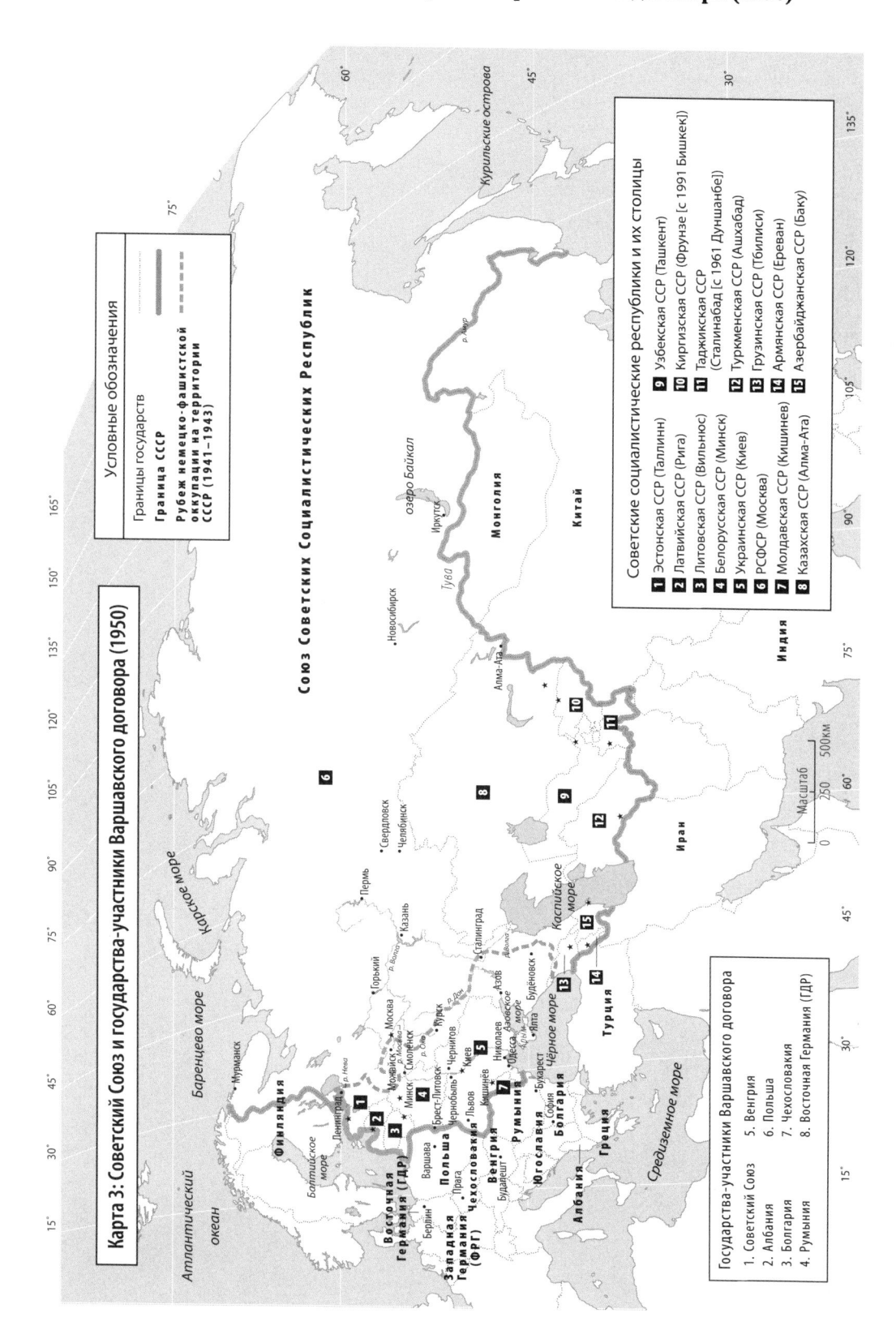

**Карта 4**  Европейская часть России и Европа

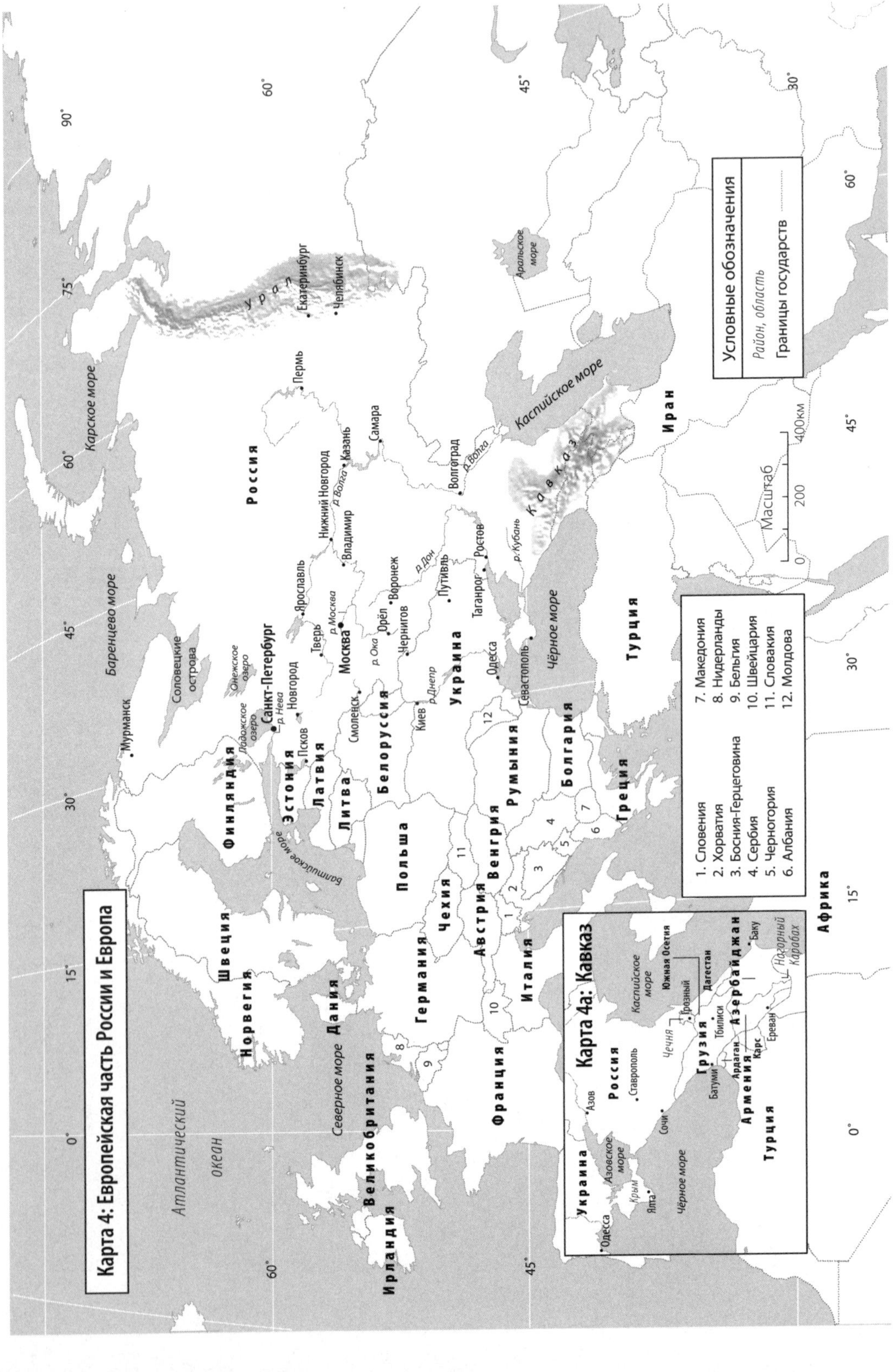

**Карта 5**     Карта мира

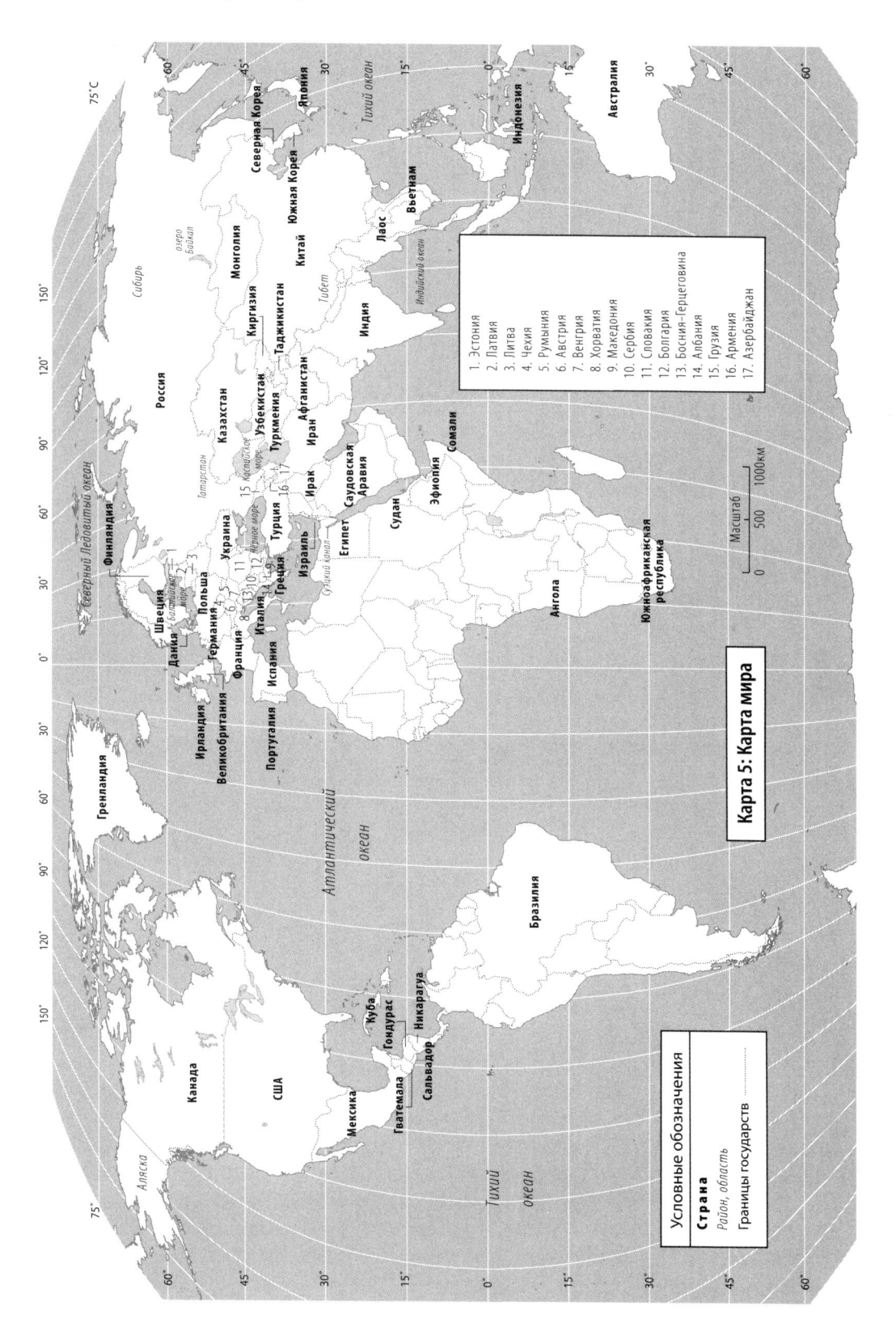

# Advanced Russian through History

# Дела давно минувших дней

# Глава 1    Киевская Русь

## Введение

Часто говорят, что Киев — «мать градов русских», то есть мать русских городов, или мать русской культуры. В девятом веке древние русские жили на берегах реки Днепр. Там вырос большой город, через который шли важные торговые пути. Киевская Русь вела торговлю с Византийской империей, с немцами на Западе и скандинавами на Севере. Решение киевского князя принять православное христианство как государственную религию во многом определило судьбу дальнейшего развития русской культуры.

1  Первые правители[1] Киевской Руси предстают перед нами на
2  страницах летописей в виде каких-то первобытных великанов[2] в
3  сверкающих доспехах. Они без устали скачут сквозь неизмеримые
4  пространства на своих могучих боевых конях. Племена[3] и народы покорно
5  склоняются перед ними и приносят им дань[4]...

6  Мы, вероятно, уже никогда не узнаем, какими они были в жизни, эти
7  прославленные историей отцы-основатели[5] Киевской державы. Летописец
8  пометил каждого из них лишь одной-двумя красками из своей палитры.
9  Загадочный основатель династии князь[6] Рюрик (862–879), воинственный и
10 коварный[7] Олег (879–912), алчный Игорь (912–945), хитроумная Ольга
11 (945–964), непобедимый Святослав (964–972), благочестивый Владимир
12 (980–1015), мудрый Ярослав (1019–1054)... Для историков они прежде всего
13 хронологические знаки, верстовые столбы[8] истории. Об их подлинных
14 достижениях и замыслах[9], достоинствах и недостатках мы имеем весьма[10]

---

[1] rulers
[2] primordial giants
[3] tribes, people, nations
[4] tribute
[5] See основать (to found).
[6] prince
[7] insidious, treacherous
[8] mileposts
[9] intentions, plans
[10] very (*scholarly*)

туманное представление. Но некоторые черты угадываются всё же достаточно отчётливо.

«Геройзм — это прежде всего способность действовать», — говорил английский историк Т. Карлейль. Этой способностью в полной мере обладали все первые киевские князья. Кипучая энергия[11] переполняла их, порой заставляла[12] идти на крайне опасные, но совершенно бессмысленные предприятия.

Их главной заботой было распространение[13] своей власти на все племена восточных славян. Поначалу Киевское государство было узкой лентой[14], протянувшейся вдоль пути «из варяг[15] в греки[16]». Так называлась древняя[17] торговая[18] дорога, соединявшая Балтийское и Чёрное моря. Однако уже князь Олег заставил платить дань не только живших вокруг Киева полян, но и более отдалённых от него древлян, северян и радимичей. С обитавшими в низовьях Днестра и Прута угличами и тиверцами он воевал, но покорить их так и не смог[19].

После кончины[20] Олега (согласно преданию[21], умершего от укуса змей, притаившейся в черепе его любимого коня) долгожданную корону получил уже немолодой Игорь. Он начал с того, что заставил древлян платить более тяжкую дань, чем при Олеге. Уступчивость[22] древлян и ненасытность[23] Игоря в конце концов погубила и князя, и лесовиков[24]. В 945 г. древляне не вытерпели. Они схватили[25] Игоря, пришедшего в их земли с небольшим отрядом для сбора удвоенной дани, и казнили[26] его,

---

[11] frenetic energy
[12] forced/compelled
[13] See распространять (to spread, increase, circulate, enlarge).
[14] a narrow ribbon
[15] Vikings
[16] Greeks
[17] ancient/medieval
[18] trade
[19] was ultimately unable to subdue them
[20] death
[21] myth, legend
[22] willingness to please
[23] insatiability
[24] forest dwellers
[25] captured
[26] executed

## Глава 1 • Киевская Русь

привязав за ноги к двум согнутым в дугу молодым берёзкам[27]. Вдова Игоря княгиня[28] Ольга с той же первобытной жестокостью вначале перебила всю древлянскую знать[29] (одних закопала живыми в землю, других сожгла[30] в срубе, третьих приказала зарезать во время поминальной тризны[31] по Игорю), а затем прошла огнём и мечом[32] по всей древлянской земле.

Впрочем, Ольга не хотела новых беспорядков. Поэтому она упорядочила систему сбора дани с окрестных племён. Отныне их старейшины сами стали привозить дань в определённые места («погосты»[33]), откуда она потом вывозилась в Киев. Княжеские разъезды, сопровождавшиеся[34] грабежом и произволом, ушли в прошлое.

Короткое, но блестящее княжение Святослава было наполнено воинской[35] славой. Этот правитель отличался невероятной энергией и дерзостью замыслов[36]. И на то были свои причины. Его мать, честолюбивая Ольга, долго не допускала сына к верховной[37] власти. Лишь в 964 г. он стал полновластным хозяином Руси. К этому времени ему уже было более 30 лет. Страстный[38] от природы, он тосковал по великим делам, жаждал подвигов и славы. И вот уже первый его поход[39] на север — сквозь землю диких вятичей, а затем вниз по Волге на Хазарию и дальше через степи обратно на Русь — заставил вспомнить далёкие походы непобедимого Александра Македонского. Столь же головокружительным было[40] и другое предприятие Святослава — поход на Дунай и попытка основать там новое государство.

Дружинники[41] Святослава боготворили своего вождя, готовы были идти за ним хоть на край света. Казалось, этот человек создан для войны и побед. Он не любил роскоши, одевался в простую одежду, а в походах, как

---

[27] having tied him by his legs to two birch trees bent in the shape of an arch
[28] princess
[29] nobility, aristocracy
[30] burned down
[31] funeral repast or wake
[32] marched through with fire and sword (scorched-earth policy)
[33] trading points far off from the city or town
[34] See сопровождать (to accompany).
[35] military
[36] daringness of his plans
[37] supreme
[38] passionate, enthusiastic
[39] military campaign
[40] Just as dazzling was …
[41] knights or officers in the army (дружина) of medieval Russian prince

рядово́й во́ин, спал у костра́, подложи́в под го́лову ко́нское седло́. Чу́ждый кова́рства Святосла́в зара́нее извеща́л[42] свои́х враго́в: «Иду́ на вы!».

Потерпе́в неуда́чу в свое́й после́дней войне́ с Византи́ей[43], Святосла́в возвраща́лся в Ки́ев. Во́зле днепро́вских поро́гов его́ подстерегли́[44] да́вние враги́ коче́вники-печене́ги. В жесто́кой схва́тке отря́д Святосла́ва был уничто́жен[45], а сам он поги́б в бою́. Из че́репа Святосла́ва печене́жский хан Ку́ря веле́л сде́лать ча́шу, из кото́рой пил вино́ на пира́х.

Для сынове́й Святосла́ва — Яропо́лка, Оле́га и Влади́мира — вопро́с о пе́рвенстве оказа́лся роковы́м[46]. Внача́ле Яропо́лк пошёл войно́й на Оле́га, пра́вившего в земле́ древля́н. В одно́м из сраже́ний Оле́г был уби́т. Зате́м на Яропо́лка восста́л мла́дший брат Влади́мир. Замани́в[47] бра́та в заса́ду[48], Влади́мир приказа́л варя́гам уби́ть его́...

Бу́дущий «крести́тель Руси́» князь Влади́мир был сы́ном Святосла́ва и же́нщины по и́мени Малу́ша, служи́вшей клю́чницей у княги́ни О́льги. Из-за э́того ни́зкого происхожде́ния[49] не́други презри́тельно[50] называ́ли его́ «роби́чичем», то есть сы́ном рабы́ни[51].

Для незауря́дных люде́й[52] ра́неное самолю́бие ча́сто слу́жит си́льным сти́мулом к де́йствию, к самоутвержде́нию. Влади́мир реши́л доказа́ть всем, что сын рабы́ни ниче́м не уступа́ет други́м сыновья́м Святосла́ва. Он доби́лся почётной до́лжности наме́стника ки́евского кня́зя в Но́вгороде, а зате́м, уничто́жив своего́ сво́дного бра́та[53] Яропо́лка, взошёл на отцо́вский «золото́й стол». Ему́ бы́ло тогда́ о́коло 18 лет. Жизнь лежа́ла впереди́, как

---

[42] informed
[43] Byzantium (Byzantine empire—Greek empire on territory now occupied by Turkey)
[44] ambushed
[45] See уничто́жить (to annihilate, destroy).
[46] fatal
[47] See замани́ть (to lure).
[48] ambush
[49] humble origins
[50] with condescension
[51] slave
[52] outstanding people
[53] stepbrother

открытая на все стороны степная дорога[54]. Но для начала ему предстояло убедить подданных[55], что он достоин своего нового положения.

Первые годы правления Владимира были наполнены военными победами и грандиозными замыслами. Он хотел поднять могущество и престиж киевского князя на новую высоту. С этой целью Владимир поначалу решил провести своего рода реформу языческого пантеона и заставить все племена поклоняться[56] одним и тем же богам, в особенности громовержцу Перуну.[57] Однако несколько лет спустя Владимир пришёл к выводу[58], что для укрепления молодого государства и для прославления его самого как великого правителя следует принять христианство в качестве единой, обязательной для всех религии. Эта великая реформа произошла в 988 г.

И вот уже над тёмными лесами севера и над зеленеющими долинами юга поднялись к небесам бесчисленные кресты православных церквей. В Киеве Владимир построил каменную церковь в честь Успения Божией Матери, прозванную в народе[59] Десятинной. Сюда, в эту церковь, князь распорядился давать «десятину» — десятую часть всех своих доходов.

В истории с «крещением Руси» Владимир проявил себя[60] и как дальновидный правитель. Ведь вслед за новой религией на Русь пришла и сопутствовавшая[61] ей церковная организация, построенная на строгом иерархическом подчинении. Эта параллельная структура власти укрепляла государство, создавала для монарха дополнительные возможности воздействия на аристократию и народ. С принятием христианства Русь из амбициозного «варварского» княжества превращалась в полноправное государство Восточной Европы[62]. Новая религия широко открыла двери для распространения среди восточных славян древней византийской культуры.

---

[54] a road through the steppe, open on all sides
[55] citizens, subjects
[56] to bow down to, submit to
[57] the pre-Christian god of thunder, Perun
[58] conclusion
[59] that came to be called (among the people)
[60] showed himself to be
[61] See сопутствовать (to accompany).
[62] With the adoption of Christianity, Russia turned from an ambitious but barbaric princedom into a fully equal nation-state of Eastern Europe.

Христианские моральные нормы способствовали⁶³ смягчению⁶⁴ нравов и усложнению духовной жизни общества.

«Крещение Руси» навсегда прославило князя Владимира. Русская Церковь простила ему «ошибки молодости» и причислила к лику святых⁶⁵.

Политический строй Киевской Руси принято называть⁶⁶ раннефеодальной монархией. Её характерными чертами были слабое развитие аппарата управления, патриархальный характер отношений между правителем и окружавшей его знатью. Большую роль в политической жизни играло народное собрание — вече⁶⁷. И всё же решающее слово всегда было за князем.

Известно, что при монархическом правлении очень многое зависит от личности венценосца⁶⁸, от его отношения к делу. В этом смысле Киеву, несомненно, повезло⁶⁹. На его «золотом столе» после Владимира Святого утвердился Ярослав Мудрый (1019–1054). Выдающийся правитель, он поднял киевское государство к вершинам его исторической славы⁷⁰. Символом этой славы стал построенный Ярославом огромный Софийский собор в Киеве.

Старшие сыновья Ярослава Мудрого — Святослав, Изяслав и Всеволод, — следуя заветам отца, создали своего рода «триумвират» и некоторое время управляли страной сообща. Но в конце концов они всё же перессорились⁷¹ между собой. С кончиной Святослава на смену «триумвирату» пришёл «дуумвират»⁷² Изяслава и Всеволода. После гибели в одном из сражений князя Изяслава киевский престол⁷³ без особых скандалов перешёл ко Всеволоду. В борьбе между эгоизмом и долгом правителя перед своим народом победа всё ещё оставалась за долгом⁷⁴.

---

⁶³ facilitated
⁶⁴ softening
⁶⁵ declared him to be a saint
⁶⁶ It is customary to call the political structure of Kievan Rus'…
⁶⁷ council or parliament (in medieval Russia)
⁶⁸ king, tsar (*literally*: the one who wears the crown)
⁶⁹ … Kiev was undoubtedly fortunate.
⁷⁰ to the heights of its (Kiev's) historical glory
⁷¹ argued
⁷² Compare this word to "triumvirate".
⁷³ throne
⁷⁴ the ruler's duty to his people nonetheless defeated egotism in this struggle

Внуки Ярослава враждовали между собой гораздо острее, чем их отцы. Однако угроза полного разорения Южной Руси половцами[75] всё же заставила их опомниться и на время сплотиться[76] вокруг Великого князя киевского Святополка Изяславича (1093–1113). Политическое единство страны ещё некоторое время поддерживалось[77] благодаря усилиям[78] храброго и великодушного Владимира Мономаха (1113–1125), а затем и его старшего сына Мстислава Великого (1125–1132).

Мстислав был сильным и опытным правителем. К моменту кончины 73-летнего отца ему было уже 48 лет. Он многие годы успешно правил в Ростове, Смоленске и Новгороде. В 1117 г. Мономах перевёл Мстислава в один из городов близ Киева и фактически сделал его своим соправителем. Благодаря этой предусмотрительности передача верховной власти[79] от отца к сыну произошла быстро и без осложнений. Ещё семь лет Мстислав удерживал своей твёрдой рукой бразды правления[80] Киевской Русью. Но всё на свете имеет свой конец...

С кончиной Мстислава распад Киевской державы принял стремительный и необратимый характер. Княжества и земли наперебой[81] заявляют о своей независимости от Киева, прекращают выплату денег в общегосударственную казну[82]. Привести их к повиновению[83] с помощью силы было невозможно: Киев уже утратил прежнее военное превосходство[84] над другими землями и княжествами. Столица Руси и её округа[85] теряют своё население: набеги кочевников половцев и княжеские схватки за Киев заставляют людей уходить отсюда в более спокойные края[86].

Н.С. Борисов

---

[75] the threat of complete destruction of Southern Rus' by the Polovtsy
[76] to join ranks, to unify
[77] was sustained
[78] efforts
[79] transfer of supreme power (authority)
[80] reins of government
[81] competing with one another, one after another
[82] national treasury
[83] to bring them into compliance, to make them comply
[84] military superiority
[85] environs, nearby communities, surrounding area (historical and geographical term; note root: -*круг*-)
[86] to more tranquil regions

# Глава́ 2    Тата́ро-монго́льское и́го

> **Введе́ние**
>
> Распа́д Ки́евского госуда́рства свя́зан с тата́ро-монго́льским наше́ствием и установле́нием тата́ро-монго́льского и́га на террито́рии Руси́. Почти́ два ве́ка (XIII–XV вв.) Русь была́ под вла́стью ха́нов Золото́й Орды́. Населе́ние ру́сских кня́жеств плати́ло дань (нало́ги) тата́рским ха́нам. Ру́сские князья́ потеря́ли самостоя́тельность в реше́ние полити́ческих пробле́м. Под бре́менем многочи́сленных нало́гов эконо́мика и культу́ра Дре́вней Руси́ приходи́ли в упа́док.

1  В исто́рии Росси́и сле́дует чётко разделя́ть два разли́чных, хотя́ и
2  взаимосвя́занных явле́ния: тата́ро-монго́льское наше́ствие[1] и тата́ро-
3  монго́льское и́го. Наше́ствие — это вое́нный погро́м[2], сопровожда́емый
4  грабежа́ми, уби́йствами, разруше́ниями и уго́ном в ра́бство мно́гих ты́сяч
5  пле́нных[3]. Пе́рвая и са́мая стра́шная волна́ наше́ствия прошла́ в 1237–1241
6  гг. Одна́ко и поздне́е тата́ры для сохране́ния своего́ госпо́дства[4] над Ру́сью
7  не раз[5] прибега́ли к[6] но́вым наше́ствиям, масшта́бы кото́рых иногда́ быва́ли
8  сопостави́мы[7] с наше́ствием Баты́я[8]. Так, за одну́ лишь втору́ю полови́ну[9]
9  XIII в. исто́чники[10] сообща́ют о 14 похо́дах тата́р на ру́сские зе́мли и города́.

10  Тата́ро-монго́льское и́го продолжа́лось бо́лее двух веко́в. Оно́ начало́сь
11  в 1240-е го́ды и бы́ло све́ргнуто в 1480 году́, когда́ Вели́кий князь
12  моско́вский Ива́н III оконча́тельно отказа́лся плати́ть дань[11] тата́рам.

---

[1] invasion
[2] pogrom, riot, usually used with reference to anti-Semitic violence in Russia
[3] prisoners, captives
[4] rule, authority, power
[5] more than once, many times
[6] resorted to
[7] comparable
[8] grandson of Genghis Khan (Чингисха́н), lived approx. 1207–1256
[9] in only the second half of
[10] sources
[11] tribute (in medieval times)

Старинное слово «иго» означает «ярмо», «бремя»[12]. Действительно, это было тяжкое[13] бремя унизительной[14] зависимости Руси от завоевателей[15]. Монгольскими ханами была разработана целая система эксплуатации русских земель, покорённых[16] в результате нашествия. Она изменялась со временем. Но и в одно и то же время эта система могла выглядеть[17] по-разному в разных областях Руси. И всё же как историческое явление иго представляло собой[18] нечто целостное и устойчивое[19].

Татаро-монгольское иго имело три основных аспекта: экономический, политический и культурный.

Экономика страны пострадала[20] очень сильно. Русские земли должны были выплачивать правителям Золотой Орды[21] (так историки называют одно из государств, созданных потомками[22] Чингисхана[23]) огромную дань, состоявшую из золота, серебра, дорогой пушнины[24] и иных ценностей. Размеры дани соответствовали количеству жителей той или иной земли. В 1257–1259 гг. татары провели на Руси перепись населения[25], которая позволила[26] им установить точные нормы платежей[27].

Поначалу сбор дани[28] в русских городах завоеватели передали[29] в руки откупщиков[30], происходивших в основном из мусульманских торговцев[31].

---

[12] yoke or burden
[13] grave, serious
[14] humiliating
[15] occupiers, conquerors
[16] subjugated, subdued, conquered
[17] to appear
[18] represented
[19] something whole and long-lasting
[20] suffered
[21] The Golden Horde
[22] descendants
[23] Genghis Khan (approx. 1162–1227) led the Mongols (Tatars) in military campaigns conquering China, Khazaria (in what is now Uzbekistan), and Russia. His was the only successful winter invasion of Russia in world history.
[24] pelts
[25] census
[26] allowed
[27] payments
[28] collection of tributes
[29] Передали is also possible.
[30] tax collectors
[31] merchants

Эти «бесермéны» (то есть «мусульмáне»), как называ́ет их ру́сская ле́топись, опу́тали[32] свои́ми долговы́ми сетя́ми[33] мно́жество люде́й ра́зных сосло́вий[34]. Заси́лье[35] «бесерме́нов», бы́стро сниска́вших всео́бщую не́нависть[36], бы́ло одно́й из гла́вных причи́н наро́дного восста́ния[37] в 1262 г. в Се́веро-Восто́чной Руси́.

Наряду́ с обы́чной да́нью, выпла́чивавшейся ежего́дно, прави́тели Золото́й Орды́ периоди́чески взима́ли[38] чрезвыча́йные, вы́званные каки́ми-то осо́быми обстоя́тельствами побо́ры[39]. Тя́гостной пови́нностью[40] бы́ло содержа́ние[41] приезжа́вших на Русь орды́нских «посло́в»[42] и чино́вников[43].

От всех орды́нских побо́ров и пови́нностей была́ освобождена́ то́лько Ру́сская Це́рковь. Согла́сно завеща́нию[44] Чингисха́на, его́ пото́мки во всех завоёванных стра́нах предоставля́ли э́ту привиле́гию духове́нству[45]. То́нкий полити́ческий расчёт переплета́лся[46] в э́том нака́зе с обы́чным для монго́лов суеве́рием[47] и опасе́нием прогне́вать любо́е божество́[48].

О́бщий контро́ль над положе́нием дел в «ру́сском улу́се»[49] осуществля́ли[50] осо́бые ха́нские чино́вники — баска́ки. Во главе́[51] их стоя́л «вели́кий баска́к влади́мирский». Иногда́ баска́ки бы́ли одновре́менно[52] и сбо́рщиками да́ни.

---

[32] enmeshed, entangled, confused
[33] networks of debt
[34] social classes or estates
[35] dominant influence
[36] garnering general hatred
[37] rebellion, uprising
[38] levied
[39] requisitions, extortion
[40] burdensome obligation
[41] support; billeting, quartering
[42] ambassadors, emissaries
[43] officials
[44] will (testament)
[45] clergy
[46] was interwoven, entangled
[47] superstition
[48] fear of angering any divinity
[49] settlement
[50] implemented, administered, carried out
[51] led by
[52] Одновре́менно is also possible.

Основные взносы⁵³ в копилку⁵⁴ ордынской дани делали города. Они же были главными целями карательных⁵⁵ походов ордынских «ратей»⁵⁶. В итоге крупнейшие русские города той поры – Киев, Владимир, Суздаль, Переяславль-Залесский, Ростов – быстро приходили в упадок⁵⁷.

Политическое развитие Руси в условиях⁵⁸ ига оказалось под контролем Золотой Орды. Ханы судили⁵⁹ князей, распоряжались⁶⁰ великими и местными княжениями: жаловали⁶¹ ярлыки – грамоты⁶², дающие право на княжение. Опасаясь объединения страны, татары стравливали⁶³ князей между собой, а иногда и просто уничтожали⁶⁴ наиболее сильного из них. Они делали всё для сохранения политической раздробленности⁶⁵ на Руси.

Ордынцы контролировали и внешнюю⁶⁶ политику русских земель. Целью ханской дипломатии была политическая изоляция Руси от враждебных⁶⁷ Орде восточноевропейских государств – Венгрии, Польши, Литвы, Чехии. Князьям категорически воспрещалось⁶⁸ вести какие-либо самостоятельные переговоры с независимыми государствами. Более того, правители Орды заставляли⁶⁹ русских князей ходить вместе с ними в карательные походы. С большим трудом Александру Невскому и его сыновьям удалось уклониться⁷⁰ от обязательного призыва⁷¹ русских воинов в ханскую армию.

---

⁵³ dues, fees
⁵⁴ money box (place where one puts and/or keeps money)
⁵⁵ punitive
⁵⁶ military hosts, armies
⁵⁷ fell into decline
⁵⁸ in the conditions
⁵⁹ put on trial
⁶⁰ look control of
⁶¹ granted; showed benevolence
⁶² certificates, authorizations
⁶³ egged on, fought
⁶⁴ annihilated, destroyed
⁶⁵ fragmentation, the state of being broken up or splintered into several or many smaller units
⁶⁶ external, foreign
⁶⁷ hostile
⁶⁸ forbade
⁶⁹ compelled, forced
⁷⁰ to decline, avoid
⁷¹ conscription

Культу́ра Руси́ та́кже приостанови́лась[72] в своём разви́тии. Мно́жество па́мятников культу́ры поги́бло во вре́мя тата́рских наше́ствий или́ бы́ло похи́щено завоева́телями. Изве́стно та́кже, что среди́ пле́нных, захва́ченных[73] в ру́сских города́х, тата́ры отбира́ли лу́чших мастеро́в и угоня́ли их для рабо́ты в Золото́й Орде́.

Установле́ние[74] и́га осо́бенно тяжело́ сказа́лось на тех ви́дах худо́жественного тво́рчества, кото́рые тре́бовали больши́х затра́т[75]. Князья́ тепе́рь берегли́[76] ка́ждую гри́вну[77] и ду́мали то́лько о том, как во́время вы́платить ха́нскую дань. Во второ́й полови́не XIII в. на Руси́ практи́чески прекраща́ется ка́менное строи́тельство. Да́же в Но́вгороде, избежа́вшем тата́рского погро́ма, но постоя́нно ощуща́вшем страх пе́ред ним, пе́рвая ка́менная це́рковь по́сле Баты́ева наше́ствия была́ постро́ена то́лько в 1292 г.

Вслед за зо́дчеством[78] увяда́ют[79] и други́е ви́ды худо́жественного тво́рчества. Ведь постро́йка хра́ма обеспе́чивала зака́зами не то́лько строи́телей, но та́кже иконопи́сцев, ювели́ров, кни́жников, ре́зчиков. Да́же литерату́ра, ме́нее всего́ зави́севшая от состоя́ния эконо́мики, вы́глядит во второ́й полови́не XIII в. бе́дной и однообра́зной. Летопи́сные за́писи э́тих лет (за исключе́нием одно́й лишь Га́лицко-Волы́нской ле́тописи) коро́тки и обры́вочны, а самостоя́тельные произведе́ния ре́дки и не бле́щут[80] худо́жественными досто́инствами. На э́том су́меречном фо́не выделя́ются лишь стра́стные про́поведи («слова́») влади́мирского епи́скопа Серапио́на, призыва́вшего люде́й к покая́нию и нра́вственному возрожде́нию[81].

Н.С. Бори́сов

---

[72] stopped
[73] See захвати́ть (to capture).
[74] establishment
[75] expenditures
[76] were saving
[77] unit of currency in medieval Russia
[78] architecture
[79] fade
[80] to sparkle
[81] repentance and moral rebirth

# Глава 3    Московское княжество

> **Введение**
>
> В XIV веке город Москва становится центром Московского великого княжества, одного из сильнейших княжеств Северо-Восточной Руси. Во второй половине XIV века московский князь Дмитрий Донской возглавляет борьбу русского народа против татаро-монгольского ига. Интересно, какие причины привели к тому, что маленький провинциальный городок Москва возвысился в эпоху татаро-монгольского ига и стал политическим центром русского государства.

1  К середине XIV столетия заканчивается процесс, который иногда
2  называют «возвышением[1] Москвы». Из маленькой крепости на окраине
3  Владимиро-Суздальской Руси Москва превращается в столицу великого
4  княжения, центр политической, культурной и религиозной жизни Северо-
5  Восточной Руси.

6  Историки давно спорят о причинах, по которым именно Москва,
7  опередив[2] всех своих соперников[3], заняла первое место в этом
8  драматическом состязании[4]. В этих спорах и размышлениях были названы
9  четыре причины возвышения Москвы.

10  Первая причина состоит в том, что Москва имела очень удачное
11  географическое положение — в самом центре русских земель. Поэтому она
12  меньше других земель и княжеств страдала от нападений воинственных
13  соседей: татар, литовцев, немцев и шведов. Иными словами, Москва для
14  того времени[5] — самое безопасное место. Сюда направлялись потоки
15  переселенцев[6] из других земель. Радушно принимая этих беженцев[7],

---

[1] rise
[2] See опередить (to beat, win, come in first).
[3] competitors
[4] competition
[5] for that time
[6] streams of refugees; migrants
[7] refugees

московские князья увеличивали число своих подданных[8], а стало быть экономический и военный потенциал своего княжества.

Вторая причина также связана с географическим положением Москвы. Она представляла собой перекрёсток торговых путей[9]. Древняя сухопутная[10] дорога из Киева и Чернигова в Ростов и Ярославль пересекалась[11] здесь с водным путём по Москве-реке. Её верховья[12] связаны были системой волоков[13] с верховьями правых притоков Волги (реки Лама – Шоша и Сестра – Дубна). Спустившись вниз по Москве-реке, можно было выйти в Оку и далее в Волгу у Нижнего Новгорода. В целом путь по Москве-реке позволял значительно сократить время путешествия из районов Верхней Волги в Среднее Поволжье. Многочисленные купцы, проезжавшие через Москву, платили здесь торговые пошлины[14], пополнявшие московскую казну[15].

Третья причина – союз московских князей и Церкви. Большой победой московской дипломатии стало то, что уже со времён Ивана Калиты[16] митрополит устраивает свою резиденцию в Москве. Это сильно повысило её престиж, открыло новые возможности для решения экономических и политических проблем. Конечно, поддержка[17] со стороны митрополичьей кафедры была далеко не безусловной и не бескорыстной[18]. Случались и серьёзные конфликты между митрополитами и московскими князьями. И всё же общий итог[19] этих отношений несомненно был в пользу Москвы.

Четвёртая причина – дальновидная политика московских князей. Известно, что политика – это своего рода искусство. Настоящего успеха

---

[8] citizens or subjects
[9] trading crossroads
[10] overland (as opposed to by river or sea)
[11] intersected
[12] headwaters
[13] portage (between two navigable rivers)
[14] customs duty
[15] treasury (state budget)
[16] Ivan Kalita (1296–1340)—Moscow prince (1325–1340), enlarged the territory and political importance of Moscow region. Калита literally means "leather money sack". Ivan was given this name because of his wealth.
[17] support
[18] selfless
[19] summary, result, conclusion

## Глава 3 • Московское княжество

добива́ются[20] здесь то́лько незауря́дные[21] лю́ди. «Госуда́рственный муж непреме́нно[22] до́лжен быть рассуди́тельным», — говори́л Аристо́тель. Одна́ко рассуди́тельность, глубокомы́слие — лишь полови́на де́ла. Втора́я полови́на — это ве́ра в свя́тость це́ли[23], в своё осо́бое предназначе́ние[24].

Э́тим уника́льным спла́вом[25] ве́ры и ра́зума и облада́ли[26] моско́вские князья́. Свое́й вы́сшей це́лью они́ поста́вили служе́ние Пресвято́й Богоро́дице, небе́сной покрови́тельнице[27] Ру́сской земли́. Свою́ страте́гию они́ основа́ли на «трёх кита́х»: миролю́бии, осторо́жности и насто́йчивости[28]. Они́ почти́ не ссо́рились ме́жду собо́й[29], вся́чески избега́ли конфли́ктов с Ордо́й и Литво́й, но при э́том неукло́нно[30] добива́лись свои́х це́лей. Така́я поли́тика ста́ла своего́ ро́да насле́дственным достоя́нием[31] пото́мков Дании́ла Моско́вского. В коне́чном счёте и́менно она́ привела́ их к побе́де[32].

Основа́тель моско́вской дина́стии князь Дании́л Алекса́ндрович — са́мый непримѐтный[33] из пра́вивших тогда́ в Се́веро-Восто́чной Руси́ пото́мков Все́волода Большо́е Гнездо́. Он роди́лся в 1261 г. и был мла́дшим сы́ном Алекса́ндра Не́вского. В ноябре́ 1263 г., когда́ у́мер его́ оте́ц, Дании́лу не испо́лнилось и двух лет[34]. Согла́сно отцо́вскому завеща́нию[35], он получи́л весьма́ скро́мный уде́л[36] — осно́ванную Ю́рием Долгору́ким Москву́ с прилега́ющими к ней зе́млями.

В исто́рии возвыше́ния Москвы́ судьба́ всё вре́мя игра́ет в пря́тки с неизбе́жностью[37]. Четвёртый из пяти́ сынове́й Дании́ла Моско́вского, князь

---

[20] attain, achieve
[21] outstanding, uncommon
[22] absolutely, definitely
[23] sanctity of the objective or goal
[24] destiny
[25] alloy, compound, combination
[26] possessed
[27] service to the Holy Virgin Mother, the Heavenly Protector
[28] persistence, perseverance
[29] argued or had conflict with one another
[30] unflinchingly
[31] genetic legacy
[32] victory
[33] ordinary
[34] hadn't turned two yet
[35] will, testament
[36] appanage, independent principality (in medieval Russia)
[37] ... fate is always playing hide and seek with inevitability.

Иван Калита, казалось, не имел никаких шансов взойти на отцовский трон. В лучшем случае он мог рассчитывать[38] на крошечный[39] удел внутри московского княжества. Однако судьба распорядилась по-иному. Три старших сына Даниила (Юрий, Борис, Афанасий) умерли, не оставив наследников. Неожиданная гибель[40] Юрия в Орде освободила московский трон и сделала Ивана московским князем.

Главной заслугой[41] Ивана Калиты современники и потомки считали установление долгожданного мира и порядка в Северо-Восточной Руси. В те годы, когда он был московским князем (1325–1340), прекратились опустошительные[42] набеги[43] татар на русские земли. Страна жила спокойной, мирной жизнью. Росли города, увеличивалось население[44], копились силы[45] для будущих побед над «погаными»[46].

Политику «собирания Руси», начатую Калитой, продолжили его сыновья Семён Гордый (1340–1353) и Иван Красный (1353–1359). Однако их заслуги блёкнут[47] в лучах исторической славы сына Ивана Красного — знаменитого героя и полководца Дмитрия Ивановича Донского (1359–1389).

Большую часть своей недолгой жизни (1350–1389) Дмитрий провёл на коне, в сражениях и походах[48]. Основные этапы его биографии составляют четыре большие войны: с суздальско-нижегородскими князьями, Литвой, Тверью и, наконец, — с Золотой Ордой.

Куликовская битва (1380) стала «звёздным часом» московского князя Дмитрия Ивановича. В эти исторические дни он проявил себя не только как выдающийся полководец и талантливый организатор, но и как человек большого личного мужества. Анализируя его действия, историки приходят к выводу, что он не сделал ни одной серьёзной ошибки. Все его решения были верными и дальновидными. Он не стал ждать прихода татар, запершись в московской крепости, а смело выступил им навстречу в

---

[38] depend on, hope for
[39] tiny, pitiful
[40] death
[41] most important accomplishment
[42] devastating
[43] raids, invasions
[44] population
[45] stored up (saved) energy
[46] the vile (unclean) ones, i.e., non-Christians
[47] wither
[48] battles and marches (campaigns)

неве́домое «Ди́кое по́ле»[49]. Подойдя́ к реке́ Дон, князь приказа́л[50] свои́м полка́м перепра́виться на пра́вый бе́рег и сжечь за собо́й мосты́. Э́тим он я́сно дал поня́ть, что пути́ наза́д нет, что впереди́ — побе́да и́ли смерть.

8 сентября́ 1380 г. две огро́мные а́рмии сошли́сь[51] для реша́ющей би́твы. Огро́мное Кулико́во по́ле едва́ могло́ вмести́ть мно́жество во́инов. По ра́зным оце́нкам в ка́ждой из а́рмий бы́ло от 50 до 100 ты́сяч челове́к. Побе́да ру́сских в э́том сраже́нии ста́ла нача́лом освобожде́ния страны́ от вла́сти тата́р.

Н.С. Бори́сов

---

[49] Historical name of a region in Southern Russia and Ukraine between the rivers Don, Oka, and Dnepr.
[50] ordered (usually in military context)
[51] came together, met

# Глава 4    Смутное время

> **Введе́ние**
> Обы́чно, когда́ умира́л оди́н царь, ста́рший сын (и ре́же дочь) насле́довал престо́л, то есть станови́лся царём. Сын Ива́на Гро́зного, Фёдор Ива́нович, стал царём, когда́ он был ещё ребёнком. Он сам не мог управля́ть страно́й, и поэ́тому за него́ пра́вил боя́рин Бори́с Годуно́в. По́сле сме́рти Фёдора Бори́с Годуно́в стал царём, но ему́ на́до бы́ло боро́ться за власть, так как мно́гие боя́ре не подде́рживали его́. В ру́сской исто́рии вре́мя правле́ния Бори́са Годуно́ва называ́ют сму́тным вре́менем. Об э́том вре́мени и идёт речь в э́той гла́ве.

1  6 января́ 1598 г. сконча́лся, не оста́вив завеща́ния[1], доброду́шный
2  царь Фёдор Ива́нович. Тем са́мым он оста́вил ни с чем це́лый ряд
3  сро́дичей[2], мечта́вших заня́ть трон согла́сно ца́рскому завеща́нию.
4  На́скоро схорони́в Фёдора в Арха́нгельском собо́ре Моско́вского Кремля́,
5  традицио́нной усыпа́льнице[3] моско́вских князе́й[4] и царе́й, «си́льные лю́ди»
6  приняли́сь выясня́ть отноше́ния ме́жду собо́й. Благодаря́ твёрдой пози́ции
7  патриа́рха Ио́ва, удало́сь избежа́ть вооружённых столкнове́ний ме́жду
8  разли́чными боя́рскими кла́нами[5]. Вопро́с о престолонасле́дии[6] бы́ло
9  решено́ вы́нести на рассмотре́ние Зе́мского собо́ра[7]. Он собра́лся сра́зу же
10 по́сле истече́ния поло́женного 40-дне́вного тра́ура[8] по уме́ршему госуда́рю[9].

11 Во времена́ Фёдора роль главы́ прави́тельства[10] исполня́л Бори́с
12 Годуно́в. Одна́ко ста́рая моско́вская аристокра́тия не жела́ла ви́деть его́

---
[1] will, testament
[2] relatives, members of the clan
[3] final resting place
[4] princes
[5] noble clans
[6] succession
[7] kind of parliament or council of noblemen
[8] mourning
[9] sovereign (king or emperor)
[10] government

своим царём. Выходец[11] из семьи костромских[12] бояр, возвысившихся[13] лишь при Иване Грозном, Борис казался «худородным» рядом с тогдашними лидерами Боярской думы[14] – князьями Шуйскими и Мстиславскими. Первые вели свою родословную[15] от младшего брата Александра Невского, Андрея, и представляли боковую ветвь династии Рюриковичей; вторые были потомками[16] Великого князя литовского Гедимина. Помимо Шуйских и Мстиславских свои виды на престол[17] имели братья Романовы — Фёдор и Александр Никитичи. Представи-тели древнего московского рода, они были родными племянниками царицы Анастасии Романовой — первой жены Ивана Грозного и матери царя Фёдора.

Не сумев договориться о выдвижении единого кандидата, старая московская знать[18] предложила народу присягнуть на верность[19] Боярской думе в целом. Однако такое предложение возмутило народ, привыкший[20] воплощать[21] идею верховной власти в лице одного всемогущего государя. «Коллективное руководство» таило[22] в себе опасность хаоса и неограниченного произвола[23] бояр[24]-соправителей.

Между тем на сторону Годунова решительно встал глава Церкви патриарх Иов. Его авторитет и настойчивость в конце концов и решили дело. Земский собор избрал Бориса на царство, а Боярская дума хотя и с неохотой[25], но подчинилась этому решению. Сам наречённый царь несколько недель прожил в Новодевичьем монастыре, где приняла постриг[26] вдова Фёдора царица Ирина, сестра Бориса. Он добился того, что толпы народа во главе с духовенством несколько раз приходили к стенам

---

[11] descendant
[12] adjective derived from Kostroma (Кострома), city on Volga River
[13] elevated, ennobled
[14] Council of Nobles
[15] genealogy, lineage
[16] descendants
[17] throne
[18] nobility
[19] swear to loyalty (swear in)
[20] See привыкнуть (to accustom).
[21] personify, to bring to life
[22] hid, concealed
[23] tyranny, arbitrary rule
[24] Russian nobleman of old (Kievan era) lineage
[25] reluctance, unwillingness
[26] took vows (of a nun)

## Глава 4 • Смутное время

обители[27] и упрашивали[28] его принять царский венец. Поддержка москвичей стала сильным козырем[29] Бориса в его тяжбе[30] с аристократией.

В начале сентября 1598 г. в Успенском соборе Московского Кремля состоялось торжественное «венчание на царство» Бориса Годунова. Не желая обострять ситуацию, Борис в эти праздничные дни осыпал милостями[31] своих недавних соперников в борьбе за трон. Понимая, что они всё же сильно опасаются его мести[32], он дал обет[33] в течение пяти лет не проливать крови. Простолюдины с умилением рассказывали и о том, как новый царь во время коронации пообещал заботиться о бедных, а в случае нужды отдать им и последнюю рубашку...

Так закончилось длившееся более полугода междуцарствие... Закончилось без крови, без гражданской войны и свирепой усобицы[34]. И кто не радовался тогда такому счастливому концу! Но будущее сокрыто от людей. И мог ли кто-нибудь в ликующей[35] толпе прозреть неисчислимые бедствия, которые принёс России этот роковой выбор[36]?..

Хорошо зная нравы[37] московской знати, Борис Годунов не верил её клятвам. Опасаясь заговоров[38], он решительно расправлялся[39] с наиболее опасными боярами. В 1599 г. за непочтительные речи о государе был арестован и сослан[40] любимец Ивана Грозного воевода[41] Богдан Бельский. В следующем году Борис расправился с Романовыми. Их обвинили в злых умыслах против царской семьи и сослали.

---

[27] cloister, monastery
[28] beseeched, implored
[29] trump
[30] competition, adversarial relationship
[31] showered with favors
[32] revenge
[33] oath
[34] fierce internal war
[35] exultant, triumphant, rejoicing
[36] fateful choice
[37] the ways, morals
[38] conspiracies
[39] smoothed out, made short shrift with, dealt with
[40] See сослать (to exile).
[41] military leader (Kievan era through pre-Romanov era)

Борис Годунов искренне желал сделать что-то полезное для России. Он заботился о развитии городов и торговли, любил величественные постройки и всяческие технические усовершенствования. По его распоряжению[42] несколько молодых дворян[43] были отправлены за границу для изучения наук и иностранных языков. Рассказывают, что царь собирался открыть в России школы и даже основать первый университет...

Однако большинство[44] замыслов Годунова так и остались мечтами. Поначалу царю мешали многочисленные недуги[45], надолго лишавшие[46] его возможности заниматься делами. Потом пришла череда стихийных бедствий[47]. В 1601–1603 гг. правительство принимало энергичные меры для борьбы с голодом. Были установлены твёрдые цены на хлеб, голодающим раздавали зерно из царских житниц, спекулянты подвергались[48] суровым карам. Годунов приказал организовать общественные работы, на которых бедняки могли заработать себе на пропитание[49]. Царь велел не скупясь[50] раздавать голодающим деньги из казны. Наконец, он издал указ[51], восстанавливающий[52] на период голода Юрьев день во владениях[53] провинциальных дворян. Холопам[54] также разрешено было уходить от тех господ[55], которые не в состоянии были их прокормить.

И всё же эти меры не смогли предотвратить[56] катастрофы. Масштабы[57] бедствия были слишком велики. По некоторым сведениям[58], в голодные годы умерло около трети всего населения России.

---

[42] on his order, command
[43] noblemen, aristocrats
[44] majority
[45] ailments, illnesses
[46] See лишать (to deprive).
[47] natural disasters
[48] were subjected to
[49] to support themselves, work for their bread
[50] See скупиться (to be sparing, stingy).
[51] government decree
[52] See восстанавливать (to restore).
[53] estates, landholdings
[54] serfs, indentured servants
[55] lords, noblemen
[56] prevent
[57] the scale (*plural* in Russian)
[58] information, sources

# Глава 4 • Смутное время

78　　　Отча́явшиеся лю́ди собира́лись в ша́йки[59], гра́бившие на доро́гах.
79 Повсю́ду вспы́хивали крестья́нские волне́ния. Ле́том и о́сенью 1603 г.
80 центра́льные райо́ны страны́ бы́ли охва́чены восста́нием Хло́пка. С
81 больши́м трудо́м ца́рские воево́ды разгроми́ли мяте́жников[60].

82　　　Наро́дные волне́ния ста́ли осо́бенно опа́сными для Годуно́ва по́сле
83 того́, как у всех недово́льных появи́лось своего́ ро́да «зна́мя»[61] —
84 воскре́сший царе́вич Дми́трий. И́мя поги́бшего в У́гличе в ма́е 1591 г.
85 мла́дшего сы́на Ива́на Гро́зного присво́ил себе́ неуда́чник и авантюри́ст
86 Григо́рий Отре́пьев. Сын небога́того га́лицкого[62] дворяни́на, он иска́л
87 сча́стья в Москве́. Здесь ему́ снача́ла пришло́сь стать слуго́й на дворе́[63] у
88 боя́р Рома́новых, зате́м мона́хом кремлёвского Чу́дова монастыря́. В 1602 г.
89 Отре́пьев ушёл в Литву́, где через два го́да провозгласи́л себя́ «царе́вичем
90 Дми́трием». По его́ слова́м, пору́ченцы[64] Бори́са Годуно́ва уби́ли в У́гличе не
91 сы́на Ива́на Гро́зного, а похо́жего на него́ ма́льчика, кото́рого держа́ли при
92 дворе́ на слу́чай покуше́ния[65]. Настоя́щий царе́вич был та́йно вы́везен
93 ве́рными слуга́ми и укры́т в надёжном ме́сте. Повзросле́в, он по сове́ту
94 свои́х доброхо́тов[66] при́нял мона́шеский по́стриг. По́сле до́лгих лет
95 скита́ний повзросле́вший царе́вич реши́л верну́ть свой трон и покара́ть
96 изме́нников-боя́р во главе́ с Годуно́вым.

97　　　Иде́я самозва́нства[67] была́ но́вой для Росси́и. Полага́ют, что её
98 изобрета́телями[68] яви́лись боя́ре Рома́новы, кото́рые через свои́х люде́й
99 распуска́ли слу́хи[69] о «чуде́сном спасе́нии» царе́вича Дми́трия. В окруже́нии
100 Рома́новых был на́йден и авантюри́ст Отре́пьев, гото́вый, рискуя́ голово́й,
101 сыгра́ть гла́вную роль в э́том грандио́зном спекта́кле. По слова́м исто́рика
102 В.О. Ключе́вского, самозва́нец[70] «был то́лько испечён[71] в по́льской пе́чке, а

---

[59] gangs
[60] rebels; see мяте́ж (rebellion)
[61] banner, standard
[62] adjective formed from Galich (Га́лич), city near Kostroma
[63] royal court
[64] special messengers
[65] attempt on someone's life
[66] well-wishers
[67] the phenomenon of having a false pretender to the throne
[68] inventors
[69] spread rumors
[70] imposter, false claimant to a throne
[71] baked

103 заква́шен⁷² в Москве́». Среди́ по́льской зна́ти нашло́сь нема́ло доброхо́тов
104 новоя́вленного моско́вского «царе́вича». Пе́рвым среди́ них стал воево́да
105 Ю́рий Мни́шек. В своём за́мке⁷³ в го́роде Са́мбор он дал прию́т⁷⁴
106 самозва́нцу, снабди́л⁷⁵ его́ деньга́ми и оказа́л вся́ческую подде́ржку. За это
107 Отре́пьев обеща́л переда́ть Мни́шеку в управле́ние Но́вгород и Псков.
108 Большо́й интере́с к авантю́ре «царе́вича» прояви́ла и ри́мская католи́ческая
109 це́рковь. Его́ ближа́йшими сове́тниками ста́ли мона́хи о́рдена иезуи́тов.
110 Ще́дрый на обеща́ния, самозва́нец посули́л⁷⁶ Ри́му обраще́ние⁷⁷ Росси́и в
111 католи́чество.

112 На де́ньги, полу́ченные от по́льских магна́тов и иезуи́тов, Отре́пьев
113 набра́л значи́тельное во́йско⁷⁸. Поми́мо вся́кого ро́да наёмников⁷⁹ туда́
114 вошли́ отря́ды запоро́жских⁸⁰ казако́в⁸¹.

115 Свой план вторже́ния⁸² в Росси́ю Отре́пьев соста́вил весьма́
116 остроу́мно. Кратча́йшая доро́га из Литвы́ в Москву́ пролега́ла че́рез
117 Смоле́нск — Вя́зьму — Можа́йск. Одна́ко э́тот путь был пло́тно прикры́т
118 моско́вскими войска́ми, что не оставля́ло ни мале́йших ша́нсов на успе́х.
119 Понима́я э́то, самозва́нец пе́рвым де́лом реши́л завоева́ть Черни́гово-
120 Се́верскую зе́млю. Здесь бы́ло мно́го бе́глых⁸³ крестья́н и холо́пов
121 недово́льных правле́нием Бори́са Годуно́ва. Отсю́да бы́ло не так далеко́ и до
122 стани́ц⁸⁴ донски́х казако́в, на по́мощь кото́рых самозва́нец о́чень наде́ялся.
123 Наконе́ц, поме́щики⁸⁵ ю́жных и ю́го-за́падных уе́здов⁸⁶, как пра́вило, бы́ли

---

⁷² fermented, brewed, distilled
⁷³ castle
⁷⁴ refuge
⁷⁵ supplied, provided
⁷⁶ promised
⁷⁷ address, appeal; *but here*: conversion
⁷⁸ armed forces
⁷⁹ mercenaries
⁸⁰ related to Запоро́жье (a region inhabited by the Zaporozhian Cossacks)
⁸¹ freed serfs living on the edge of Russian state control
⁸² intervention, invasion
⁸³ fugitive, runaway
⁸⁴ large Cossack villages
⁸⁵ landowners (in this historical period, noblemen)
⁸⁶ districts or regions

## Глава 4 • Смутное время

очень бедны́ и по своему́ положе́нию ма́ло чем отлича́лись от крестья́н или казако́в. Их легко́ мо́жно бы́ло подня́ть на мяте́ж[87] про́тив власте́й.

В октябре́ 1604 г. отря́ды Лжедми́трия[88] вто́рглись на террито́рию Росси́и. Несмотря́ на чи́сленный переве́с[89] ца́рских войск, самозва́нцу сопу́тствовала уда́ча[90]. В результа́те восста́ния ме́стных жи́телей на его́ сто́рону перешли́ города́ Черни́гов и Пути́вль, зате́м Севск, Курск, Кро́мы и Орёл. Одна́ко твёрдое сопротивле́ние оказа́л Но́вгород-Се́верский. Ме́жду тем Бори́с Годуно́в дви́нул про́тив самозва́нца всю свою́ а́рмию во главе́ с лу́чшими полково́дцами[91]. В январе́ 1605 г. ца́рским воево́дам удало́сь разгроми́ть отря́ды Лжедми́трия в би́тве[92] у села́[93] Добры́ничи. Зате́м они́ на́чали оса́ду[94] захва́ченной донски́ми казака́ми кре́пости Кро́мы. К весне́ 1605 г. сраже́ния зати́хли. О́бе стороны́ копи́ли си́лы. Ча́ши на веса́х побе́ды на коро́ткий миг сравня́лись. Но тут случи́лось неожи́данное. 13 апре́ля 1605 г. царь Бори́с сконча́лся...

Забо́тясь о бу́дущем, Годуно́в тща́тельно[95] гото́вил своего́ еди́нственного сы́на Фёдора к ро́ли самоде́ржца[96]. Вступи́в на престо́л, он объяви́л его́ свои́м соправи́телем. Не́ бы́ло никаки́х сомне́ний, что по́сле сме́рти Бори́са Фёдор до́лжен сесть на трон. Поэ́тому Боя́рская ду́ма и наро́д безро́потно присягну́ли но́вому госуда́рю. Э́то был ро́слый и краси́вый ю́ноша, люби́вший рисова́ть и чита́ть кни́ги. Одна́ко 16-ле́тний самоде́ржец не име́л ни о́пыта, ни авторите́та своего́ отца́. Он мог рассчи́тывать лишь на подде́ржку ближа́йших ро́дственников, среди́ кото́рых не́ бы́ло я́рких и си́льных ли́чностей.

Кончи́на Бори́са придала́ сме́лости его́ я́вным и та́йным[97] врага́м. Они́ мечта́ли свести́ счёты[98] с Годуно́выми. 7 ма́я 1605 г. в ца́рском во́йске,

---

[87] rebellion, uprising
[88] False Dmitrii
[89] numerical preponderance
[90] the imposter was accompanied by good fortune
[91] military leaders (literally, leaders of divisions)
[92] battle
[93] village
[94] siege
[95] carefully, thoroughly, painstakingly
[96] autocrat
[97] overt and covert
[98] get even

149  осажда́вшем⁹⁹ Кро́мы, вспы́хнул мяте́ж. Часть ра́тников¹⁰⁰ (в основно́м
150  дворя́не из ю́жных уе́здов) перешла́ на сто́рону «царе́вича Дми́трия», други́е
151  в па́нике отступи́ли к Москве́. Зачи́нщиком¹⁰¹ мятежа́ был воево́да Пётр
152  Басма́нов, внук гла́вного опри́чника¹⁰² Алексе́я Басма́нова.

153  Окрылённый изве́стием о собы́тиях в Кро́мах, Отре́пьев поки́нул
154  свою́ ста́вку¹⁰³ в Пути́вле и вы́ступил в похо́д на Москву́. Его́ во́йско росло́
155  как сне́жный ком¹⁰⁴. Под знамёна «до́брого царе́вича» стека́лись¹⁰⁵ ты́сячи
156  дворя́н, крестья́н и горожа́н¹⁰⁶, пострада́вших от пре́жнего режи́ма и
157  наде́явшихся на ми́лости от но́вого.

158  Пёстрое¹⁰⁷ во́йско «царе́вича» ме́дленно приближа́лось к Москве́. Его́
159  боеспосо́бность была́ весьма́ ни́зкой. Да́же перепра́ва че́рез Оку́, где стоя́ли
160  отря́ды ве́рных Годуно́вым стрельцо́в, оказа́лась для самозва́нца
161  непоси́льным де́лом. А ме́жду тем впереди́ была́ Москва́ — са́мая мо́щная
162  кре́пость в тогда́шней Росси́и. В э́той ситуа́ции исхо́д де́ла зави́сел гла́вным
163  о́бразом от настрое́ния москвиче́й. У́тром 1 ию́ня 1605 г. в Москву́ яви́лись
164  представи́тели «царе́вича Дми́трия» — дворя́не Гаври́ла Пу́шкин и Нау́м
165  Плеще́ев. Подня́вшись на Ло́бное ме́сто¹⁰⁸ на Кра́сной пло́щади, они́
166  огласи́ли воззва́ние самозва́нца к боя́рам и наро́ду. В нём Дми́трий обеща́л
167  всем свои́ ми́лости и тре́бовал сверже́ния¹⁰⁹ Годуно́вых. Воззва́ние ста́ло
168  и́скрой, от кото́рой вспы́хнул пожа́р восста́ния. Москвичи́ откры́ли
169  тю́рьмы, где томи́лись¹¹⁰ же́ртвы царя́ Бори́са, бро́сились громи́ть¹¹¹ дворы́
170  Годуно́вых и их приближённых. Боя́ре не препя́тствовали бесчи́нствам¹¹².
171  Царь Фёдор Бори́сович и цари́ца-вдова́ бы́ли взя́ты под стра́жу¹¹³.

---

[99] See осажда́ть (to besiege).
[100] warriors or soldiers (*obsolete*)
[101] instigator, ringleader
[102] official charged with carrying out Ivan the Terrible's reign of terror, called опри́чнина
[103] *here*: headquarters
[104] snowball
[105] flowed together, gathered in a throng
[106] city dwellers
[107] motley, variegated
[108] spot for public executions in Red Square
[109] overthrow
[110] pined or languished
[111] to raid, sack, loot
[112] excesses, outrages
[113] were taken under guard

Целый день город находился во власти обезумевшей толпы. Но постепенно боярам удалось восстановить порядок. Достигнув своей давней цели — свержения Годуновых, — они могли праздновать победу. Однако будущее оставалось тревожным. Спесивой[114] московской знати предстояло определить свои отношения с неведомым «царевичем Дмитрием» — повелителем[115] черни[116], учеником иезуитов и другом запорожских казаков.

Н.С. Борисов

---

[114] arrogant, conceited, haughty
[115] sovereign
[116] mob, rabble

# Глава 5    Пе́рвые Рома́новы

> **Введе́ние**
>
> Что́бы преодоле́ть после́дствия Сму́тного вре́мени, Росси́и ну́жен был но́вый зако́нный царь. Таки́м царём стал Михаи́л Рома́нов, и́збранный на престо́л в во́зрасте 16 лет. От него́ и пошла́ ца́рская дина́стия Рома́новых, кото́рая зако́нчилась отрече́нием от ца́рского престо́ла и ка́знью Никола́я II и его́ семьи́ в 1918 году́ по́сле прихо́да к вла́сти большевико́в.

1  Для успе́шного преодоле́ния[1] после́дствий Сму́ты[2] необходи́ма была́
2  консолида́ция ру́сского о́бщества, прекраще́ние вражды́[3] ме́жду
3  сосло́виями[4] и боя́рскими кла́нами. Средото́чием э́того национа́льного
4  примире́ния[5] при́зван был стать но́вый царь. В феврале́ 1613 го́да
5  собра́вшиеся в Москве́ представи́тели сосло́вий (Зе́мский собо́р[6]) избра́ли
6  царём о́тпрыска стари́нной аристократи́ческой фами́лии 16-ле́тнего Миха-
7  и́ла Рома́нова. Благодаря́ свое́й мо́лодости он не был заме́шан в полити́-
8  ческих интри́гах и преступле́ниях Сму́тного вре́мени. То́лько тако́й «нейт-
9  ра́льный» кандида́т на престо́л[7] был прие́млем для всех боя́рских кла́нов.

10 При вступле́нии на престо́л Михаи́л обеща́л боя́рам быть
11 ми́лостивым, не мстить за грехи́ Сму́тного вре́мени и не принима́ть никаки́х
12 ва́жных реше́ний без согла́сия Боя́рской ду́мы.

13 Поми́мо Боя́рской ду́мы твёрдой опо́рой его́ вла́сти стал Зе́мский
14 собо́р. Пе́рвые де́сять лет правле́ния Михаи́ла он рабо́тал почти́
15 непреры́вно. И́менно сотру́дничество с представи́телями сосло́вий,
16 уча́ствовавших в Зе́мском собо́ре, позво́лило Михаи́лу осуществля́ть мно́гие
17 хотя́ и тяжёлые для населе́ния, но необходи́мые рефо́рмы.

---

[1] overcoming
[2] disturbance, sedition (time of troubles)
[3] hostility
[4] social estates (nobility, bourgeoisie, peasants, clerics)
[5] national reconciliation
[6] National council
[7] throne

Пе́рвой пробле́мой, с кото́рой пришло́сь столкну́ться то́лько что и́збранному царю́ Михаи́лу и его́ прави́тельству, бы́ло по́лное расстро́йство общественного порядка[8]. За го́ды Сму́ты населе́ние страны́ ре́зко сократи́лось. А те, кто вы́жил, не доверя́ли но́вым властя́м и вся́чески уклоня́лись от исполне́ния своего́ долга перед государством[9]. Сбор нало́гов станови́лся почти́ невыполни́мой зада́чей.

Стремя́сь укрепи́ть «вертика́ль вла́сти», царь Михаи́л расширя́ет права́ назнача́вшихся его́ ука́зом провинциа́льных воевод[10]. Им бы́ли пе́реданы мно́гие фу́нкции местного самоуправления[11]. Одновре́менно идёт бы́строе разви́тие о́рганов центра́льного управле́ния — прика́зов. Их число́ увели́чивается, а вну́тренняя структу́ра усложня́ется. Разви́тие госуда́рственного аппара́та укрепля́ло власть мона́рха, де́лало её бо́лее незави́симой от кру́пной аристокра́тии. Одна́ко обра́тной стороно́й э́того проце́сса ста́ли злоупотребления[12] многочи́сленных дьяков[13] и подьячих[14], ве́давших дела́ми в прика́зах. И́менно в э́ти го́ды выраже́ние «московская волокита»[15] вхо́дит в погово́рку.

В тяжеле́йших усло́виях восстанови́тельного пери́ода пе́рвому царю́ но́вой дина́стии жи́зненно необходи́мы бы́ли подде́ржка и сочу́вствие наро́да. Но и наро́д как никогда́ нужда́лся в ца́ре — живо́м си́мволе национа́льного еди́нства и вы́сшей справедли́вости.

Ли́чное уча́стие Михаи́ла Фёдоровича в управле́нии страно́й бы́ло весьма́ ограни́ченным. Вступи́в на престо́л в во́зрасте 16 лет, он не име́л никако́го полити́ческого о́пыта, никако́й я́сной програ́ммы де́йствий. Скро́мный и засте́нчивый по приро́де, ю́ный царь понача́лу находи́лся под си́льным влия́ние ма́тери — вла́стной и честолюби́вой боя́рыни К.И. Шесто́вой. Она́ окружи́ла престо́л свои́ми ро́дственниками и люби́мцами. Одна́ко не́сколько лет спустя́ влия́ние ма́тери отступа́ет пе́ред абсолю́тным авторите́том отца́ — патриа́рха Филаре́та.

---

[8] social order
[9] duty to the state
[10] medieval Russian military governors
[11] local control, local government
[12] abuse, misuse
[13] medieval Russian clerks or government officials
[14] minor officials or clerks
[15] Muscovite red tape

## Глава 5 • Первые Романовы

В миру[16] Филарета звали Фёдор Никитич Романов. Этот знатный и независимый человек навлёк на себя гнев царя Бориса Годунова и был вынужден принять постриг[17] в одном из отдалённых монастырей. После падения Годуновых Филарет стал быстро подниматься по лестнице церковных чинов и вскоре был объявлен главой всей Русской Православной Церкви — патриархом.

В 1619 г. по соглашению с королём Сигизмундом III были освобождены русские бояре и дворяне, оказавшиеся в польском плену во времена Смуты. Среди них находился и патриарх Филарет. Вернувшись в Москву, он энергично занялся не только церковными, но и государственными делами. В стране установилось своего рода «двоевластие» отца и сына, закончившееся лишь со смертью Филарета в 1633 г.

Участие Филарета в делах способствовало укреплению Московского государства. Его огромный опыт и твёрдая воля, знание людей и проблем, компенсировали наивность и мягкость Михаила. В то время как отец брал на себя повседневные заботы власти, добродушный Михаил мог вволю[18] заниматься любимым делом — разведением редких и красивых растений. Он был первым из русских, оценивших красоту садовых роз. По распоряжению Михаила они были привезены из-за границы и высажены в дворцовом саду...

Второй Романов на московском престоле — царь Алексей Михайлович (1645–1676). Он родился 9 марта 1629 г. и, подобно своему отцу, стал царём в возрасте 16 лет. Мать Алексея, царица Евдокия Стрешнева, умерла через месяц после кончины своего мужа, царя Михаила. Таким образом, Алексей рано был предоставлен самому себе. Поначалу он пользовался советами своего воспитателя боярина Б.И. Морозова. Позднее место главного советника и «второго отца» занял патриарх Никон. Современники отмечают глубокую религиозность Алексея Михайловича. Он был тонким знатоком церковной службы, тщательно соблюдал все посты[19], любил ездить на богомолье[20] по монастырям. При его участии было построено много прекрасных каменных храмов.

---

[16] in the secular world (as opposed to in the monastery)
[17] to take monastic vows
[18] to his heart's content, in plenty
[19] observed all the fasts
[20] pilgrimage

Второй Романов унаследовал от отца добродушие и мягкость в обращении с людьми. За это подданные прозвали его «Тишайшим». Однако при этом он никому не позволял управлять собою. Обманутый внешней уступчивостью государя, патриарх Никон попытался присвоить себе часть его власти. Эта ошибка стоила ему опалы[21] и пожизненной ссылки[22]. В расправах[23] с мятежниками царь также проявлял решительность и беспощадность.

Свободное от дел время царь Алексей Михайлович любил посвящать соколиной охоте[24]. Он даже написал целый трактат на эту тему. Привлекательными чертами его характера были любознательность, любовь к красоте во всех её формах. Он охотно писал письма, пробовал сочинять стихи и воспоминания, а в конце жизни увлекался театром. В своей семейной жизни Алексей был вполне счастлив. В 1648 г. он женился на Марии Милославской, от которой имел 13 детей. После кончины первой жены Алексей в 1671 г. вступил в брак с Натальей Нарышкиной. Она родила ему ещё троих детей, старшим из которых был будущий преобразователь России Пётр Великий.

Главной государственной задачей царя Михаила было преодоление тяжёлых последствий Смуты и возрождение[25] военного могущества страны. Угроза[26] польской и шведской интервенции оставалась вполне реальной до 20-х годов XVII в. Позднее на первый план выходит задача возвращения московских владений, утраченных после Смуты — Смоленской земли и Северной Украины. Правительство Алексея Михайловича начинает упорную борьбу за Правобережную Украину, Белоруссию и Прибалтику. Одновременно ни на день не ослабевает военная готовность на южной границе, где всегда можно было ожидать стремительного набега[27] крымских татар.

В целом первые Романовы успешно решали стоявшие перед ними задачи. Оба они, Михаил и Алексей, остались в памяти народа как добрые и благочестивые правители, превыше всего ставившие благо России.

Н.С. Борисов

---

[21] disgrace
[22] exile for life
[23] violence, reprisals
[24] falconry
[25] rebirth, renaissance
[26] threat
[27] sudden or swift raid

# Глава́ 6    Пётр I

> **Введе́ние**
> Пётр Вели́кий (Пётр I) занима́ет осо́бое ме́сто в исто́рии Росси́и. Не́которые счита́ют его́ анти́христом, кото́рый нанёс славя́нской Росси́и большо́й вред свои́м сближе́нием с За́падом, а други́е — спаси́телем, кото́рый преврати́л Росси́ю в совреме́нную европе́йскую держа́ву. На са́мом де́ле Пётр доби́лся бо́льшего: сформирова́л осо́бый путь разви́тия Росси́и.

1  В росси́йской исто́рии и совреме́нном истори́ческом созна́нии Пётр
2  I занима́ет соверше́нно осо́бое ме́сто. До сих пор при всех опро́сах подав-
3  ля́ющее большинство́[1] росси́йского населе́ния счита́ет Петра́ I наибо́лее
4  я́ркой фигу́рой ру́сской исто́рии, сыгра́вшей исключи́тельно ва́жную роль в
5  разви́тии ру́сского госуда́рства.

6  К концу́ XVII в. Моско́вское госуда́рство, занима́вшее огро́мную
7  террито́рию, но малонаселённое, практи́чески отре́занное от мировы́х
8  торго́вых и промы́шленных це́нтров, в кото́рый раз бы́ло вы́нуждено
9  выбира́ть оптима́льный путь истори́ческого разви́тия[2].

10  Мо́жно бы́ло продолжа́ть курс, вы́работанный отцо́м Петра́, царём
11  Алексе́ем Миха́йловичем, ме́дленно и постепе́нно осва́ивая за́падные
12  техноло́гии[3], развива́я региона́льное произво́дство[4] и торго́влю, укрепля́я
13  пози́ции[5] в то́лько что присоединённой[6] Сиби́ри. Подо́бный путь
14  неизбе́жно[7] тре́бовал определённой децентрализа́ции вла́сти[8], усиле́ния
15  ро́ли[9] Боя́рской ду́мы[10], опо́ры на региона́льную эли́ту[11] — боя́р и бы́вших

---

[1] overwhelming majority
[2] historical development
[3] See осва́ивать/осво́ить техноло́гию (to master the technology).
[4] production
[5] See укрепля́ть пози́цию (to strengthen (one's) position).
[6] See присоедини́ть (to annex).
[7] inevitably
[8] decentralization of authority
[9] strengthening of ... role
[10] Boyars' Council
[11] reliance on the elite

удельных князей¹². Это неизбежно вело бы к постепенному ограничению власти царя Московского. Перемены¹³ могли бы сказаться не столь быстро, но они бы были менее болезненными и имели бы более прочную основу¹⁴ в национальной почве¹⁵. Сторонницей¹⁶ данного варианта развития страны стала старшая сводная сестра Петра — умная и энергичная правительница Софья Алексеевна.

Был и второй из возможных вариантов исторического развития: попытаться совершить резкий скачок¹⁷ и за короткий срок ликвидировать отставание¹⁸ России от наиболее развитых европейских стран. Подобное можно было совершить лишь путём чрезвычайного напряжения¹⁹ всех сил народа. Этот путь и избирает Пётр Алексеевич (Пётр I).

Стиль политического мышления²⁰ Петра представлял сплав²¹ современных ему европейских черт²² постановки и решения государственных проблем и традиционных для русской политической культуры элементов: византийских и монгольских.

От европейского политика начала XVIII века Пётр воспринял понимание важности развития промышленности и торговли, а так же представление о том, что сильным может быть только государство, имеющее современную армию и флот.

От византийцев ему досталось в наследство²³ обожествление²⁴ царской власти и глубокое внутреннее убеждение в том, что только ему (царю) дано знать, что является благом для народа и государства. И для обеспечения подобного блага возможны любые способы и средства решения проблем. Цена решения никогда не занимала Петра.

---

¹² appanage princes (princes in a particular principality in medieval Russia)
¹³ changes
¹⁴ firm foundation
¹⁵ the national soil
¹⁶ supporter
¹⁷ sudden leap or transition
¹⁸ lagging behind
¹⁹ exertion, stress, tension
²⁰ political thinking, political philosophy
²¹ alloy
²² European characteristics, traits
²³ inheritance
²⁴ deification

## Глава 6 • Пётр I

От монгольского ига[25] к Петру перешло убеждение в том, что экономический прогресс определяется не столько развитием хозяйственной деятельности, сколько возможностью контролировать и перераспределять доходы[26] так, как это необходимо власти.

Если внимательно посмотреть на всю деятельность Петра, то вполне очевидным станет тот факт, что во главу угла он поставил задачу превращения страны в мощное оружие для обеспечения победоносных военных действий с сильнейшими противниками. Армия и военный флот — любимые дети Петра.

В 1695 г. Пётр попытался пробиться к Чёрному морю, совершив поход на юг, к Азову. Однако отсутствие флота не позволило ему успешно решить задачу. Тогда он совершил почти немыслимое. Путём невероятного напряжения сил всей страны за один год было построено 30 военных кораблей, и в 1696 г. Азов был взят. Однако победа не открыла России пути ни в Чёрное, ни в Средиземное моря. Турция была слишком сильна, и Европа оставалась закрытой для России. Поездка же Петра в составе «великого посольства» (1697–1698 гг.) в западные страны ещё больше укрепила его уверенность в значимости Европы для России.

Тогда Пётр, заключив союз[27] с Данией и Саксонией, стал готовиться к прорыву в Европу через Балтику. А для этого требовалось нанести поражение самой мощной военной державе Европы начала XVIII века — Швеции. Более 20 лет (с 1700 г. по 1721 г.) продолжалась Северная война. Попытка победить Швецию численным превосходством сразу закончилась сокрушительным поражением[28]: 60-тысячная[29] русская армия была разбита 8-тысячной[30] армией шведов в ноябре 1700 г. под Нарвой. С этого времени Пётр делает главный вывод: победить в современной войне можно только современной армией. А для того чтобы создать современную армию, необходимо преобразовать всю страну[31].

В этом, наверное, главная суть всей петровской реформаторской деятельности — превращение огромной страны в единую военную державу.

---

[25] Tatar Yoke
[26] to redistribute sources of revenue
[27] See заключить союз (to form an alliance).
[28] crushing defeat
[29] шестидесятитысячная (армия)
[30] восьмитысячной (армией)
[31] to transform the entire country

В области экономики приоритетными становятся отрасли[32], непосредственно связанные с военным производством: государство монополизирует добычу природных ископаемых[33], внешнюю и, в значительной степени, внутреннюю торговлю[34], произвольно устанавливает цены, создаёт многочисленные казённые мануфактуры[35]. С 1715 г. государство начало стимулировать создание промышленных и торговых компаний. Однако их члены принудительно объединяли свои капиталы, были связаны круговой порукой[36], несли общую финансовую ответственность[37]. Никаких законных гарантий частный собственник[38] не получает. Всё зависит только от того, насколько он сумеет договориться с представителями государства. Вместо развития реальной конкуренции[39] развивается борьба за поддержку государства.

Одновременно Пётр усиливает крепостную зависимость[40], вводя паспортную систему[41], разрешая владельцам[42] мануфактур покупать целые деревни крепостных крестьян[43]. В результате, добиваясь огромных промышленных успехов (к 1740 г. Россия выплавляла чугуна[44] в 1,5 раза больше, чем Англия), страна оставалась крепостнической державой[45].

Перестройка системы государственного управления тоже была подчинена[46] задачам приспособления[47] её к военным нуждам.

Одновременно обязательность государственной службы распространяется на всё дворянство[48], которое сохраняет свои привилегии только при условии исполнения государственной службы. В 1705 г. была проведена

---

[32] (economic) sectors
[33] extraction of natural resources
[34] foreign trade
[35] factories owned by the state; textile mills
[36] mutual assistance
[37] financial responsibility
[38] private owner
[39] competition
[40] feudal dependence
[41] passport system
[42] owners
[43] serfs
[44] forged steel
[45] feudal power, state
[46] was subordinate to
[47] adaptation to
[48] …the obligation of service to the state is extended to all aristocrats

военная реформа, по которой вводилась рекрутская повинность[49], позволявшая создавать регулярную армию любой численности. К концу царствования Петра[50] 200-тысячная[51] русская армия была самой мощной в Европе, а военный флот, насчитывавший более 1000 кораблей, стал вторым по численности[52] в Европе.

Усиление государственного влияния затронуло и сферу культуры[53]. Пётр пошёл на решительный разрыв[54] с прежней традицией, перенеся столицу в созданный им по европейским стандартам город Санкт-Петербург. Он заменил традиционную одежду для дворян на новую европейскую, ввёл в практику дворянской повседневности ориентацию на европейские духовные ценности[55], язык и литературу. С этого времени начался глубокий раскол[56] между традиционной народной и дворянской культурой, что порождало огромное количество проблем[57] в социальной сфере.

Как же оценить главные итоги деятельности Петра?

Выбранная Петром модель преобразований наложила мощный отпечаток на[58] всю российскую историю. С этого времени ещё более усиливается роль государства и царской власти.

Пётр усилил переживавшие кризис крепостнические порядки[59], позволявшие высшей власти безраздельно управлять социальными ресурсами. (Напомним, что в Европе крепостничества фактически не было.) Пётр подчинил всё развитие экономической жизни обслуживанию военных потребностей. (Напомним, что в Европе всё активнее рыночные отношения[60] определяют качество хозяйственных процессов.) Насаждая для дворянского сословия[61] европейское образование, Пётр способствовал

---

[49] draft
[50] Peter's rule
[51] двухсотысячная армия
[52] ranked second by number or amount
[53] The strengthening of this influence had an impact on culture.
[54] a decisive break
[55] spiritual values
[56] split
[57] gave rise to enormous problems
[58] a powerful impact
[59] feudal patterns
[60] market relations
[61] the noble estate (the class of aristocrats as distinguished from the classes of the bourgeoisie, serfs, and clerics)

углублению раскола между народом и дворянством. (Напомним, что в Европе всё более активно заявляют о себе городские буржуазные слои.)

Таким образом, внешне разрушая вековую традицию, Пётр I не столько превращал Россию в европейскую державу, сколько формировал особый путь развития России.

А.П. Логунов

# Глава 7     Екатерина II. Формирование и развитие Российской империи

> **Введение**
>
> Екатерина II во многом создала Российскую империю разделами Польши, войнами с Турцией, присоединением кавказских земель. Но Екатерина не только изменила карту Российской империи, она полностью изменила и саму империю в соответствии со своими политическими и философскими идеями.

1     Время правления[1] Екатерины II (1762–1796) стало важным этапом[2]
2  во всей истории России. Принцесса небольшого немецкого княжества[3]
3  Софья-Фредерика-Августа 14-летней девочкой была привезена в Россию в
4  качестве невесты племянника императрицы[4] Елизаветы и наследника
5  российского престола Петра III. За время пребывания невестой, а затем
6  женой наследника престола она не только приняла православие[5] и изучила
7  русский язык, но и сумела завоевать симпатии многих влиятельных
8  русских. Её же муж, напротив, не пользовался никакой популярностью ни
9  среди знати[6], ни среди армии, ни среди простых людей. После смерти
10 Елизаветы Екатерина возглавила заговор[7] против собственного мужа и при
11 поддержке гвардии[8] захватила престол. Через несколько дней Пётр III был
12 убит одним из её фаворитов.

13    Не имея формально юридических прав[9] на русский престол,
14 Екатерина решительно боролась с возможными претендентами на царский
15 трон[10]. Даже её собственный сын был удалён от двора и вплоть до самой её
16 смерти жёстко опекался[11] преданными ей приближёнными[12]. В качестве

---

[1] rule, administration
[2] stage, phase
[3] princedom
[4] empress
[5] accepted Orthodoxy (converted to Orthodoxy)
[6] nobility
[7] conspiracy
[8] Guard (military group dedicated to the protection of the Empress)
[9] legal rights
[10] pretenders to the throne
[11] was guarded

собственного преемника[13] она стала готовить своего внука, будущего Александра I. Составленная лично ею программа воспитания наследника и приглашённые учителя должны были сформировать европейски просвещённого и мыслящего правителя. Сама Екатерина находила время для того, чтобы сочинять для внука нравоучительные сказки и истории.

Екатерина II была одной из самых ярких личностей на русском престоле и в европейской политике в целом. Именно годы её правления называют «золотым веком» российского дворянства[14] и временем «просвещённого абсолютизма». Будучи европейкой по происхождению и воспитанию, Екатерина многое привнесла в российскую политику.

Прежде всего она попыталась научиться править согласно с научными представлениями своего времени. Её увлечение идеями европейского просвещения трудно назвать лицемерием или простой политической игрой. Русский монарх в конце XVIII в. обладал таким объёмом[15] власти[16], что ему совершенно не требовалось одобрение со стороны. Тем не менее, формулируя задачи своего правления, она определяет их в полном соответствии с идеалами Ш. Монтескьё, Д. Дидро, Вольтера: просвещать нацию, которой управляешь; поддерживать общество и заставлять его соблюдать законы; организовать надёжную полицию; сделать государство изобильным; сделать государство грозным, внушающим уважение соседям. В период своего правления она чрезвычайно много сделала для развития науки и образования, всемерно поддерживала развитие литературы и искусства, сама писала, заботилась об укреплении законодательной базы[17] и создании новых эффективных законов. С 1767 г. по 1768 г. работала созданная ею Уложенная комиссия для подготовки новых законов. Она реорганизовала Сенат, чётко определив его функции и полномочия[18]. Не побоялась вынести на публичное рассмотрение[19] самый болезненный вопрос для своего времени — о крепостном праве[20].

---

[12] individuals close to the Empress
[13] heir, successor
[14] nobility
[15] range, scope
[16] power, authority
[17] legal basis, system of laws
[18] authority
[19] public review
[20] serfdom

45   В 1785 г. она издала Жалованные грамоты²¹ дворянству и городам.
46   Дворянство стало с этого времени первым свободным сословием²² в России,
47   поскольку было освобождено от обязательной службы государству.
48   Городские жители также впервые получили определённые гарантии своих
49   прав, в том числе на занятие торговлей и предпринимательской
50   деятельностью.

51   Екатерина проявила веротерпимость²³, разрешив старообрядцам²⁴
52   возвращаться в Россию, избавила их от двойного налогообложения²⁵,
53   обязанности носить специальную одежду. В то же время она завершила
54   изъятие государством земель²⁶ у церкви, поставив её в полную экономи-
55   ческую зависимость²⁷ от государства.

56   Екатерина II сумела стать предельно русской правительницей. Она
57   достаточно быстро осознала бесперспективность попыток реализации
58   западных принципов во взаимоотношениях между властью и обществом,
59   научилась воспринимать окружающих исключительно как подданных²⁸, а
60   себя — как главную выразительницу и защитницу национальных интересов.
61   Екатерина проводила активную внешнюю политику. Естественно,
62   принципы этой политики не могли не быть силовыми. Поэтому Екатерина
63   заботилась о дальнейшем укреплении русской армии и военного флота. В
64   её правление расцвели полководческие²⁹ таланты Петра Александровича
65   Румянцева и Александра Васильевича Суворова, сумевших выработать
66   принципиально новые основания ведения военных действий.

67   Совместно с Пруссией и Австрией Екатерина осуществила раздел
68   Польши и ликвидировала польскую государственность, значительно
69   расширив западные территории. Одновременно она провела ряд победо-
70   носных войн против Турции, добившись присоединения Крыма и
71   закрепления позиций России на Кавказе. Она значительно ограничила

---

[21] charters
[22] social estate (nobility, bourgeoisie, peasants, clerics)
[23] religious tolerance
[24] Old Believers
[25] double taxation
[26] removal of lands by the government
[27] dependence
[28] subjects (of a king or an emperor)
[29] belonging or related to a military leader

права́ территориа́льных автоно́мий и не останови́лась пе́ред ликвида́цией Запоро́жской Се́чи[30].

Акти́вно вме́шиваясь в европе́йскую и мирову́ю поли́тику, Екатери́на поддержа́ла борьбу́ америка́нских коло́ний[31] про́тив А́нглии и вме́сте с А́нглией все́ми си́лами боро́лась про́тив Францу́зской револю́ции 1789 г.

При Екатери́не ещё бо́льше расши́рились права́ дворя́н по отноше́нию к крепостны́м. Дворя́не получи́ли пра́во без суда́ ссыла́ть[32] крепостны́х на ка́торжные рабо́ты[33], а крепостны́м под стра́хом ка́торги бы́ло запрещено́ жа́ловаться на свои́х поме́щиков. Екатери́на щедро разда́ривала крепостны́х крестья́н свои́м люби́мцам и фавори́там, а та́кже награжда́ла крепостны́ми за ве́рную слу́жбу. При ней крепостно́е пра́во распространи́лось[34] и на террито́рию Украи́ны.

В ца́рствование Екатери́ны II Росси́я пережила́ и одну́ из са́мых мо́щных и крова́вых крестья́нских войн — войну́ под руково́дством Емелья́на Пугачёва. Назва́вшийся чу́дом спа́сшимся Петро́м III, Пугачёв собра́л под свои́ знамёна каза́чьи войска́[35] и ты́сячи крепостны́х крестья́н. Да́же не́которые дворя́не присоедини́лись к его́ во́йску. Почти́ два го́да ю́го-восто́к Росси́и, Пово́лжье, Ура́л, За́падная Сиби́рь бы́ли охва́чены восста́нием. Екатери́на реши́тельно подави́ла восста́ние, не останови́вшись пе́ред испо́льзованием регуля́рной а́рмии.

К концу́ ца́рствования Екатери́ны II Росси́я была́ мощне́йшей вое́нной импе́рией, внутри́ кото́рой существова́л, одна́ко, огро́мный ко́мплекс нерешённых пробле́м. И са́мой сло́жной станови́лась пробле́ма крепостно́го пра́ва.

А.П. Логунов

---

[30] Historical/geographical term describing Запоро́жье Cossacks and the territory in which they lived: many were runaway serfs, living in freedom on the fringes of the Russian Empire.
[31] colonies
[32] to exile
[33] forced labor (penal servitude)
[34] spread
[35] Cossack troops

# Глава 8 Александр I и победа над Наполеоном

> **Введение**
>
> Александр I пришёл к власти с определёнными идеями о преобразовании Российской империи, но не ожидал, что его самым мощным противником будет не дворянское сословие, а мелкий французский дворянин, ставший императором Франции. Борьба с Наполеоном сильно изменила политические взгляды русского царя и заставила его думать иначе о судьбе России.

1  Александр I и Наполеон Бонапарт — центральные фигуры европей-
2  ской истории начала XIX века. Их борьба, явное и скрытое соперничество[1],
3  дружба и ненависть очень сильно повлияли на формирование облика всей
4  Европы XIX века. Людям, живущим сегодня, трудно себе представить,
5  какое впечатление на современников произвёл феномен Наполеона. Моло-
6  дой, никому неизвестный дворянин[2] из бедной семьи сумел исключительно
7  благодаря собственной воле и талантам не только стать императором
8  Франции (главной страны всего XVIII века), но и едва не покорил весь мир.
9  Современники восхищались им или проклинали его, но все мечтали
10 повторить славный путь Наполеона.

11  Не был исключением и молодой русский император Александр,
12  который пришёл к власти[3] тоже не совсем законно — в результате дворцо-
13  вого переворота. Зная о готовящемся убийстве своего отца, он не
14  воспрепятствовал этому. И хотя он, в отличие от своей бабки Екатерины II,
15  не награждал, а удалил заговорщиков[4], чувство вины оставалось у него всю
16  жизнь. Поэтому, наблюдая за успехами Наполеона, он не мог не мечтать

---

[1] rivalry
[2] nobleman
[3] came to power
[4] conspirators

стать ещё более великой, чем Наполеон, исторической фигурой и уж точно идеальным правителем[5] для России.

Великая французская революция изменила не только облик Франции, но и дала толчок[6] к радикальному изменению[7] всей Европы. Наполеон Бонапарт, диктатор, а затем император Франции, стремился построить новый мир. И эту задачу он не мог решить иначе, как реализуя свои претензии на мировое господство[8]. Россия, втянутая во все европейские дела, активно, но неудачно участвовала в антинаполеоновских коалициях[9]. Тильзитский мир и личная встреча Александра и Наполеона лишь отсрочили неизбежное столкновение[10]. Александр не мог допустить полной гегемонии Франции в мировых делах. Взяв на себя обязательство присоединиться[11] к континентальной блокаде, направленной на экономическое удушение[12] Англии, Россия под флагами других государств (прежде всего США) продолжала поставлять в Англию продовольствие и закупать английские товары. Одновременно на границах[13] России были сосредоточены огромные войска[14], численностью до 200 тыс. Всё это было явным вызовом[15] Наполеону и свидетельством[16] того, что Россия готова отстаивать свои национальные интересы[17]. Наполеон, в свою очередь, прекрасно понимал, что без уничтожения (или значительного ослабления) военной мощи[18] России он не сможет реализовать своих грандиозных планов. Он понимал и то, что справиться с Россией будет нелегко. Поэтому им была собрана беспрецедентная в мировой истории армия — армия в 600 тыс. человек, 448 тыс. из которой составили «Великую армию». В июне 1812 г. «Великая армия» вступила на российскую территорию.

---

[5] ruler
[6] stimulus
[7] radical change
[8] world dominance
[9] coalitions
[10] conflict, crash of two opposing forces
[11] to join together
[12] economic stifling
[13] borders
[14] troops
[15] clear challenge
[16] evidence, proof (witnessing)
[17] to defend its national interests
[18] the weakening of military power

## Глава 8 • Александр I

Первоначально ситуация благоприятствовала французам. Они оттесняли русские войска[19], не неся значительных потерь[20]. Кровавое сражение[21] под Смоленском не смогло изменить ход войны. Александр I назначил главнокомандующим[22] престарелого Михаила Илларионовича Кутузова, который пользовался авторитетом среди солдат и офицеров русской армии. Генеральное сражение, которое решил дать Кутузов под деревней Бородино, привело к огромным потерям[23] с обеих сторон: французы потеряли около 58 тыс. человек, русские — 44 тыс. Однако Кутузову это не позволило отстоять Москву[24], а Наполеону вывести Россию из войны и склонить Александра к переговорам[25].

После захвата Москвы война приобрела иной характер. Вся территория, занятая французами, была охвачена партизанским движением. Население[26] страны пожертвовало на военные нужды более 100 млн. руб. Французы не только не смогли реализовать свой военный потенциал в сражениях с регулярной русской армией, но и обеспечить себя продовольствием[27].

Наполеон вынужден был оставить Москву и отступать по разорённой Смоленской дороге. Армия гибла от голода и морозов. Сражение на реке Березине нанесло окончательный удар[28] планам Наполеона.

Но русские войска не остановились на своих границах. В 1813–1815 годах Россия возглавила антинаполеоновское движение[29], участвуя в освобождении[30] европейских государств и окончательном разгроме[31] наполеоновской армии. Венский договор[32] 1815 г. ввёл новые принципы

---

[19] pushed back Russian troops
[20] losses
[21] bloody battle
[22] Commander-in-chief, head commander
[23] enormous losses
[24] to defend Moscow
[25] negotiations
[26] population
[27] to provide themselves with supplies (provisions)
[28] decisive blow
[29] anti-Napoleon movement
[30] liberation
[31] decisive defeat or rout
[32] treaty

европейского взаимодействия³³. Их главной опорой³⁴ и гарантом стал Священный союз императоров России, Австрии, Пруссии и Франции.

Александр мог торжествовать победу³⁵. Он воспринимался не только соотечественниками³⁶, но и всей Европой победителем Наполеона. Правда, Россия заплатила за это огромную плату. Материальный ущерб³⁷ от участия в войнах приближался к астрономической для начала XIX в. сумме — один млрд. руб.

Гораздо противоречивее была деятельность Александра внутри России. Придя к власти, он совместно с ближайшим окружением (члены «Негласного комитета») задумал грандиозный план реформ, включавший постепенную отмену³⁸ крепостного права³⁹ и постепенную реорганизацию управления, вплоть до ограничения власти монарха с помощью закона⁴⁰ и создания представительного органа власти⁴¹. Реально же удалось лишь разрушить дворянскую монополию на землю⁴², разрешив покупать её представителям других сословий⁴³, и принять Указ, дозволяющий помещикам⁴⁴ выпускать крестьян на волю, наделив их с землёй по взаимному согласию («Указ о вольных хлебопашцах»⁴⁵). Общество ни психологически, ни экономически оказалось не готовым к радикальным преобразованиям⁴⁶, а у Александра не доставало политической воли⁴⁷ сломить сопротивление. Тем не менее Александр I поручает Михаилу Сперанскому разработать план государственных преобразований. И из этого плана удалось осуществить лишь ряд незначительных проектов. М.М. Сперанский был обвинён в связях с⁴⁸ Наполеоном и надолго выслан из столицы.

---

³³ reciprocity, reciprocal interaction
³⁴ support, bearing
³⁵ to celebrate a victory
³⁶ fellow countrymen
³⁷ material loss
³⁸ gradual elimination
³⁹ serfdom
⁴⁰ law
⁴¹ representative organ of power
⁴² nobility's monopoly on the ownership of land
⁴³ social classes
⁴⁴ landowners (usually nobles owning serfs)
⁴⁵ free farmers
⁴⁶ radical transformations, reforms
⁴⁷ political will
⁴⁸ accused of having connections with

После разгрома Наполеона ближайшим советником[49] и помощником Александра становится Алексей Аракчеев. В 1815 г. Царство Польское[50], входившее в состав[51] России, получает Конституцию; с 1816 по 1819 г. на территории Прибалтики ликвидируется крепостное право, готовятся ещё более радикальные решения об отмене крепостничества в России в целом. Для радикального изменения культуры земледельческого труда[52], повышения его эффективности, а также облегчения бремени по содержанию армии с 1816 г. начинается создание военных поселений. Более 300 тыс. казённых крестьян становятся поселенцами[53] под общим командованием А.А. Аракчеева. Однако деятельность поселений оказывается не очень эффективной, и периодически начинают вспыхивать крестьянские бунты[54]. В это время ведётся работа и по подготовке российской конституции.

Но и на этом этапе воля императора наталкивается на сопротивление основной массы помещиков. Дело доходит до того, что в 1822 г. император восстанавливает право помещиков ссылать[55] крестьян в Сибирь за «дурное поведение».

Неудачно складывается личная жизнь императора. У него очень сложные отношения с матерью и братьями, а у него самого так и не появилось наследника. В последние годы он практически удаляется от дел[56], погружается в мистику[57], передоверив управление страной[58] А.А. Аракчееву. В 1825 г. во время поездки по России Александр I умирает далеко от столицы, на юге, в городе Таганроге.

А.П. Логунов

---

[49] advisor
[50] Polish Kingdom
[51] having become a part of
[52] agricultural work
[53] settlers
[54] peasant rebellions
[55] to exile
[56] removes himself from affairs
[57] immerses himself in mysticism
[58] the management/government of the country

# Глава 9    Декабристы

## Введение

После победы над армией Наполеона на территории Российской империи (Отечественная война 1812 года) русская армия продолжила военные операции против французов в Западной Европе. Русские офицеры попали в Европу. Знакомство с западными общественно-политическими системами стало политической школой для русских офицеров. Вернувшись из Европы в Россию, они решили ввести в русскую политическую жизнь элементы западной демократии. Возникли тайные общества, целью которых была разработка нового пути развития для России. Неожиданная смерть Александра I казалась идеальным моментом, чтобы совершить государственный переворот. В декабре 1825 года члены тайных обществ вывели свои войска на Сенатскую площадь в Санкт-Петербурге. Хотя декабристы и не достигли желаемого результата, их действия, известные под названием восстание декабристов, имели большие последствия для российской истории.

```
1   Россию неслучайно[1] называли дворянской империей. Дворяне были
2   не только привилегированной частью населения, в интересах которой
3   решались принципиальные вопросы внутренней и внешней политики
4   страны, но и на протяжении всего XVIII в.[2] непосредственно[3] участвовали в
5   определении судьбы монархии[4] и монархов и тем самым — в определении
6   политической стратегии всего государства. После смерти Петра I, включая
7   царствование[5] императора Александра I, все императоры приходили к
8   власти с помощью дворцовых переворотов[6], опираясь[7] на гвардию[8] и
9   поддержку столичного дворянства. Это сформировало у дворянской элиты
10  представление о своей исключительной роли в жизни страны и своих
11  особых правах определять её судьбу.
```

---

[1] not accidentally, on purpose, by design or plan
[2] during the course of the entire eighteenth century
[3] immediately, directly, first-hand
[4] monarchy
[5] rule (of a tsar)
[6] palace coups
[7] See опираться (to lean on, be guided by).
[8] the guard

Поколе́ние⁹ дворя́н, роди́вшихся в конце́ XVIII в. (речь идёт, есте́ственно, об эли́те, наибо́лее бога́той и просвещённой ча́сти столи́чного дворя́нства, а не о тёмном, ча́сто элемента́рно необразо́ванном, ме́лком провинциа́льном дворя́нстве), воспи́тывалось на иде́ях францу́зского просвеще́ния¹⁰ и под впечатле́нием от ли́чности и де́ятельности Наполео́на.

Прихо́д к вла́сти Алекса́ндра I они́ восприня́ли как знак реализа́ции свои́х та́йных наде́жд на бы́строе преобразова́ние¹¹ Росси́и. Уча́стие в войне́ 1812 г., заграни́чные похо́ды¹², знако́мство с жи́знью Евро́пы нача́ла XIX в. — всё э́то укрепля́ло¹³ их жела́ние повести́ Росси́ю вперёд по пути́ либера́льных преобразова́ний. Но чем бо́льше проходи́ло вре́мени, тем бо́льше разочарова́ний приноси́ло им правле́ние¹⁴ Алекса́ндра I. Пла́ны остава́лись пла́нами, прое́кты — прое́ктами. И тогда́ дворя́не реша́ют вновь взять судьбу́ Росси́и в свои́ ру́ки. Тепе́рь, одна́ко, они́ жела́ют не про́сто полити́ческого переворо́та и заме́ны¹⁵ одного́ импера́тора други́м. В 1816—1825 гг. в дворя́нской офице́рской среде́ возника́ют та́йные организа́ции, кото́рые ста́вят це́лью проведе́ние масшта́бных социа́льно-экономи́ческих и полити́ческих преобразова́ний. То есть они́ замышля́ют¹⁶ не замени́ть одного́ мона́рха други́м, а измени́ть ка́чество разви́тия Росси́и.

В 1821—1822 гг. (вре́мя наибо́льшего кри́зиса в правле́нии Алекса́ндра) образова́лись два та́йных о́бщества: Се́верное, ли́дерами кото́рого стано́вятся бра́тья Муравьёвы, и Ю́жное, кото́рое возглавля́ет¹⁷ Па́вел Пе́стель.

«Конститу́ция» Ники́ты Миха́йловича Муравьёва предполага́ла созда́ние в Росси́и конституцио́нной мона́рхии, кото́рая была́ при́звана провести́ в жизнь республика́нские преобразова́ния. «Ру́сская пра́вда» П.И. Пе́стеля ориенти́ровалась на учрежде́ние¹⁸ в Росси́и респу́блики че́рез своеобра́зный¹⁹ перехо́дный пери́од (15—20 лет), во вре́мя кото́рого

---

⁹ generation (in the sense of families)
¹⁰ enlightenment, education
¹¹ transformation
¹² military engagements on foreign soil
¹³ strengthened
¹⁴ rule (of a government or emperor)
¹⁵ replacement
¹⁶ to plan, scheme
¹⁷ leads
¹⁸ establishment
¹⁹ unique

властные полномочия[20] будет осуществлять[21] диктаторское по своей сути Временное верховное правление.

Разработка[22] целей и программ не означала автоматического решения вопроса о том, как добиваться поставленных целей. Именно по этим вопросам были особо горячие споры[23] среди членов тайного общества. Высказывались предложения о тайном аресте царя и принуждении его к выполнению требований заговорщиков[24], об убийстве[25] царя и его семьи, о проведении военного восстания[26]. При всём различии[27] точек зрения[28] они сходились в одном[29]: нельзя допустить[30] широкого участия народа в реализации этих планов. Страх перед широким народным движением был вызван несколькими причинами. Ещё сохранялась[31] память о разрушительном бунте Емельяна Пугачёва, и никто не хотел рисковать. Кровавая[32] история Французской революции 1789 г. также заставляла искать пути для того, чтобы не спровоцировать[33] массового кровопролития[34]. К тому же дворянская история XVIII в. давала много примеров успешных военных дворянских заговоров.

Большинство из членов и руководителей тайной организации сами были офицерами, пользовавшимися доверием[35] своих солдат, многие были настоящими героями войны 1812 г. и заграничных походов русской армии, поэтому они решили действовать изолированно, опираясь исключительно на поддержку собственных воинских подразделений[36]. Подготовку планировалось завершить к лету 1826 г. После длительных дискуссий члены и Северного и Южного тайных обществ договорились об общих целях

---

[20] political authority
[21] to carry out, bring about, fulfill, accomplish, put into practice
[22] plan, sketch
[23] hot arguments, debates
[24] conspirators
[25] murder or assassination
[26] military uprising
[27] distinction, difference
[28] points of view
[29] agreed, came together
[30] to allow
[31] preserved, retained
[32] bloody
[33] to provoke
[34] massive bloodletting, massacre
[35] trust
[36] divisions (military)

проведе́ния восста́ния. Предполага́лось в хо́де восста́ния низложи́ть[37] мона́рха, созва́ть Учреди́тельное собра́ние[38], кото́рое должно́ бы́ло приня́ть реше́ние о том, бу́дет ли Росси́я респу́бликой и́ли конституцио́нной мона́рхией. Одновреме́нно признава́лось[39] необходи́мым уничто́жить[40] крепостно́е пра́во[41] и сосло́вный строй[42] и значи́тельно облегчи́ть[43] вое́нную слу́жбу.

Неожи́данно в ноябре́ 1825 г. сконча́лся импера́тор Алекса́ндр I. У него́ не́ было прямы́х насле́дников[44], и борьба́ за престо́л[45] разверну́лась[46] ме́жду его́ бра́тьями Константи́ном и Никола́ем. В э́ти дворцо́вые интри́ги оказа́лись втя́нутыми и мать импера́тора, и генера́л-губерна́тор Петербу́рга Михаи́л Милора́дович, и мно́гие вы́сшие сано́вники[47]. Верхо́вная власть[48] на како́е-то вре́мя осла́бла, и декабри́сты реши́ли воспо́льзоваться э́тим и вы́ступить одновреме́нно в двух места́х: в столи́це и на Украи́не[49].

14 декабря́, когда́ была́ назна́чена прися́га[50] столи́чных войск Никола́ю, декабри́сты обману́ли[51] солда́т, сказа́в им, что Константи́н (а он был ста́рше Никола́я) не отка́зывался от престо́ла. Ча́сти гва́рдии, кото́рыми кома́ндовали заговорщики́, вы́шли на Сена́тскую пло́щадь с ору́жием в рука́х и отказа́лись присяга́ть[52] Никола́ю. Восста́вшим удало́сь собра́ть 3,5 тыс. солда́т, кото́рым противостоя́ли[53] о́коло 12 тыс. солда́т — войска́, присягну́вшие и ве́рные Никола́ю. Среди́ руководи́телей восста́ния в са́мый отве́тственный[54] моме́нт начали́сь серьёзные разногла́сия[55].

---

[37] depose, dethrone
[38] Constituent Assembly
[39] confessed, admitted
[40] to destroy, annihilate
[41] serfdom (institution of serfdom)
[42] system of social classes
[43] to ease, soften
[44] heirs
[45] throne
[46] unfolded
[47] dignitaries, high officials
[48] supreme authority
[49] В Украи́не is also acceptable.
[50] oath
[51] deceived
[52] to take an oath of loyalty
[53] opposed, stood in opposition
[54] responsible
[55] disagreements

Опаса́ясь[56] кровопроли́тия, Алекса́ндр Якубо́вич отказа́лся вести́ Морско́й гварде́йский экипа́ж на захва́т[57] Зи́мнего дворца́. В то же вре́мя Пётр Кахо́вский отказа́лся соверши́ть покуше́ние[58] на Никола́я I. Практи́чески вме́сто акти́вного восста́ния получи́лась антиправи́тельственная демонстра́ция. Никола́й пыта́лся вести́ перегово́ры с восста́вшими, но они́ оказа́лись безрезульта́тными, бо́лее того́ одни́м из декабри́стов был смерте́льно ра́нен[59] генера́л-губерна́тор Санкт-Петербу́рга М.А. Милора́дович. В го́роде ста́ли собира́ться то́лпы[60] просты́х люде́й, сочу́вственно относи́вшихся к декабри́стам. Но уча́стники восста́ния отказа́лись воспо́ль-зоваться по́мощью просто́го наро́да.

Никола́й I о́тдал прика́з[61] стреля́ть карте́чью[62], и выступле́ние бы́ло пода́влено[63].

Жела́я разобра́ться в происше́дшем, но́вый импера́тор сам возгла́вил Верхо́вную сле́дственную коми́ссию[64]. Допро́сы[65], на кото́рых прису́тствовал[66] царь, да́ли ему́ мно́го негати́вной информа́ции о положе́нии дел в стране́. Наказа́ние декабри́стов бы́ло о́чень дифференци́рованным: пять челове́к бы́ли казнены́[67], руководи́тели со́сланы[68] в сиби́рские рудники́[69] на ка́торгу[70], солда́ты отпра́влены на Кавка́з для уча́стия в боевы́х де́йствиях про́тив го́рцев[71].

Пораже́ние[72] выступле́ния декабри́стов име́ло и бо́лее серьёзные после́дствия[73]. С э́того вре́мени дворя́не переста́ли выступа́ть в ка́честве

---

[56] See опаса́ться (to apprehend, fear).
[57] seizure
[58] attempted assassination
[59] wounded
[60] crowds, mobs
[61] order (military)
[62] grapeshot, buckshot
[63] See подавля́ть/подави́ть (to suppress).
[64] investigative commission
[65] interrogations
[66] was present
[67] executed
[68] exiled
[69] mines
[70] forced labor
[71] mountain dwellers
[72] defeat
[73] consequences

103 ведущей политической силы в России. Мощный удар[74] был нанесён по всей
104 дворянской культуре. Хотя правительством было наказано около 300
105 человек, они в большинстве своём и составляли цвет интеллектуальной
106 элиты Петербурга. Неслучайно у Александра Пушкина с этого времени
107 появляется ощущение[75] культурного одиночества[76].

А.П. Логунов

---

[74] powerful blow
[75] sensation, feeling
[76] isolation, loneliness

# Глава 10    Западники и славянофилы

> **Введение**
> Начиная с конца 19 века в России обсуждалось (и по-прежнему обсуждается) место и исторический путь России в отношении к странам Западной Европы. Вопрос заключается в том, является ли Россия неотъемлимой частью Европы, должна ли она следовать европейскому пути развития, или у России свой особенный путь...

Царствование[1] Николая I производило на современников противоречивое впечатление.

Разгром[2] декабристов, укрепление полиции, колоссальный рост бюрократии, ужесточение цензуры[3], личное вмешательство царя в дела литературы и театра, назначение на наиболее ответственные государственные посты военных — всё это создавало впечатление постепенного превращения империи в военную казарму[4]. Сказывалось и то, что изменилось отношение к России на Западе. Ещё совсем недавно Европа восторженно аплодировала русским героям, победителям Наполеона. Теперь вмешательство Николая в европейские дела на стороне наиболее реакционных сил рождало страх перед Россией, как перед «мировым жандармом»[5]. Европейское общественное мнение[6] от крайне левого (марксисты) до правого (английские тори) сходилось в одном: Россия препятствует[7] демократическим процессам в Европе и угрожает[8] европейскому прогрессу.

С другой стороны, Николай I укрепил финансовую систему, упорядочил работу государственных структур, начиная с правительства;

---

[1] rule of a tsar', reign of a tsar'
[2] utter defeat
[3] censorship
[4] military barrack
[5] world (or global) policeman (gendarme)
[6] public opinion
[7] is blocking, is an obstacle
[8] is threatening

17 взя́лся за подгото́вку преобразова́ния крепостни́ческих отноше́ний[9],
18 проведя́ весьма́ эффекти́вную рефо́рму госуда́рственных крестья́н.

19    И всё же преоблада́ли пессимисти́ческие настрое́ния и оце́нки, тем
20 бо́лее что госуда́рственная идеологи́ческая конце́пция официа́льно
21 призна́ла три незы́блемых[10] при́нципа: самодержа́вие[11], правосла́вие[12],
22 наро́дность[13]. Э́тим ещё бо́льше де́лался акце́нт на противопоставле́ние
23 Росси́и За́паду.

24    Размышле́ния о ме́сте и ро́ли Росси́и, её про́шлом, настоя́щем и
25 бу́дущем занима́ют ру́сских интеллектуа́лов всё бо́льше и бо́льше.
26 Опублико́ванное в 1836 г. «Филосо́фи́ческое письмо́» Петра́ Чаада́ева с
27 глубоко́ пессимисти́ческими оце́нками истори́ческого пути́ разви́тия
28 Росси́и и крити́ческим взгля́дом на её культу́рно-духо́вное своеобра́зие[14]
29 вы́звало неоднозна́чную оце́нку. Вла́сти объяви́ли а́втора сумасше́дшим, но
30 мы́слящая Росси́я заду́малась над поста́вленными в письме́ вопро́сами.
31 Почему́ Росси́я развива́ется столь непохо́же на За́пад? Почему́ за ка́ждый
32 шаг вперёд пла́тит гора́здо бо́льшую це́ну, чем други́е европе́йские стра́ны?
33 В чём и́стинное предназначе́ние Росси́и в мирово́й исто́рии?

34    Для отве́та на э́ти вопро́сы одни́х иде́й просвеще́ния[15] ока́зывается
35 уже́ недоста́точно. Но́выми власти́телями дум стано́вятся неме́цкие
36 фило́софы, и пре́жде всего́ Ге́гель.

37    В э́той обстано́вке в обще́ственной мы́сли[16] Росси́и постепе́нно
38 оформля́ются два тече́ния[17]: за́падники[18] и славянофи́лы[19]. И те и други́е
39 бо́лее оптимисти́чно, чем П.Я. Чаада́ев, воспринима́ли перспекти́вы разви́-

---

[9] feudal relations
[10] unshakable
[11] autocracy
[12] Orthodoxy (Russian Orthodoxy)
[13] national identity or national character
[14] uniqueness
[15] enlightenment, education
[16] public thought
[17] currents
[18] Westernizers (Zapadniki), a group intellectuals in nineteenth-century Russia, especially in the 1840s and '50s, who emphasized their country's common historic destiny with the West.
[19] Slavophiles, members of a nineteenth-century intellectual movement that wanted Russia's future development to be based on values and institutions derived from the country's early history.

тия России. Соглашались они в том, что крепостное право[20] и абсолютная монархия[21] уже не отвечают духу времени. Но далее, как в объяснении причин возникновения этих явлений, так и в поисках путей их преодоления[22], взгляды западников и славянофилов расходились.

Роль интеллектуальных лидеров в среде западников играли П.В. Анненков, В.П. Боткин, Т.Н. Грановский, К.Д. Кавелин, С.М. Соловьёв, Б.Н. Чичерин и др. В основе их мировоззрения[23] лежали представления о наличии общих, единых закономерностей[24] общественно-исторического развития. В соответствии с этим они полагали вполне естественным, что Россия и Западная Европа развиваются по одним и тем же[25] законам. Речь идёт лишь о несовпадении в темпах развития. Неблагоприятные природно-климатические условия[26], татаро-монгольское иго[27] — всё это замедлило[28] прогрессивно-поступательный путь развития страны. Поэтому Запад уже сегодня демонстрирует целый ряд качеств и свойств в культурно-историческом и политическом развитии, которых России лишь предстоит достичь. Свою миссию они видели в необходимости всемерно способствовать уяснению элитой России данного обстоятельства, внимательному и критичному усвоению западного опыта.

Многие западные ценности, прежде всего в гражданско-правовой сфере[29], они рассматривали в качестве универсальных. Неприкосновенность личности[30], свобода слова, печати[31], гласный суд[32], торжество права[33] — всё это непременно должно было реализоваться, по их мнению, и в России. Точно так же они связывали будущее страны с конституционно-монархическим устройством[34]. Но это совершенно не означало того, что западники призывали слепо копировать западный путь развития или

---

[20] serfdom (institution of serfdom)
[21] absolute monarchy
[22] overcoming
[23] world view
[24] principles, laws
[25] one and the same
[26] climatic conditions
[27] Tatar yoke
[28] slowed down, impeded
[29] civil sphere (as opposed to military)
[30] personal inviolability
[31] freedom of speech, of the press
[32] open (public) trials
[33] rule of law
[34] system of constitutional monarchy

западные формы реализации универсальных принципов. Запаздывание[35] России открывало, по их мнению, перед ней уникальную возможность добиться прогресса с учётом[36] западного опыта, избегая его ошибок, без кровавых революций и потрясений.

Славянофилы, среди лидеров которых были братья К.С. и И.С. Аксаковы, И.В. и П.В. Киреевские, А.И. Кошелёв, Ю.Ф. Самарин, не отрицая единых путей прогрессивного развития, делали акцент на значении своеобразия, особенностей исторического пути развития народов. Даже само понятие «Европа» представлялось им чрезвычайно условным, так как Франция была Европой, и Германия была Европой, но немцы и французы демонстрировали различные подходы и способы решения одних и тех же общественных проблем. Россия на этом фоне воспринималась как ещё более самобытное[37], уникальное явление. Господство[38] православия и общинный тип организации жизни сформировали иную систему ценностей и иное качество общественного развития: коллективизм, соборность[39], духовность[40].

По мнению славянофилов, предпринятые Петром I и его последователями попытки проигнорировать эти объективные основы исторического развития и привели страну ко многим сложностям и противоречиям: отрыву власти от народа, масштабному росту бюрократии, которая собственные интересы ставила выше государственных, расколу в едином народе на разные культуры. Культура образованного меньшинства даже языком отличается от подлинно народной.

В восстановлении самобытных принципов и ценностей русского исторического развития они и видели свою миссию.

Полемика между западниками и славянофилами велась с университетских кафедр, на страницах журналов и в литературных салонах. В сложной атмосфере николаевского времени она стала главным интеллек-

---

[35] delay, lagging behind
[36] bearing in mind, accounting for
[37] primordial, primeval, pristine
[38] dominance, sovereignty
[39] A term coined by the "Slavophile" school of Russian thinkers in the nineteenth-century in their polemic with "Westernizers", attributing to Slavic and especially Russian people unique qualities of collectiveness, communality, and spirituality supposedly in opposition to Western characteristics of individualism, acquisitiveness, and materialism.
[40] spirituality

туа́льным собы́тием десятиле́тия. За́падники стимули́ровали интере́с росси́йских интеллектуа́лов к крити́ческому осмысле́нию[41] и заи́мствованию[42] европе́йского экономи́ческого и полити́ческого о́пыта. Ру́сский либерали́зм как относи́тельно самостоя́тельное тече́ние полити́ческой мы́сли во мно́гом сформирова́лся под возде́йствием иде́й за́падников. Славянофи́лы спосо́бствовали разви́тию интере́са к национа́льному языку́, литерату́ре, а та́кже к наро́дной культу́ре.

Почти́ все кру́пные ру́сские писа́тели, в том числе́ Ива́н Турге́нев, Фёдор Достое́вский, Лев Толсто́й, в свои́х произведе́ниях отрази́ли отде́льные эпизо́ды поле́мики ме́жду за́падниками и славянофи́лами.

А.П. Логунов

---

[41] critical interpretation, analysis, or understanding
[42] borrowing

# Глава 11 Александр II и общественные реформы

**Введение**

Со времён Петра I Россия не видела такого интереса к реформам, как во время правления Александра II. Главной среди реформ была, конечно, отмена крепостного права. Другие реформы, выводящие Россию на путь передовых европейских стран того времени, — это реформы суда, местного самоуправления и образования. Важной частью последней было создание учебных заведений для женщин.

1  Поражение России в Крымской войне, конфликт практически со всей
2  Европой и угроза[1] почти полной изоляции[2] не могли не вызывать резкого
3  недовольства в общественном мнении и внутри страны. Кроме того, общие
4  итоги царствования[3] Николая I оказывались недостаточно благоприят-
5  ными[4]. Страна явно отставала в промышленном развитии от передовых
6  европейских государств. От нового императора Александра II, вступившего
7  на престол 18 февраля 1855 г., ждали не просто новых решений, а
8  обновления[5] всей жизни страны. При всём множестве накопившихся
9  вопросов два оказывались центральными: крепостное право[6] и качество
10 самой верховной власти[7] — самодержавия[8].

11  Важность этих вопросов для судеб России понимали все. Однако
12 единства мнения, даже сколько-нибудь сформированного, у большинства[9]
13 населения по этим вопросам не было. Многих пугало то, например, что при
14 всей своей неэффективности крепостное право тем не менее обеспечивало[10]

---

[1] threat
[2] isolation
[3] rule of a tsar', reign of a tsar'
[4] favorable, propitious, auspicious
[5] renewal
[6] serfdom
[7] supreme power, highest authority
[8] autocracy
[9] majority
[10] provided (for), ensured

известную стабильность экономики. Его ликвидация требовала громадных экономических изменений, управленческих решений, перестройки всего стиля жизни огромных масс населения. Николай I за время своего царствования создавал 11 секретных комитетов по крестьянскому вопросу[11], стремясь найти наиболее безболезненный путь его решения. Значительный опыт дало проведение[12] реформы государственных крестьян. И всё же требовался решительный и радикальный шаг.

В 1857 г. по решению Александра II был создан ещё один секретный комитет, а затем такие же комитеты создавались по губерниям[13] с целью подготовить оптимальные решения об отмене[14] крепостного права. Условия хозяйствования[15] в различных регионах настолько различались, что, казалось, единое решение не может быть найдено. В чернозёмных районах[16] было относительное перенаселение[17], и самым ценным оказывалась земля, в нечернозёмных, напротив, земля стоила гораздо дешевле, но ценились рабочие руки. Значительно различалось и отношение помещиков[18] к возможности отмены крепостного права. Тем не менее к 1861 г. подготовительная работа была закончена.

19 февраля 1861 г. был издан целый ряд законов, которыми отменялось крепостное право и определялся порядок предоставления[19] крестьянам свободы. Учитывая масштабы[20] реформы, она проводилась поэтапно[21]. Первыми освобождались помещичьи крестьяне, затем удельные[22] и приписанные к заводам. Однако, получив свободу, крестьяне не получили земли. Земля оставалась в собственности[23] помещиков. Те наделы[24], кото-

---

[11] "Peasant question": the question of the social and economic organization of agricultural labor and the relations between agricultural laborers and landowners in capitalistic Russia after the abolition of serfdom.
[12] implementation
[13] provinces (political units of administration defined territorially)
[14] cancellation
[15] management
[16] fertile regions
[17] overpopulation
[18] landowners (owners of the serfs on that land)
[19] assignment, allocation, allotment
[20] scale
[21] in stages
[22] related to appendage land
[23] property
[24] plots of arable land, allotments

## Глава 11 • Александр II и реформы

рые ра́ньше крестья́не обраба́тывали[25] для себя́ (крестья́нские наде́лы), в тече́ние 49 лет они́ должны́ бы́ли выкупа́ть. Сто́имость вы́купа[26] и его́ продолжи́тельность[27] рассчи́тывались таки́м о́бразом, что́бы сохрани́ть поме́щикам пре́жнюю годову́ю дохо́дность[28] по кра́йней ме́ре на 50 лет. Госуда́рство при проведе́нии выкупны́х опера́ций выступа́ло гара́нтом интере́сов двух сторо́н: поме́щиков и крестья́н. Оно́ бра́ло на себя́ обяза́тельство[29] расплати́ться с поме́щиками, а зате́м уже́ крестья́не должны́ бы́ли погаша́ть[30] свою́ задо́лженность[31] госуда́рству. Реа́льно же ход рефо́рмы оказа́лся экономи́чески о́чень невы́годным и для поме́щиков, и для крестья́н. С поме́щиками госуда́рство расплати́лось не деньга́ми (тако́й су́ммы в бюдже́те про́сто не́ было), а це́нными бума́гами[32], кото́рые о́чень бы́стро ста́ли обесце́ниваться[33]. В результа́те по поме́щичьему хозя́йству был нанесён столь мо́щный уда́р, что большинство́ поме́щиков так от него́ и не опра́вились[34]. Крестья́не же, получи́в ме́ньше земли́, чем они́ обраба́тывали ра́ньше, попа́ли в но́вую экономи́ческую зави́симость[35], что не позволя́ло им эффекти́вно хозя́йствовать.

Принципиа́льное значе́ние име́ло и то, что рефо́рма не разруша́ла общи́ну[36], а, напро́тив, укрепля́ла её. Госуда́рство по-пре́жнему все отноше́ния стро́ило не с отде́льным крестья́нином или крестья́нской семьёй, а с крестья́нской общи́ной. Э́то о́чень серьёзно ско́вывало[37] разви́тие хозя́йственной инициати́вы и предпринима́тельской акти́вности крестья́н.

Сохране́ние поме́щичьей земли́, сокраще́ние крестья́нских наде́лов вызыва́ло осо́бое недово́льство крестья́н. С э́того вре́мени мечта́ о ликвида́ции поме́щичьего землевладе́ния ста́нет гла́вным тре́бованием[38] ру́сского крестья́нства.

---

[25] worked the land
[26] redemption, payment
[27] duration
[28] profitability (дохо́д — income)
[29] obligation
[30] pay off a loan, mortgage, or other financial obligation
[31] indebtedness
[32] bonds
[33] to lose value, to lose worth
[34] recovered, (re)gained their bearing
[35] dependence
[36] community
[37] constrained, fettered
[38] demand

И всё же, несмотря на все противоречия, огромные массы крестьян впервые за несколько столетий получили личную свободу. Освобождение[39] прошло мирно, без социальных потрясений, хотя отдельные протесты крестьян и имели место.

Отмена крепостного права открывала пути для дальнейшего обновления общественных отношений в России. Правительство достаточно смело встало на путь радикальных преобразований[40]. То, что в Европе завоёвывалось в результате кровопролитных революций, в России проводилось путём реформ.

В 1864 г. проводится наиболее радикальная из всех реформ — судебная[41]. Судебная власть впервые в истории России отделяется от исполнительной[42] и законодательной[43], вводится[44] бессословный[45] и гласный[46] суд с открытым судебным процессом, состязательностью[47] сторон, несменяемостью судей[48] и участием присяжных заседателей[49]. Хотя из общего судопроизводства[50] изымались дела военных, высших сановников[51], политические преступления[52], реформа практически реализовала принцип равенства[53] всех подданных[54] империи перед законом. Новое судопроизводство вызвало огромный интерес у всего общества к вопросам правовой культуры, защищённости людей, юридической ответственности[55].

Не менее радикальными оказались изменения и в военной области, игравшей часто определяющую роль в системе политических приоритетов России. Каждый шаг в реформировании армии давался власти с большим

---

[39] emancipation, liberation
[40] radical transformations, reforms
[41] legal (referring to the court system)
[42] executive
[43] legislative
[44] brings in, introduces
[45] classless, without reference to social class
[46] open, public
[47] adversarial nature
[48] tenure of judges, i.e., lifetime appointment
[49] jurors
[50] legal proceedings
[51] dignitaries, high officials
[52] political crimes
[53] equality
[54] subjects (of a kingdom or an empire)
[55] legal responsibility

## Глава 11 • Александр II и реформы

трудо́м. Неслуча́йно рефо́рма растяну́лась почти́ на 10 лет — с 1864 г. по 1874 г. Одна́ко и результа́ты бы́ли впечатля́ющими.

Создава́лась еди́ная централизо́ванная систе́ма управле́ния а́рмией, вводи́лся но́вый вое́нно-суде́бный уста́в[56]. Са́мое же гла́вное состоя́ло в том, что отменя́лся рекру́тский набо́р[57] и вводи́лась всео́бщая во́инская обя́занность[58]. Соотве́тственно, сокраща́лся срок слу́жбы[59]: в а́рмии до 6 лет, на фло́те до 7. Бо́лее того́, создава́лась ги́бкая систе́ма, сокраща́ющая срок слу́жбы для лиц с нача́льным образова́нием до 3 лет, с гимнази́ческим — до 1,5 лет, а с вы́сшим — до 6 ме́сяцев. Из зако́на де́лались и определённые исключе́ния[60]. В а́рмию не призыва́лся еди́нственный сын в семье́, ли́ца духо́вного зва́ния[61], чле́ны не́которых религио́зных сект, а та́кже ряд наро́дов Кавка́за, Сре́дней А́зии и Кра́йнего Се́вера.

Суще́ственно осла́билась цензу́ра[62] в стране́: вме́сто обяза́тельной предвари́-тельной цензу́ры при́няли зако́н, в соотве́тствии с кото́рым мо́жно бы́ло привле́чь[63] к отве́тственности а́втора или реда́ктора то́лько по суду́ и то́лько по́сле вы́хода кни́ги и́ли статьи́ в периоди́ческой печа́ти.

Серьёзный шаг был сде́лан и в созда́нии систе́мы ме́стного самоуправле́ния[64]. Зе́мская (1864 г.) и городска́я (1870 г.) рефо́рмы создава́ли на осно́ве при́нципов вы́борности и бессосло́вности о́рганы ме́стного самоуправле́ния в губе́рниях (зе́мства[65]) и в города́х (ду́мы[66]). Но́вые о́рганы бра́ли на себя́ реше́ние вопро́сов ме́стного значе́ния: занима́лись вопро́сами образова́ния, здравоохране́ния[67], ока́зывали соде́йствие[68] ме́стному пред-

---

[56] charter (of an organization)
[57] conscription
[58] obligatory military service, draft
[59] term of service
[60] exceptions
[61] clerics
[62] censorship
[63] to attract
[64] self-management, local control
[65] elective district councils in pre-revolutionary Russia
[66] Russian parliament or municipal councils (городска́я ду́ма)
[67] public health
[68] assistance

принима́тельству. Впервы́е бы́ли со́зданы благоприя́тные предпосы́лки[69] для становле́ния институ́тов гражда́нского о́бщества[70].

В обновля́ющейся Росси́и бы́ли проведены́ и глубо́кие рефо́рмы в сфе́ре образова́ния (1863–1864 гг.). Создава́лась стро́йная систе́ма нача́льных, сре́дних и вы́сших уче́бных заведе́ний[71], вполне́ соотве́тствующая европе́йскому у́ровню. К тому́ же университе́ты получа́ли широ́кую автоно́мию. Одновре́менно был дан толчо́к[72] для разви́тия же́нского образова́ния: открыва́лись гимна́зии и вы́сшие же́нские ку́рсы.

Реформа́торская де́ятельность шла весьма́ непро́сто. Реформа́торы встреча́ли доста́точно жёсткое сопротивле́ние[73] как со стороны́ консервати́вных круго́в, так и со стороны́ расту́щего радика́льного движе́ния.

А. П. Логунов

---

[69] prerequisites
[70] civil society
[71] institutions of higher education, i.e., universities, professional schools, etc.
[72] stimulus, catalyst
[73] resistance

# Глава 12   Внешняя политика Российской империи в 1856–1914 гг.

> **Введение**
>
> С конца Крымской войны до начала Первой мировой войны Российская империя была в союзнических отношениях то с одними, то с другими странами, и границы империи менялись на юго-западе, на юге, на востоке. Россия победила Турцию в войне на Балканах, но в результате давления со стороны других европейских держав не много выиграла от этой победы... На другом конце империи Россия потерпела поражение от Японии в русско-японской войне 1904–1905 гг. В этой войне Россия потеряла чуть ли не весь флот. На территории самой империи закончилась длительная Кавказская война; в состав Российской империи вошли некоторые азиатские ханства. К началу Первой мировой войны огромная Российская империя занимала одну шестую часть суши земного шара. Казалось, что Российская империя будет существовать вечно...

1  Внешняя политика[1] России второй половины XIX–начала XX века.
2  наиболее явно воплощает[2] черты и качества имперской политики. В её реа-
3  лизации Россия добивается огромных успехов, и эта же политика приводит,
4  в конечном итоге, империю к жёсткому кризису, к Первой мировой войне.

5  После поражения[3] в Крымской войне Россия практически
6  утрачивает[4] статус великой державы[5] и, кажется, вновь навсегда удаляется[6]
7  со сцены мировой политики[7], перестав быть активным и самостоятельным
8  игроком. Русская дипломатия[8] во главе с талантливым Александром
9  Горчаковым активно борется за изменение условий[9] Парижского мирного

---

[1] foreign policy
[2] to incarnate, embody, personify
[3] defeat
[4] loses
[5] great power (superpower)
[6] moves away, retires, withdraws
[7] world politics
[8] diplomacy
[9] terms of an (the) agreement

договóра¹⁰ 1856 г., по котóрому Россия, как проигрáвшая сторонá, не тóлько выплáчивала контрибуции и теряла преимýщественные правá на испóльзование Чёрного мóря, но и оказáлась фактически в международной изоляции¹¹. Однáко не тóлько талáнты рýсского министра инострáнных дел¹² позволяют изменить сложившуюся ситуáцию. Крýпные международные проблéмы заставляют¹³ ведýщие держáвы обращáться к пóмощи Россйи.

В Германии под эгидой¹⁴ Пруссии разворáчивается¹⁵ процéсс объединéния¹⁶ немéцких земéль в éдиное госудáрство¹⁷. В этой ситуáции Фрáнция надéется на союз¹⁸ с Россией, чтобы не допустить¹⁹ объединéния Германии и усилéния²⁰ её на своих границах²¹. Пруссии нýжен союз с Россией, чтобы нейтрализовáть²² противодéйствие Фрáнции и Германии. Разворáчивается настоящий торг²³. В начáле Россия склоняется к союзу с Фрáнцией, но затéм, получив необходимые гарáнтии от кáнцлера²⁴ Пруссии Бисмарка, выступáет на сторонé Пруссии. В 1870 г. Фрáнция тéрпит сокрушительное поражéние в войнé с Пруссией. Россия óчень искýсно²⁵ пóльзуется ситуáцией. Во-пéрвых, онá не препятствует²⁶ Пруссии решáть свои задáчи. Во-вторых, онá тем не мéнее не допускáет пóлного разгрóма²⁷ Фрáнции и её окончáтельного крушéния²⁸. В-трéтьих, онá добивáется пересмóтра²⁹ Парижского мирного договóра.

---

¹⁰ peace treaty
¹¹ international isolation
¹² foreign minister (Secretary of State in the U.S.)
¹³ force, compel
¹⁴ sponsorship, auspices, control
¹⁵ is turning around, swinging about
¹⁶ process of unification
¹⁷ unified state (smaller units together in one nation-state)
¹⁸ alliance, union
¹⁹ to allow, grant
²⁰ strengthening
²¹ borders
²² to neutralize
²³ bargaining, haggling
²⁴ chancellor
²⁵ skillfully, cleverly
²⁶ hinders, prevents
²⁷ rout, defeat
²⁸ wreck, ruin, downfall
²⁹ review, revision

## Глава 12 • Внешняя политика 1856–1914

Несмотря на то, что жестокое подавление[30] польского восстания[31] 1863 г. вызвало новую волну антироссийских настроений[32] в Европе, европейские лидеры вынуждены[33] считаться[34] с огромными военными и политическими ресурсами Российской империи.

В 1870-е гг. центральным для мировой политики становится балканский вопрос. Турецкая Османская империя[35] приходит в состояние упадка[36]. В разных частях огромной империи начинаются антитурецкие восстания. К 1875–1876 гг. все Балканы охвачены национально-освободительным движением[37]. Все мировые державы надеются воспользоваться этим для увеличения собственных колоний[38] и расширения[39] своего господства[40]. Однако Россия на Балканах имеет свои интересы и огромный авторитет прежде всего в православных[41] регионах: в Греции, Болгарии, Сербии и ряде других стран.

Общественное мнение[42] в России активно выступает за помощь славянским народам. Дело доходит до того, что крестьяне[43] целыми сёлами[44] поднимаются идти освобождать от турок братьев-славян. На этой волне царь объявляет войну[45] Турции. В ходе русско-турецкой войны 1877–1878 годов Россия добивается исключительных успехов и на суше и на море[46]. Под угрозой[47] оказывается даже столица Турции. Турецкое правительство[48] подписывает[49] Сан-Стефанский мирный договор, по которому Турция

---
[30] crushing, suppression
[31] uprising
[32] mood
[33] See вынуждать/вынудить (to compel).
[34] to take into account
[35] Ottoman Empire
[36] decline
[37] liberation movement
[38] colonies
[39] broadening
[40] dominance, domination, sovereignty
[41] Eastern Orthodox
[42] public opinion
[43] peasants
[44] villages
[45] declares war
[46] on dry land, at sea
[47] under the threat of
[48] government
[49] signs

теряет почти все европейские территории, а Болгария получает независимость⁵⁰. Однако великие европейские державы заставляют Россию пойти на пересмотр этого договора под угрозой объявления ей новой войны⁵¹. Россия была вынуждена уступить⁵² и начать поиски новых союзников в Европе.

Объединённая Германия уже не ищет союза с Россией, так как её пугает усиление русских на Балканах. Она склоняется к установлению⁵³ более тесного союза со слабеющей Австро-Венгрией. Интересы России и Англии сталкиваются⁵⁴ в Средней Азии. Поэтому почти неизбежным⁵⁵ становится сближение⁵⁶ России с Францией, результатом чего стало подписание в 1892 г. тайного союза и военной конвенции⁵⁷.

Эти годы становятся временем дальнейшего продвижения⁵⁸ России в сторону Азии. В 1858 и 1860 гг. Китай вынужден уступить России земли по левому берегу реки Амур и весь Уссурийский край. В 1868, 1873 и 1876 гг. в вассальную зависимость⁵⁹ от России попадают Хивинское ханство⁶⁰, Бухарский эмират, Кокандское ханство. В конце 1870-х гг. Россия наносит поражение туркменам и выходит к границам Афганистана. В 1859 г. заканчивается Кавказская война, продолжавшаяся почти пятьдесят лет, а к 1864 г. Россия покоряет⁶¹ и Западный Кавказ.

На Дальнем Востоке⁶² в обмен на Курильские острова⁶³ Россия получает Южный Сахалин, а принадлежащую ей Аляску продаёт США за 7 млн. долларов.

Территория Российской империи становится чрезвычайно огромной

---

⁵⁰ independence
⁵¹ declaration of war
⁵² to yield, give up, surrender
⁵³ establishment
⁵⁴ come into conflict
⁵⁵ inevitable
⁵⁶ rapprochement (coming together)
⁵⁷ convention (a form of diplomatic agreement)
⁵⁸ further progress, movement, advance
⁵⁹ feudal (vassal) dependence
⁶⁰ khanate (Islamic kingdom)
⁶¹ subjugates
⁶² Far East
⁶³ Kurile islands

## Глава 12 • Внешняя политика 1856–1914

и достигает шестой части суши. Характерно, что присоединение[64] всё новых и новых земель оказывалось часто экономически нецелесообразным[65]. У России не было ни сил, ни средств для их эффективного хозяйственного освоения[66]. Данная политика диктовалась в первую очередь имперскими соображениями[67], которые требовали не допустить на эти территории потенциальных конкурентов[68] в лице других мировых держав.

В самом конце XIX—начале XX века император Николай II пытается продолжать политику своего отца, не втягиваться[69] в крупные военные конфликты и играть на противоречиях[70] между великими державами. России какое-то время удаётся поддерживать союзнические отношения с двумя противостоящими друг другу державами: Францией и Германией.

Однако русскому правительству не всегда удаётся реализовать свои планы. Австрия (союзник Германии) оказывает мощное противодействие[71] усилению России на Балканах, претендуя[72] на особую роль в делах Сербии и аннексируя[73] Боснию и Герцеговину. В Китае Россия сталкивается с интересами Германии. В 1904–1905 гг. Россия вступает в войну[74] с Японией и проигрывает[75] её. Японию дипломатически и экономически поддерживают США и Германия, не желающие дальнейшего усиления России в этом регионе.

Почти неизбежным в этой ситуации становится сближение России со своим традиционным соперником[76] в азиатских делах — Англией. В 1907 году они заключают договор о разделе[77] сфер влияния в Иране, Афганистане и на Тибете. Этими соглашениями[78] создаются основы[79] для заключения

---

[64] annexation
[65] inadvisable, pointless
[66] economic assimilation, expansion
[67] imperial considerations, designs
[68] competitors
[69] to get involved, enmeshed, entangled
[70] contradictions
[71] exerts counteraction, opposition; puts up resistance
[72] See претендовать (to have or make claims on something).
[73] See аннексировать (to annex).
[74] enters into a war
[75] loses (a war)
[76] competitor, rival
[77] division, dividing
[78] agreements
[79] foundation, basis

союза трёх — Анта́нты, — кото́рый объедини́л Росси́ю, Фра́нцию и А́нглию в их противостоя́нии Тро́йственному сою́зу: сою́зу Герма́нии, А́встро-Ве́нгрии и Ита́лии.

Вели́кие держа́вы, в том числе́ и Росси́я, в эти десятиле́тия[80] дели́ли[81] и передели́ли мир, соверше́нно не счита́ясь с интере́сами други́х стран и наро́дов. Всё определя́ла вое́нная мощь[82] и спосо́бность к практи́ческой реализа́ции свои́х импе́рских устремле́ний[83]. Несмотря́ на завере́ния[84] всех прави́тельств в приве́рженности[85] ми́ру, мир приближа́лся[86] к катастро́фе — мирово́й войне́.

А. П. Логуно́в

---

[80] decades
[81] divided
[82] military power
[83] imperial aspirations
[84] assertion, assurance
[85] adherence, devotion
[86] approached

# Глава 13    История евреев в России (XVI–XIX века)

> **Введение**
>
> В XVII веке большая часть еврейского населения, проживавшего в Центральной Европе, оказалась в пределах территории Российской империи. Еврейское население значительно возрастало с каждым очередным разделом Польши. В XIX веке в западной части России была проведена дискриминационная «черта оседлости», за пределами которой жительство евреев было запрещено. В конце XIX века по Российской империи стали проходить еврейские погромы. В связи с этим началась большая волна эмиграции евреев из России.

1   В XVI–XVII веках количество евреев, живших на территории
2   тогдашней Московской Руси было крайне невелико. Русские цари всячески
3   препятствовали не только проживанию евреев, но даже въезду в страну
4   иностранцев еврейского происхождения. Так, Иван IV (Грозный) (XVI в.)
5   запретил всякое пребывание евреев в пределах царства и строго следил за
6   исполнением своего указа[1]. Впервые разрешение на проживание евреев в
7   России дал царь Михаил Романов указом от 1635 года. Однако впослед-
8   ствии, в 1727 году, императрица Екатерина I подписала новый указ о
9   полном изгнании евреев из страны, при этом у изгоняемых еврейских
10  купцов было приказано изымать[2] золотые и серебряные монеты, обменивая
11  их на ничего не стоящие медные[3]. Этот указ был подтверждён в 1742 году
12  императрицей Елизаветой Петровной.

13  После трёх разделов Польши[4] (1772, 1793, 1795) вместе со значитель-
14  ной частью польской территории к России отошли и проживавшие на этой
15  территории евреи. В 1794 г. императрица Екатерина II издала указ, в
16  котором были перечислены территории, где евреям было разрешено
17  постоянно проживать. Это были, в основном, губернии Польши, Украины,
18  Белоруссии, Литвы, а чуть позже – Латвии и Молдавии. В дальнейшем,
19  начиная с царствования императора Александра I (1801–1825), эти ограни-

---

[1] decree, order
[2] to siege, confiscate
[3] copper
[4] partitions of Poland

чения в праве на жительство стали носить целенаправленно антиеврейский характер. С 1807–1808 годов евреям было запрещено жить в сёлах и деревнях, их принудительно переселяли в города и местечки[5]. Накладывались ограничения и на экономическую деятельность евреев: им запрещалось брать в аренду[6] хозяйства помещиков[7], заниматься виноторговлей и др. Таким образом, к началу царствования Николая I (1825–1855) сложилась система ограничения права российских евреев на проживание, получившая наименование «черта оседлости»[8].

Антисемитизм Николая I, имевший прежде всего религиозные корни, привёл к тому, что в 1820-е годы был издан ряд указов, значительно сокращающий число населённых пунктов, в которых евреям было разрешено проживать. В частности, они были выселены из Киева, Севастополя, Николаева, Ялты, из некоторых пограничных местностей. Царь лично следил за тем, чтобы евреи не появлялись в так называемых «внутренних» или великороссийских губерниях, где им жительство было запрещено.

Антиеврейская политика Николая I была очень активной. Ставя задачей «воспитание» евреев и понуждение их к переходу в православие, он придавал в этом деле большое значение армии. Срок службы составлял 25 лет, и человек, сданный в солдаты, фактически навсегда расставался с семьёй и родными местами. Николай I не только установил евреям нормы воинской повинности[9] в три раза больше, чем для христиан, он также разрешил насильственную[10] сдачу в специальные военные школы мальчиков 8–12 лет (так называемых кантонистов), причём пребывание в этих школах не засчитывалось в 25-летний срок службы. Отрыв от семьи, ужасные условия содержания становились, как правило, страшной трагедией для еврейских подростков, которые сотнями погибали ещё в процессе доставки их в школы.

Николай I всячески боролся с традиционным еврейским образом жизни. Но одним из самых тяжёлых проявлений антисемитизма со стороны

---

[5] shtetl (a Jewish settlement)
[6] to take a lease, rent
[7] landowners (nobles)
[8] Pale of Settlement: area in Russian Empire where Jews were allowed to live without special dispensation. Residence by Jews outside this area without special permission was forbidden by Russian law (there were some Jews who had this permission).
[9] obligatory military service
[10] forcible surrender, handing over

## Глава 13 • Евреи в России (XVI–XIX вв)

49  царя́ бы́ло возобновле́ние дел по так называ́емым «крова́вым наве́там»[11].
50  Речь идёт об обвине́нии евре́ев в уби́йстве христиа́н с це́лью употребле́ния
51  их кро́ви в ритуа́льных це́лях. В Росси́и таки́е обвине́ния регуля́рно
52  выдвига́лись про́тив евре́ев начина́я с 1799 го́да, причём наве́т подде́ржи-
53  вался зачасту́ю весьма́ образо́ванными людьми́, среди́ кото́рых оказа́лись
54  знамени́тый ру́сский поэ́т Гаври́ла Держа́вин и учёный-лингви́ст Влади́мир
55  Даль. В 1817 г. при Алекса́ндре I бы́ло и́здано постановле́ние[12], запреща́-
56  ющее обвиня́ть евре́ев в употребле́нии христиа́нской кро́ви, одна́ко,
57  несмотря́ на э́то, Никола́й I подде́рживал проведе́ние проце́ссов по э́тому
58  обвине́нию. Как пра́вило, все э́ти дела́ зака́нчивались оправда́нием
59  обвиня́емых евре́ев, но, да́же утвержда́я оправда́тельный пригово́р,
60  Никола́й I не премину́л отме́тить, что у него́ нет вну́треннего убежде́ния в
61  невино́вности евре́ев (так называ́емое «Ве́лижское[13] де́ло» 1823 г.).

62  В пери́од ца́рствования Алекса́ндра II бы́ли смягчены́ мно́гие
63  антиевре́йские зако́ны и постановле́ния. Так, разрешено́ бы́ло сели́ться вне
64  черты́ осе́длости евре́ям, име́ющим вы́сшее образова́ние, отслужи́вшим 25
65  лет в а́рмии по рекру́тскому набо́ру, купца́м пе́рвой ги́льдии и не́которым
66  други́м. Царь отмени́л запре́т евре́ям, прожива́ющим в Ца́рстве По́льском,
67  переселя́ться в черту́ осе́длости и наоборо́т. Был разрешён приём на
68  госуда́рственную слу́жбу евре́ев, име́ющих учёные сте́пени.

69  Рефо́рмы Алекса́ндра II понача́лу привели́ к улучше́нию правово́го и
70  экономи́ческого положе́ния евре́ев. Евре́и арендова́ли зе́млю и да́же це́лые
71  име́ния у поме́щиков, не име́я пра́ва их покупа́ть. Одна́ко по́сле подавле́ния
72  по́льского восста́ния (1863–1864) ца́рское прави́тельство вновь ста́ло
73  ограни́чивать евре́йскую экономи́ческую де́ятельность.

74  Во вре́мя ца́рствования Алекса́ндра II произошли́ серьёзные
75  измене́ния в систе́ме образова́нии росси́йских евре́ев. В XVIII в. — нача́ле
76  XIX в. хара́ктер евре́йского образова́ния был, как пра́вило, традицио́нным:
77  общи́ны[14] содержа́ли хе́деры[15] (нача́льные евре́йские шко́лы), где ма́льчиков
78  обуча́ли То́ре[16], Талму́ду[17], религио́зным обы́чаям и т.п. В 1864 году́

---

[11] "blood libel"
[12] decree, order
[13] Acceptable ether Ве́лижский, or Вели́жский.
[14] communities
[15] Cheder (transliterated from Hebrew), Kheder (transliterated from Russian) — Yiddish word for a Jewish school.
[16] Torah — first five books of the Hebrew Bible, sacred Jewish text.
[17] Talmud — commentaries on the Mishnah, which are commentaries on the Torah.

Александр II издал распоряжение[18] о приёме в гимназии детей всех сословий[19] без различия вероисповеданий[20]. Это привело к быстрому росту количества евреев-гимназистов. К концу царствования Александра II их доля в российских гимназиях составляла 12%. Так же значительно выросло и количество евреев среди студентов высших учебных заведений. Это привело к росту влияния в еврейских общинах так называемых маскилов — приверженцев[21] движения «Хаскала», ратовавших[22] за приобщение народа к европейским ценностям при сохранении еврейской самоидентификации и традиций. Именно под влиянием представителей этого движения в период царствования Александра II зарождаются и развиваются еврейские периодические издания на русском языке («Рассвет», «Сион», «День»), а также на иврите[23] и йдише[24].

К концу 1870-х годов в России резко повышается революционная активность. Еврейская молодёжь, особенно студенты, принимают широкое участие в революционных организациях, ставивших целью устранение террористическими методами как наиболее одиозных представителей власти (губернаторов, членов правительства), так и самого царя. При этом еврейская студенческая молодёжь всё больше и больше отрывалась от религии и традиций, поскольку пример отцов и дедов, живших в нищете и бесправии, отвращал её от обычного общинного образа жизни.

1 марта 1881 г. революционерами был убит царь Александр II. В 1881–1883 годах по Российской империи прокатилась волна жестоких погромов[25], вызванных слухами, что царя убили евреи. Погромы, сопровождавшиеся массовыми убийствами евреев, изнасилованием женщин, грабежом еврейского имущества, прошли практически по всей Украине, в Варшаве, а также в некоторых других населённых пунктах черты оседлости. Этим погромам зачастую сочувствовали представители власти. Однако в некоторых случаях губернаторы применяли против погромщиков[26] (обычно это были мещане, мелкие купцы, крестьяне, деклассированные элементы) военную силу, что, как правило, сразу прекращало насилие. В эти же годы

---

[18] direction, instruction
[19] social classes or estates
[20] religious faith
[21] adherents, supporters
[22] See ратовать (to advocate, fight for).
[23] Hebrew
[24] Yiddish
[25] riots, pogroms (usually anti-Semitic)
[26] rioters

евреи стали впервые создавать отряды самообороны, призванные оказать нападающим вооружённый отпор.

Погромы 1881–1883 гг. привели к резкому изменению сознания многих евреев. Целый ряд еврейских писателей, мыслителей, публицистов, ранее полагавших, что национального, культурного и экономического процветания можно добиться и в России, стали сторонниками сионистской идеи, призывая к выезду в Палестину. За короткий срок в Палестину выехали несколько десятков тысяч человек.

В 1870–1880-х гг. повышается экономическое благосостояние российских евреев-предпринимателей, возникает несколько крупных еврейских торговых и банковских домов. Среди еврейских деловых кругов следует особо отметить баронов Гинцбургов и братьев Поляковых (Яков, Самуил и Лазарь). Например, благодаря деятельности Поляковых на юге России ускоренными темпами развивалось строительство железных дорог. Банкирский дом Гинцбургов оказывал финансовую помощь российскому правительству во время русско-турецкой войны 1877–1878 годов.

Царствование Александра III (1881–1894) ознаменовалось возобновлением репрессивно-ограничительной политики российского правительства по отношению к евреям. С 1882 г. вновь увеличиваются ограничения в праве евреев на выбор места жительства, но главным антиеврейским нововведением эпохи Александра III стала процентная норма. В 1887 году Министерство просвещения установило, что доля евреев в государственных средних и высших учебных заведениях не должна превышать 10% в пределах черты оседлости, 5% вне её и 3% в столице Санкт-Петербурге. Такие меры ещё больше подстегнули недовольство еврейской молодёжи творящейся несправедливостью и толкали её в революционные кружки и группы.

Александр III проводил политику вытеснения евреев с государственной службы, ограничил право евреев на занятие адвокатской деятельностью, а в 1892 г. фактически запретил им быть избранными в органы местного самоуправления. Таким образом, к началу царствования императора Николая II российскому правительству удалось ликвидировать значительную часть свобод, предоставленных евреям Александром II. Вместе с тем еврейский вопрос стал поводом для начавшегося международного давления на Россию со стороны государств Европы, а также США. Необходимо сделать вывод о том, что кризис, начавшийся в России в конце XIX века и приведший страну в конце концов к революциям и гражданской войне́, во мно́гом име́л свои́ми корня́ми отка́з ца́рского прави́тельства от предоставле́ния евре́ям всех тех прав, кото́рые они́ уже́ име́ли в други́х стра́нах.

А.А. Кобринский

# Глава́ 14    Революцио́нное движе́ние в Росси́и

> **Введе́ние**
> Тру́дно поня́ть, как Росси́йская импе́рия, бы́вшая преиму́щественно агра́рным о́бществом, в кото́ром ми́рно прошла́ отме́на крепостно́го пра́ва, ста́ла пе́рвой социалисти́ческой страно́й в ми́ре. Хотя́ э́то и противоре́чит тео́рии К. Ма́ркса, ру́сские социали́сты ве́рили в сою́з рабо́чих, крестья́н, студе́нтов и интеллиге́нци и в то, что сверже́ние са́мого си́льного в ми́ре самодержа́вия возмо́жно.

1      XIX век европе́йской исто́рии отме́чен бу́рными революцио́нными
2  собы́тиями[1]. Мо́щные революцио́нные потрясе́ния[2] во Фра́нции, револю-
3  цио́нные выступле́ния[3] в Пру́ссии и А́встро-Ве́нгрии, мо́щное национа́льно-
4  освободи́тельное движе́ние[4] в Ита́лии, рост антитуре́цких выступле́ний в
5  Балка́нских стра́нах — всё э́то в глаза́х совреме́нников де́лало революциони́зм
6  ва́жной де́йствующей си́лой XIX столе́тия. На э́том фо́не Росси́я представ-
7  ля́лась на удивле́ние стаби́льной и споко́йной страно́й. Да́же отме́на крепост-
8  но́го пра́ва[5] прошла́ без серьёзных ма́ссовых наро́дных волне́ний[6].

9      И всё же революцио́нные иде́и и революцио́нные настрое́ния[7] не
10 обходи́ли Росси́ю стороно́й. Осо́бенно популя́рными в оппозицио́нной
11 прави́тельству среде́[8] ока́зывались за́падные социалисти́ческие и анархи́стские
12 иде́и[9]. Знако́мство с ни́ми происходи́ло ча́ще всего́ в студе́нческих кружка́х[10]

---

[1] events
[2] shocks
[3] revolutionary demonstrations (protests)
[4] liberation movement
[5] emancipation of the serfs, elimination of the institution of serfdom
[6] popular disturbances
[7] revolutionary sentiments
[8] opposition circles, opposition environment
[9] anarchistic ideas
[10] student circles

или в кружках интеллигенции[11], где спорили о путях и перспективах[12] развития России и вынашивали нередко фантастические планы преобразований.

Исключительно важную роль в распространении и популяризации оппозиционных идей играла русская литературная критика. Виссарион Белинский, Николай Чернышевский, Николай Добролюбов, Дмитрий Писарев были настоящими властителями дум[13] русской молодёжи. Русская литература сформировала у молодёжи нетерпимое отношение[14] к порокам существующего общества[15], стремление[16] к общественному идеалу и жажду подвига[17]. Всё это в значительной степени объясняет тот факт, что большая часть демократически настроенной молодёжи оказалась не в рядах сторонников Александра II и проводимых им реформ, а в стане[18] их противников[19] и критиков. В великих реформах 1860-х–1870-х гг. они увидели всего лишь обман[20], уловку власти[21], направленную на то, чтобы сохранить существующие порядки[22] и не допустить их радикального слома[23].

Что могла молодёжь сама по себе противопоставить мощной государственной машине и вековым традициям самодержавия[24]?

Ответы на эти вопросы поколение[25] 1860-х–1870-х гг. пыталось найти у новых теоретиков русской революции. Пётр Лавров выдвинул идею неоплатного долга[26], согласно которой все ценности[27] образования и культуры были куплены страданиями[28] и трудом миллионов простых людей, но именно

---

[11] intelligentsia
[12] prospects
[13] major influences
[14] intolerant attitude
[15] flaws of the existing (social, political, economic) order
[16] aspiration
[17] feat, exploit
[18] camp, side (in a dispute)
[19] opponents
[20] deceit, deception
[21] trick of the state, subterfuge or deceit of the authorities
[22] status quo, existing state of affairs
[23] radical break
[24] autocracy
[25] generation
[26] debt that cannot be repaid
[27] values
[28] suffering

они́ лишены́[29] всех достиже́ний[30] совреме́нной культу́ры. Зада́ча любо́й мы́слящей ли́чности[31] свои́м трудо́м и свои́м служе́нием наро́ду верну́ть э́тот долг. И деся́тки молоды́х образо́ванных люде́й дви́нулись в дере́вни, что́бы, посели́вшись там в ка́честве фе́льдшеров[32], ветерина́ров[33], учителе́й, заня́ться культу́рным и революцио́нным просвеще́нием[34] наро́да. «Хожде́ние в наро́д» ста́ло пе́рвым доста́точно ма́ссовым вы́зовом[35] революцио́нной молодёжи прави́тельству и о́бществу.

Не ме́нее привлека́тельными[36] для молодёжи бы́ли и анархи́стские иде́и Михаи́ла Баку́нина, счита́вшего, что то́лько с по́мощью всео́бщего крестья́нского бу́нта[37] возмо́жно освободи́ть Росси́ю от гнёта самодержа́вия[38]. Привлека́тельность его́ иде́й заключа́лась в том, что он счита́л крестья́нство[39] уже́ гото́вым к тако́му бу́нту и жду́щим то́лько призы́ва[40] к нему́. Бо́лее того́, росси́йское крестья́нство, по его́ мне́нию, вполне́ созре́ло[41] и для неме́дленного воплоще́ния социалисти́ческого идеа́ла[42].

Одна́ко «хожде́ние в наро́д» не принесло́ никаки́х положи́тельных результа́тов[43]. Крестья́не не то́лько не понима́ли призы́вов молоды́х революционе́ров, но и доноси́ли на[44] них поли́ции. В э́той ситуа́ции популя́рность среди́ революционе́ров приобрели́[45] иде́и Петра́ Ткачёва, кото́рый предлага́л, учи́тывая недоста́точную подгото́вленность масс, сосредото́читься на подгото́вке полити́ческого за́говора с це́лью захва́та вла́сти, а уж зате́м приступи́ть к введе́нию, да́же наси́льственному, социали́зма[46].

---

[29] See лиша́ть/лиши́ть (to deprive).
[30] achievement
[31] personality, individual
[32] medical attendants, doctor's assistants
[33] veterinarians
[34] enlightenment
[35] challenge
[36] attractive
[37] peasant riot or rebellion
[38] yoke of autocracy
[39] peasantry
[40] call, summons
[41] matured, ripened
[42] the incarnation of the socialist ideal
[43] positive results
[44] informed on
[45] acquired
[46] introduction of socialism by means of force (violence)

Неудачи «хождения в народ» привели к расколу⁴⁷ тайной организации «Земля и воля», созданной в 1876 г. Марком Натансоном, Александром Михайловым, Георгием Плехановым и др. Одна часть (Георгий Плеханов, Вера Засулич, Павел Аксельрод) взяла курс на длительное революционное просвещение. Позже многие из них перейдут на позиции марксизма. Андрей Желябов и Софья Перовская стали лидерами другой части и создали организацию «Народная воля»⁴⁸, объявившую революционный террор основным средством борьбы⁴⁹ с самодержавием.

Народовольцы⁵⁰ развернули⁵¹ настоящую охоту за⁵² Александром II. Покушения⁵³ следовали одно за другим. Были убиты или ранены⁵⁴ несколько высокопоставленных правительственных чиновников⁵⁵. Деятельность⁵⁶ террористов вызывала двойственное⁵⁷ отношение у населения⁵⁸. С одной стороны, многих охватил страх перед террором. Самые невероятные⁵⁹ слухи ходили о силе террористов. С другой стороны, общество часто сочувственно⁶⁰ относилось к их деятельности.

1 марта 1881 г. главная цель террористов была достигнута. Император Александр II был убит.

Убийство Александра II не только не привело к революционному взрыву, но и надолго исчерпало⁶¹ революционный потенциал народничества⁶². Однако это не означало полный отказ⁶³ российских революционеров от террора. Террористические акты будут продолжаться на протяжении⁶⁴ всей

---

⁴⁷ schism, splitting up into divisions
⁴⁸ "The People's Will" (terrorist revolutionary organization)
⁴⁹ struggle
⁵⁰ members of the organization "The People's Will"
⁵¹ turned around, swung about
⁵² hunt for
⁵³ attempt on someone's life
⁵⁴ killed or wounded
⁵⁵ highly placed officials
⁵⁶ activity
⁵⁷ dual, ambiguous
⁵⁸ population
⁵⁹ improbable
⁶⁰ sympathetically
⁶¹ exhausted, consumed, used up
⁶² populism
⁶³ rejection, denial, refusal
⁶⁴ over a period

## Глава 14 • Революционное движение

борьбы́ с самодержа́вием. Уби́йство изве́стного ру́сского реформа́тора Петра́ Арка́дьевича Столы́пина то́же ста́нет де́лом рук террори́стов.

И всё же почти́ на 20 лет основно́й де́ятельностью ру́сских революционе́ров ста́нет революцио́нное просвети́тельство[65], организа́ция и де́ятельность социалисти́ческих кружко́в. С 1880-х гг. благодаря́ уси́лиям Г.В. Плеха́нова в Росси́и начнёт распространя́ться маркси́зм — первонача́льно в кружка́х студе́нческой интеллиге́нции, а зате́м и в среде́ рабо́чих.

В 1900-е го́ды Росси́я столкнётся с[66] но́вым для себя́ социа́льным явле́нием — ро́стом ста́чечной[67] борьбы́ рабо́чих. Рабо́чее движе́ние[68] бы́ло спровоци́ровано[69] кра́йне тяжёлыми усло́виями[70] труда́ и бы́та, отсу́тствием[71] элемента́рных социа́льных гара́нтий и носи́ло преиму́щественно экономи́ческий хара́ктер. Рабо́чие тре́бовали[72] повыше́ния за́работной пла́ты[73], отме́ны многочи́сленных штра́фов, сокраще́ния рабо́чего дня[74], вы́платы компенса́ций за произво́дственные тра́вмы[75]. К сожале́нию, ни прави́тельство, ни предпринима́тели[76] не суме́ли нала́дить диало́га[77] с рабо́чим кла́ссом[78]. Отве́том ча́ще всего́ станови́лись полице́йские кара́тельные ме́ры[79]. Есте́ственно, что э́тим не могли́ не воспо́льзоваться революционе́ры, стремя́сь перевести́ экономи́ческую борьбу́ в ру́сло[80] радика́льных полити́ческих тре́бований[81].

Недоста́точно проду́манные ме́ры по промы́шленной модерниза́ции приводи́ли к ма́ссовому разоре́нию крестья́нства[82], кото́рое в нача́ле XX в. всё

---

[65] enlightenment
[66] comes into contact or conflict with
[67] strike
[68] worker's movement
[69] provoked by
[70] difficult (severe) conditions
[71] absence
[72] demanded
[73] salary
[74] shorter work day
[75] injuries sustained on the job
[76] entrepreneurs
[77] to establish a dialogue
[78] the working class
[79] punitive measures
[80] river-bed, channel (along the lines of)
[81] radical political demands
[82] widespread economic ruin of the peasantry

чаще стало отвечать на ухудшение своего положения[83] погромами[84] и бунтами. С 1902 г. выступления рабочих и крестьян стали принимать всё более массовый и масштабный характер. Поражение же России в войне с Японией (1904–1905) дало[85] новый толчок[86] общественному недовольству[87].

9 января 1905 года после расстрела[88] мирной демонстрации[89] рабочих в Петербурге началась первая русская революция. Натиск[90] революционного народа и консолидация подавляющей части[91] общества против правительства заставили[92] Николая II пойти на радикальные уступки[93]. Своим Манифестом 17 октября 1905 г. он даровал стране политические свободы и открыл дорогу для формирования представительного органа — Думы. Этот невиданный[94] шаг не привёл, однако, к национальному примирению[95]. Радикальные революционные партии (прежде всего большевики[96] и эсеры[97]) сумели в ряде городов России спровоцировать[98] часто плохо подготовленные вооружённые восстания[99].

Правительство к этому времени сумело преодолеть растерянность[100] и подавило декабрьские восстания[101] 1905 г. с чрезвычайной жестокостью[102]. Началась расправа над участниками революционной борьбы[103].

---

[83] the deterioration of their situation
[84] pogroms (riots)
[85] Дало is also possible.
[86] stimulus, catalyst
[87] popular or public dissatisfaction
[88] execution
[89] peaceful demonstration
[90] onslaught
[91] the largest part, the overwhelming part
[92] forced, compelled
[93] radical concessions
[94] unprecedented
[95] national reconciliation
[96] members of the Bolshevik wing of the Russian socialist workers democratic party
[97] members of the Socialist Revolutionary Party
[98] to provoke
[99] armed uprisings
[100] confusion, embarrassment
[101] to crush an uprising
[102] harshness, severity
[103] reprisal against participants in the revolutionary struggle

Однако через пять лет вновь начнётся подъём рабочего, а затем крестьянского и национально-освободительного движений[104], который достигнет своего апогея[105] в феврале 1917 г., когда будет свергнуто самодержавие и установлена демократическая республика.

А.П. Логунов

---

[104] rise of the workers' movement
[105] apogee, climax, culmination, acme

# Глава 15    Же́нщины в исто́рии Росси́и (XIX век): «пра́во на самостоя́тельность — пра́во на самопоже́ртвование»

> **Введе́ние**
>
> В XIX ве́ке ру́сские же́нщины вели́ традицио́нный о́браз жи́зни — семья́, воспита́ние дете́й, досу́г, — но они́ ока́зывали огро́мное влия́ние на ру́сскую культу́ру. Си́мволом ру́сской же́нщины пе́рвой полови́ны XIX ве́ка ста́ли жёны декабри́стов. Радика́льные настрое́ния ру́сской интеллиге́нции конца́ XIX ве́ка приво́дят к тому́, что же́нщины начина́ют уча́ствовать в обще́ственных движе́ниях, в том числе́ и в революцио́нном движе́нии. Не́которые же́нщины занима́ют акти́вную гражда́нскую пози́цию в полити́ческой и социа́льной жи́зни страны́.

1    До́лгие века́ в Росси́и же́нщинам отводи́лась роль[1] безмо́лвного
2    стати́ста на сце́не исто́рии. Но во все времена́ я́ркие индивидуа́льности
3    вырыва́лись[2] за преде́лы скро́мной же́нской до́ли[3]. Галере́я же́нских о́бразов
4    19 ве́ка исключи́тельно разнообра́зна. В ней же́нщины-подви́жницы[4],
5    кото́рые создава́ли се́льские шко́лы[5] и больни́цы для бе́дных, добива́лись
6    пра́ва на университе́тское образова́ние. В э́той галере́е совреме́нница и
7    знако́мая А.С. Пу́шкина Наде́жда Ду́рова — же́нщина-гуса́р, кото́рая во
8    вре́мя войны́ Росси́и с Наполео́ном бежа́ла из до́ма, переоде́лась мужчи́ной,
9    сража́лась[6], была́ награждена́[7], ста́ла живо́й леге́ндой; и проста́я крестья́нка
10   Васили́са Ко́жина, кото́рая возгла́вила[8] партиза́нский отря́д[9]. Здесь пе́рвая
11   же́нщина-матема́тик с мировы́м и́менем[10] Со́фья Ковале́вская…

---

[1] was assigned a role
[2] broke through
[3] woman's fate or destiny
[4] zealots, heroes
[5] rural schools
[6] fought (in battle)
[7] See награжда́ть/награди́ть (to award).
[8] led, was in charge of
[9] partisan (guerilla) division
[10] world-known (famous) name or reputation

В 19 в. женщины не допускались к государственной службе[11] (за исключением[12] придворных дам). Зато все остальные сферы жизни — семья, воспитание детей, досуг[13] — в значительной степени оказались в ведении женщин. В дворянской среде образование для женщины было неписаным законом. Благодаря блестяще образованным женщинам, в начале века появилось такое явление культуры, как салоны. Мода на салоны пришла из Франции. Салоны создаются в аристократических домах, тон в салоне задаёт его хозяйка. Она устраивает литературные и музыкальные вечера, приглашает в гости поэтов, композиторов, просто известных людей. Звучат стихи, царит атмосфера любви к искусству, гости восхищаются прекрасной хозяйкой, её сравнивают с Мельпоменой, называют служительницей муз. В литературных салонах[14] читал свои новые неопубликованные стихи А.С. Пушкин. В салонах также обсуждались последние политические новости, сводились нужные знакомства, создавалось общественное мнение. Лев Толстой не любил светские салоны. Своё отношение к ним он выразил[15] в романе «Анна Каренина», описав салон Бетси Тверской. И вместе с тем салоны оказали огромное влияние на художественные вкусы[16] и на культуру первой половины 19 века в целом.

Символом русской женщины первой половины 19 в. стали декабристки. 14 декабря 1825 года в Санкт-Петербурге группа офицеров, среди них представители самых знатных русских родов, отказались принести присягу[17] новому императору Николаю I. Восстание декабристов было подавлено[18] в считанные минуты. Пять человек было повешено, десятки других были приговорены к пожизненной каторге[19] в Сибири. Жёнам декабристов царь дал право на развод[20]. Но вместо развода женщины изъявили[21] желание последовать в ссылку[22] за мужьями. Их отговаривал сам император, их отговаривали родные и друзья. Декабристок лишили[23]

---

[11] state service, employment
[12] with the exception of
[13] leisure
[14] literary (-musical) salons
[15] expressed
[16] artistic tastes
[17] to swear an oath to the emperor; присяга—oath of loyalty
[18] the uprising ... was suppressed
[19] lifelong exile (with hard labor)
[20] the right to divorce
[21] exposed, revealed
[22] exile
[23] deprived or stripped

дворя́нского зва́ния[24] и всех привиле́гий. В Сиби́рь пое́хали уже́ не графи́ни[25] и княги́ни[26], а жёны госуда́рственных престу́пников. Им поста́вили усло́вие, что де́ти, рождённые в Сиби́ри, бу́дут запи́саны не дворя́нами, а крестья́нами. Декабри́сткам запрети́ли возвраща́ться в столи́чные города́. Изне́женные краса́вицы, вы́росшие в ро́скоши, должны́ бы́ли уе́хать навсегда́, оста́вив столи́цу, дете́й и роди́телей.

Оди́ннадцать жён декабри́стов вслед за мужья́ми доброво́льно пое́хали в Сиби́рь. Среди́ них 20-ле́тняя Мари́я Волко́нская, пре́лесть[27] и красоту́ кото́рой когда́-то воспе́л в стиха́х А.С. Пу́шкин. Са́мой ста́ршей из декабри́сток бы́ло 40 лет. Мно́гие из них до восста́ния ничего́ не зна́ли о та́йных о́бществах[28], о за́говоре[29], в кото́ром уча́ствовали их мужья́. Мно́гие счита́ют, что их реше́ние раздели́ть у́часть свои́х муже́й не́ было поко́рностью судьбе́. Это была́ созна́тельная подде́ржка[30] восста́вших, это был откры́тый проте́ст про́тив вла́сти и нра́вственный по́двиг[31]. Герои́ческим же́нщинам сочу́вствовали да́же те, кто не разделя́л убежде́ний[32] декабри́стов.

Же́нский вопро́с в 50-60 го́ды 19 в. оказа́лся в це́нтре всео́бщего внима́ния. Пока́ мужчи́ны теоретизи́ровали, что тако́е свобо́да для же́нщины, же́нщины перешли́ от слов к де́лу. Но́вые же́нщины бунтова́ли про́тив ста́рых поря́дков[33] и привы́чного о́браза же́нственности. Доло́й[34] ко́сы, пы́шные причёски, обо́рки, кружева́! Любо́вь к украше́ниям, брасле́там, серёжкам, уподобля́ет же́нщину дикарю́. Стара́ться понра́виться мужчи́нам — э́то унизи́тельно! Но гла́вная черта́ же́нского движе́ния в Росси́и во второ́й полови́не 19 в. — это стремле́ние к серьёзному образова́нию, к самостоя́тельной профессиона́льной де́ятельности, а, сле́довательно, и к экономи́ческой незави́симости[35].

---

[24] aristocratic rank; rank of nobility
[25] countess
[26] princess
[27] charm, fascination
[28] secret societies
[29] conspiracy
[30] conscious support
[31] moral victory
[32] convictions, beliefs
[33] rebelled against old orders, existing patterns
[34] away with something
[35] economic independence

В России борьба за свободу и равенство[36] женщин неотделима от революционно-демократического движения. Женщины-революционерки — это были люди особой породы[37]. Тихое женское счастье в кругу семьи было не для них. Свою жизнь они отдавали борьбе, их преследовала[38] полиция, они сидели в тюрьмах[39]. Ярчайшая представительница таких женщин — дворянка Вера Фигнер. 20 лет она провела в тюрьме в одиночном заключении[40], не сошла с ума, не считала эти годы потерянными. Выйдя из тюрьмы, она вновь встала в ряды революционеров.

В конце 19 века в России родилась практика террора как средства политической борьбы. Первый в истории акт террора, насколько известно, совершила женщина. В 1878 г. Вера Засулич выстрелила в градоначальника Санкт-Петербурга. Она была арестована. Под давлением общественного мнения суд оправдал её действия. В дальнейшем она стала принципиальной противницей террора. Но выстрел был сделан. К началу 20 в. было совершено около восьмидесяти терактов (террористических актов), в них пострадали сотни случайных людей. Самый знаменитый акт террора — убийство в марте 1881 г. царя-реформатора Александра II. Этим терактом руководила Софья Перовская, молодая образованная дворянка. Софья Перовская стала первой женщиной в России, казнённой за политическое преступление.

О женщинах-революционерках 1870-х–1880-х годов говорили, что они добиваются равного с мужчинами права на каторгу и смертную казнь.

Можно сказать, что в 19 веке русские женщины прошли значительную часть пути к свободе и равноправию. В «русской версии» свобода и равноправие понимались, прежде всего, как право наравне с мужчинами участвовать в общественной жизни и разделять бремя ответственности за всё происходящее в стране.

М.В. Тендрякова

---

[36] the struggle for freedom and equality
[37] breed, species, kind, sort, type
[38] harassed, persecuted
[39] were in prison
[40] solitary confinement

# Глава 16  Русский авангард в литературе, живописи и музыке

**Введение**

В конце XIX века в русской культуре произошли огромные изменения. Русский авангард стал одним из самых интересных культурных явлений в мировом искусстве — и в литературе, и в живописи, и в музыке. Имена русских писателей, художников и композиторов приобрели мировую известность. К сожалению, этот период творческого взлёта быстро закончился. Советская власть начала активно вытеснять все формы искусства, не пропагандирующие коммунистическое мировоззрение.

1  Русский авангард[1] представляет собой мощное историко-культурное
2  и художественное явление, возникшее[2] на сломе эпох (от первой русской
3  революции 1905 года до октября 1917 года и далее — в драматичную эпоху
4  гражданской войны[3] и становления советской монокультуры[4]) и вобравшее
5  в себя как энергию созидания, так и разрушения того времени. Его
6  метафора[5] — взрыв сознания[6], обусловивший смелые прорывы[7] в беспре-
7  дельность[8] человеческого духа. Парадокс авангарда заключается в том, что
8  он, с одной стороны, обозначает слом спокойного, поступательного разви-
9  тия[9] русского искусства и воспринимается даже как его отрицание[10], а с
10 другой стороны, обнаруживает известную закономерность[11] и глубинную
11 преемственность[12]. Характерной особенностью[13] авангарда является стре-

---

[1] avant-garde
[2] See возникнуть (to appear, to emerge).
[3] civil war
[4] establishment of Soviet monoculture
[5] metaphor, comparison of two dissimilar objects
[6] explosion of consciousness
[7] breakthroughs
[8] limitlessness
[9] gradual development
[10] negation, denial
[11] principle, law
[12] succession, continuity
[13] characteristic trait

мительность[14], динамизм и событийная насыщенность[15]: за сравнительно короткий срок русское искусство совершило молниеносный[16] бросок[17] от импрессионизма — к кубизму и футуризму, вобрав в себя наиболее существенные инновации[18] Запада, и с невероятной пассионарной силой отчётливо сформулировало магистральные стратегии искусства будущего.

Начало было положено в 1907-1908 гг. на выставках «Венок—Стефанос» в Москве и в Петербурге, где впервые заявили о себе будущие лидеры русского авангарда: Давид Бурлюк, Михаил Ларионов, Наталия Гончарова. До 1910 г. идёт стремительная консолидация левых сил, активный поиск[19] новых форм искусства, связанный с освоением уроков французской живописи[20] (Сезанн, Матисс, Пикассо, Дерен). С возникновением[21] в 1910 г. художественных объединений[22] «Союз молодёжи» (Санкт-Петербург) и «Бубновый валет» (Москва) начинается период «бури и натиска»[23] в русском авангарде. Центральной фигурой этого этапа становится М.Ф. Ларионов, выдвинувший программу «неопримитивизма»[24] (опора на национальное народное искусство, икону, лубок[25]), а затем «всечества» и обосновавший новую роль художника как общественного медиатора[26] и провокатора[27] культуры. В 1912 г. вместе с Н.С. Гончаровой он основывает выставочное объединение[28] «Ослиный хвост», наиболее скандальную и эпатажную[29] деятельность которого можно сопоставить с акциями дадаистов[30].

---

[14] swiftness, impetuosity
[15] intensity of events, event-filled time
[16] lightening-fast
[17] burst of speed, spurt
[18] significant (relevant) innovations
[19] search for
[20] mastery of the lessons of French painting (art form, not a single canvas)
[21] appearance, emergence
[22] artistic unions
[23] Sturm und Drang (*German*)
[24] neoprimitivism
[25] lubok, Russian folk art (woodcut)
[26] mediator
[27] provocateur
[28] society for the creation of exhibits
[29] provocative; meant to provoke
[30] Dadaists, members of the Dada movement

Глава 16 • Русский авангард

В 1910 г. происходит сближение поэтов и художников, что приводит к созданию единой концепции нового искусства[31] — искусства, направленного на решительное обновление[32] живописного и литературного языков. Этому сближению мы обязаны возникновением такого явления, как русская футуристическая книга. Издателями самодельных[33] поэтических книг, альбомов, манифестов, отпечатанных малым тиражом[34] в оригинальных графических[35] техниках (литография[36], линогравюра[37], коллаж), были Алексей Кручёных, Давид Бурлюк, Михаил Матюшин. В создании рукотворных[38] изданий приняли участие Велимир Хлебников, Владимир Маяковский, Казимир Малевич, Павел Филонов, Ольга Розанова, Михаил Ларионов, Наталия Гончарова, Василий Каменский и многие другие. Именно в этих книгах можно увидеть наиболее радикальные образцы новаций и открытий: лучизм[39] М.Ф. Ларионова (наиболее ранний вариант абстракции в России), заумный язык[40] А.Е. Кручёных (знаменитая «заумь», раскрепостившая[41] слово и освободившая его из-под власти логики понятий), а также начала супрематизма и аналитического искусства. Программно-эпатажным манифестом явилась «Пощёчина[42] общественному вкусу», призывающая[43] «бросить Пушкина, Достоевского, Толстого и проч[44]. и проч. с парохода современности[45]», отразившая футуристическое неприятие[46] установленных общественно-художественных ценностей[47] и авторитетов.

Примером синтетических устремлений русских новаторов являются спектакли в декабре 1913 г. в театре Луна-парк в Петербурге: трагедия «Владимир Маяковский» и первая футуристическая опера «Победа над

---
[31] Integrated/unified conception of new art
[32] renewal
[33] handmade
[34] press run or tirage
[35] graphic
[36] lithograph
[37] line engraving or etching
[38] handmade
[39] rayism
[40] zaum, sounds freed from their meanings
[41] See раскрепостить (to liberate).
[42] slap in the face, call
[43] See призывать (to summon, to call).
[44] и проч. – и прочее/прочая (= и так далее) — etc., etcetera, and so on
[45] the ship of modernity
[46] rejection
[47] values

солнцем» (либре́тто В. Хле́бникова и А. Кручёных, декора́ции К. Мале́вича, му́зыка М. Матю́шина). В «Побе́де над со́лнцем» гла́вные геро́и — будетля́не (неологи́зм[48] В. Хле́бникова, ана́лог футури́стам) утвержда́ли побе́ду над со́лнцем ста́рого иску́сства (дешёвых ви́димостей[49]) и зажига́ли свой но́вый свет, внутри́ себя́. И́менно там К. Мале́вич интуити́вно подошёл к иде́е созда́ния супремати́зма. 1914 год стал своего́ ро́да рубежо́м[50], обозна́чивший наступле́ние но́вого пери́ода в ру́сском аванга́рде: возникнове́ние утопи́чески[51]-худо́жественных конце́пций иску́сства бу́дущего, предопредели́вших формирова́ние кру́пных направле́ний[52] и школ в иску́сстве. В 1914 г. П. Фило́нов обосно́вывает конце́пцию «аналити́ческого иску́сства», Влади́мир Та́тлин демонстри́рует «контр-релье́фы» (пе́рвые образцы́ беспредме́тной скульпту́ры[53]), а К. Мале́вич рабо́тает над супремати́ческими поло́тнами[54]. В ито́ге на «После́дней футуристи́ческой вы́ставке» (1915 г., Петрогра́д), где был предста́влен знамени́тый «Чёрный квадра́т»[55], противостоя́ние К. Мале́вича и В. Та́тлина обозна́чило борьбу́ двух направле́ний: супремати́зма (геометри́ческой абстра́кции, утвержда́вшей но́вое, вселе́нски-косми́ческое ви́дение реа́льности) и конструктиви́зма (где худо́жник от умозри́тельного модели́рования[56] реа́льности перехо́дит к её радика́льному конструи́рованию).

Пе́рвая мирова́я война́ и револю́ции 1917 г. (февра́льская и октя́брьская) привели́ к радика́льным обще́ственно-полити́ческим измене́ниям в Росси́и. Худо́жники и поэ́ты аванга́рда оказа́лись одни́ми из пе́рвых де́ятелей[57] иску́сства, откли́кнувшимися[58] на призы́в большевико́в к сотру́дничеству[59]. Пери́од 1917–1922 гг. мо́жно назва́ть вре́менем «рома́на» ле́вых с вла́стью — са́мым романти́ческим и утопи́ческим пери́одом ру́сского аванга́рда. Иде́и обще́ственного переустро́йства[60], ле́вые полити́

---

[48] neologism
[49] cheap appearances
[50] boundary
[51] utopian
[52] directions, trends
[53] nonrepresentational sculpture
[54] canvases (for painting)
[55] "The Black Square"
[56] speculative modeling
[57] figures, as in political figures, etc.
[58] See откли́кнуться (to respond).
[59] collaboration
[60] reconstruction, reorganization

ческие взгля́ды[61] — от социалисти́ческих до анархи́ческих — оказа́лись созву́чны глоба́льным жизнестрои́тельным прое́ктам худо́жников. Ру́сский аванга́рд пе́рвый при́нял вы́зов вре́мени, почу́вствовав уника́льную возмо́жность перейти́ от «лаборато́рных» эксперимéнтов к созда́нию иску́сства, кото́рое в си́лах измени́ть челове́ка и мир. Это придаёт всему́, что де́лалось в 1920-е гг., эне́ргию активи́зма и обще́ственный па́фос[62]. Си́мволом эпо́хи ста́ла ба́шня-па́мятник III Интернациона́лу, сконструи́рованная В.Е. Та́тлиным и пробуди́вшая фанта́зию худо́жников и архите́кторов-конструктиви́стов. В реорганизо́ванных институ́тах худо́жники но́вого поколе́ния[63] изобрета́ют[64] но́вые фо́рмы, при́званные перестро́ить окружа́ющий мир[65] на нача́лах но́вого иску́сства. В 1919 г. возника́ет МХК (Музе́й худо́жественной культу́ры), а в 1923 г. — ГИНХУК (Госуда́рственный институ́т худо́жественной культу́ры), ста́вшие пе́рвыми в ми́ре учрежде́ниями подо́бного ро́да. Нау́чную и педагоги́ческую рабо́ту в них вели́ Казими́р Мале́вич, Никола́й Пу́нин, Па́вел Фило́нов, Па́вел Мансу́ров, Ве́ра Ермола́ева, Эль Лиси́цкий и др. Вокру́г кру́пных мастеро́в[66] форми́руются шко́лы, в кото́рых теорети́ческие и практи́ческие разрабо́тки находи́ли вы́ход в декорати́вно-прикладно́м иску́сстве[67], архитекту́ре, плака́те и кни́ге. В о́бласти плака́та и фотомонтажа́[68] рабо́тают Алекса́ндр Ро́дченко, Варва́ра Степа́нова, Гу́став Клу́цис, Влади́мир и Гео́ргий Сте́нберги, Соломо́н Телинга́тор. Одна́ко аванга́рду не суждено́ бы́ло заня́ть веду́щее ме́сто в скла́дывающейся сове́тской культу́ре. Неизбе́жное перерожде́ние револю́ции[69] в диктату́ру и да́лее в тоталитари́зм востре́бовало к жи́зни и соверше́нно другу́ю, неокласси́ческую эсте́тику. С конца́ 20-х гг. наступа́ет вре́мя[70], когда́ госуда́рство повело́ реши́тельную ата́ку на аванга́рд, что привело́ к дово́льно бы́строму вытесне́нию[71] ле́вых с худо́жественной сце́ны[72] и поста́вило их пе́ред жёстким полити́ческим вы́бором. В э́то вре́мя аванга́рд утра́чивает[73] еди́нство и це́льность движе-

---

[61] political views
[62] social pathos
[63] new generation
[64] invent
[65] the surrounding world
[66] outstanding masters
[67] applied art, decorative art
[68] photographic collage
[69] rebirth of the revolution
[70] there comes a time
[71] ousting, exclusion
[72] artistic scene
[73] loses, wastes

ния. Растеря́в свой революцио́нный напо́р[74], он продолжа́ет остава́ться ча́стным де́лом творцо́в, обрёкших себя́ на одино́чество и герои́ческий стоици́зм.

Коне́ц 1920-х годо́в стал после́дней попы́ткой объедине́ния всех «ле́вых» сил в иску́сстве. И́менно тогда́, в 1927 г., в Ленингра́де возника́ет ОБЭРИУ (Объедине́ние реа́льного иску́сства). Чле́ны э́того соо́бщества (Дании́л Хармс, Алекса́ндр Введе́нский, Никола́й Оле́йников, И́горь Ба́хтерев, Константи́н Ва́гинов, Никола́й Заболо́цкий) продолжа́ли тради́цию как поэ́зии Хле́бникова и Кручёных, так и сатири́ческой поэ́зии XIX ве́ка (Козьма́ Прутко́в). Обэриу́ты стоя́ли у исто́ков[75] це́лого направле́ния в литерату́ре XX ве́ка — поэ́зии, про́зы и драматурги́и абсу́рда. Основна́я часть их литерату́рного, филосо́фского насле́дия мно́гие го́ды остава́лась в забве́нии[76] и дошла́ до нас то́лько в после́дние го́ды.

Г.Ю. Ершо́в

---

[74] revolutionary pressure or force
[75] sources
[76] oblivion

# Глава́ 17     Росси́я в Пе́рвой мирово́й войне́

**Введе́ние**

Ле́том 1914 го́да практи́чески вся Евро́па, включа́я Росси́ю, оказа́лась втя́нутой в вое́нные де́йствия. Запу́танные сою́зническими отноше́ниями стра́ны на́чали объявля́ть друг дру́гу войну́. Начала́сь Пе́рвая мирова́я война́. Предло́гом для войны́ яви́лся конфли́кт ме́стного хара́ктера: уби́йство в Сара́ево австри́йского ге́рцога се́рбским национали́стом с це́лью вы́разить проте́ст про́тив отноше́ний ме́жду многонациона́льным импе́рским це́нтром и национа́льным меньшинство́м, живу́щим части́чно в той же импе́рии и за её грани́цами. Предложи́в по́мощь сла́бому сою́знику — Се́рбии, Росси́я ста́ла одни́м из гла́вных уча́стников Пе́рвой мирово́й войны́. Вме́сте с тем Росси́я не была́ гото́ва к экономи́ческим пробле́мам, свя́занными с войно́й; ру́сская а́рмия была́ слабе́е а́рмии проти́вника — мо́щной неме́цкой вое́нной маши́ны. Огро́мные поте́ри на фро́нте, инфля́ция, го́лод и расту́щее ста́чечное движе́ние в тылу́ привели́ к революцио́нному кри́зису в Петрогра́де в 1917 году́. По́сле октя́брьской револю́ции 1917 го́да Росси́я вы́шла из войны́. С Герма́нией и А́встро-Ве́нгрией был заключён Бре́стский ми́рный догово́р, усло́вия кото́рого бы́ли тяжёлыми и невы́годными для Росси́и.

1   1 а́вгуста 1914 го́да Герма́ния объяви́ла войну́[1] Росси́и. Начала́сь
2   пе́рвая в исто́рии челове́чества мирова́я война́, поско́льку[2] в противо-
3   бо́рство[3] вступи́ли все вели́кие мировы́е держа́вы. С одно́й стороны́
4   де́йствовали объединённые си́лы Анта́нты (Росси́я, А́нглия, Фра́нция;
5   по́зже к ним присоединя́тся США), с друго́й — Герма́ния, А́встро-Ве́нгрия,
6   Ита́лия.

7   Вое́нных столкнове́ний[4] таки́х масшта́бов[5] челове́чество не зна́ло на
8   протяже́нии всей свое́й исто́рии. Э́то была́ война́, в кото́рой уча́ствовали
9   миллио́ны люде́й и успе́х в кото́рой не определя́лся ни му́жеством геро́ев,
10  ни вое́нными тала́нтами отде́льных вое́нных де́ятелей.

---

[1] declared war
[2] inasmuch as
[3] antagonism
[4] military conflicts
[5] of such scale

В пе́рвые ме́сяцы войны́, наприме́р, де́йствия росси́йских войск[6] развива́лись чрезвыча́йно успе́шно. Для отраже́ния наступле́ния[7] ру́сских в Восто́чной Пру́ссии Герма́ния вы́нуждена была́ снять часть свои́х корпусо́в с За́падного фро́нта. Ещё бо́лее результати́вно де́йствовали ру́сские а́рмии в 1914 г. про́тив А́встро-Ве́нгрии, кото́рая в э́тих сраже́ниях потеря́ла почти́ полови́ну свое́й а́рмии и могла́ уде́рживать фронт то́лько благодаря́ прямо́й по́мощи Герма́нии. В ма́е 1916 г. генера́л Алексе́й Бруси́лов соверши́л невероя́тный проры́в[8], поста́вив А́встро-Ве́нгрию на грань вое́нного пораже́ния[9]. По́сле э́тих боёв[10] австри́йское вое́нное кома́ндование уже́ не могло́ вести́ самостоя́тельных де́йствий, а лишь обеспе́чивало подде́ржку герма́нским войска́м.

Но́вый тип войны́ — войны́ XX в. — тре́бовал но́вого ти́па вооруже́ния[11]. Напо́мним, э́то была́ война́, в кото́рой впервы́е применя́ли[12] вое́нные самолёты, та́нки, отравля́ющие га́зы[13]. Росси́я не то́лько не облада́ла но́выми ви́дами ма́ссового ору́жия[14], но её а́рмия ча́сто испы́тывала недоста́ток в обы́чном стрелко́вом вооруже́нии[15], снаря́дах[16] и боеприпа́сах[17]. Э́тим во мно́гом объясня́ется тот факт, что поте́ри[18] ру́сской стороны́ бы́ли колосса́льными. В конце́ о́сени 1915 г. неме́цкие войска́ оккупи́ровали По́льшу, Литву́, почти́ всю Гали́цию и часть Волы́ни, а к концу́ 1916 г. Росси́я потеря́ла о́коло 2 млн. уби́тыми, о́коло 5 млн. ра́неными и о́коло 2 млн. пле́нными[19].

Большо́е значе́ние для успе́хов в войне́ име́л вну́тренний потенциа́л страны́, её спосо́бность операти́вно перестра́иваться в соотве́тствии с ну́ждами вое́нного вре́мени. Тако́й спосо́бностью Росси́я не облада́ла. Вступи́в в войну́ недоста́точно подгото́вленной, она́ с пе́рвых ме́сяцев

---

[6] Russian troops
[7] rebuffing an attack
[8] breakthrough
[9] military defeat
[10] battles
[11] arms; armaments
[12] used, applied
[13] poisonous gases
[14] possessed new weapons of mass destruction
[15] experienced shortages of conventional weapons
[16] shells
[17] ammunition
[18] losses
[19] POWs; prisoners

начала сталкиваться[20] с огромными проблемами. За годы войны в армию было призвано[21] из деревни около 48% мужского населения[22]. Это сразу же сказалось на сокращении производства сельскохозяйственной продукции[23]. Женщины, ставшие основной производительной силой в деревне, заботились прежде всего о выживании своих семей[24], а не о производстве продуктов на продажу. Деревня в своём большинстве не знала тотального голода, зато город сразу столкнулся с ростом цен[25], нехваткой продуктов[26], а промышленность — с нехваткой сырья[27]. Это привело к росту массовой спекуляции. Спекулятивный капитал рос чрезвычайно быстро на фоне общего обнищания[28] населения. Подобные факты не могли не вызывать раздражения[29] и озлобления[30] масс. С 1915 года начинаются стачки и демонстрации в городах. Правительство же оказывается неспособным ни остановить их, ни решить проблемы, их порождающие[31].

В очередной раз огромные территории и плохие коммуникации сыграли свою отрицательную роль. Растянутость[32] фронтов, их удалённость[33] от основных тыловых[34] баз не позволяли оперативно и эффективно решать ни военные, ни экономические проблемы. По мере того как война принимала затяжной[35] характер, всё более явным становилось отставание[36] России и от своих союзников, и от стран немецко-австрийского блока.

Несмотря на отставание в технике и проблемы со снабжением, дважды героические усилия российских солдат меняли ход войны. Действ-

---

[20] to come into conflict, crash into, collide
[21] See призвать в армию (to draft).
[22] population
[23] agricultural production
[24] the survival of their families
[25] rise in
[26] shortage of products
[27] shortage of raw materials
[28] impoverishment
[29] irritation
[30] bitterness, animosity
[31] See порождать (to give rise to).
[32] extendedness
[33] long distance, remoteness
[34] See тыл (home front).
[35] extended, protracted (in time)
[36] lagging behind

вия 1914 г. сорвали расчёт немецкого командования на кратковременную³⁷ войну. Действия 1915 г. не позволили Германии добиться капитуляции³⁸ России и выхода её из войны. Но этих усилий всё же не хватило для достижения победы.

В войне нового типа принципиальное значение приобретал фактор обеспечения общенационального единства³⁹. Россия смогла его достичь только в первые месяцы войны. После вступления России в войну прекратились разногласия⁴⁰ между правительством и Думой, забастовки⁴¹ рабочих и волнения крестьян⁴². Более того, по всей стране прошли митинги и демонстрации в поддержку правительства, нередко перераставшие в погромы⁴³ немецких предприятий и магазинов.

Однако первые же поражения⁴⁴ 1915 г. показали, что это единство кратковременное. Внутри правящих групп⁴⁵ развернулась борьба за влияние на императора⁴⁶ и усиление своего политического веса в стране. Фавориты, окружавшие императора, и, прежде всего, Григорий Распутин вызывали ненависть⁴⁷ и неприятие⁴⁸ даже среди членов императорской семьи. Падению авторитета⁴⁹ императора способствовала и национальность его супруги (она была немкой). Императрицу подозревали в связях с немецким командованием. Раскол⁵⁰ произошёл и в обществе. Даже представители крупной буржуазии⁵¹, недовольные политикой правительства, организовали в Думе «Прогрессивный блок», добиваясь расширения политических прав. Более того, они выдвинули целую программу демократических преобразований⁵², включавшую разрешение деятельности профсоюзов, смягчение⁵³

---

³⁷ short-lived
³⁸ capitulation
³⁹ national unity
⁴⁰ disharmony, disagreements
⁴¹ strike
⁴² peasant disturbances
⁴³ riots
⁴⁴ defeats
⁴⁵ ruling circles
⁴⁶ struggle for influence on the emperor
⁴⁷ hatred
⁴⁸ rejection
⁴⁹ decline of authority
⁵⁰ division, fraction
⁵¹ bourgeoisie
⁵² democratic transformations
⁵³ softening

политического режима на национальных окраинах⁵⁴. Более непримиримыми⁵⁵ оказались сторонники⁵⁶ левых партий, добивавшиеся от правительства проведения радикальных реформ⁵⁷. Большевики пошли ещё дальше, выдвинув лозунг поражения своего правительства в войне и превращения войны империалистической — в гражданскую.

Ответом правительства на рост общественного недовольства стали роспуск Думы⁵⁸ и бесконечные отставки председателей кабинета министров⁵⁹. Не повысило авторитета императора и возложение им на себя функций Верховного главнокомандующего⁶⁰. Он не обладал ярким военным талантом, а его непосредственное присутствие⁶¹ в армии лишь сдерживало инициативу⁶² генералитета и вело к придворным интригам⁶³.

С начала 1917 г. в Петрограде нарастает стачечное движение⁶⁴, с которым правительство справиться не могло, да которому оно и не придавало особого значения⁶⁵. К этому времени стачки уже стали обыденным фактом⁶⁶ российской жизни. Однако на этот раз ситуация оказалась гораздо серьёзнее. 26 и 27 февраля на сторону рабочих стали переходить части военного гарнизона⁶⁷ столицы. Восставшее население избрало альтернативный орган власти — Совет⁶⁸ рабочих депутатов во главе с социал-демократом меньшевиком Николаем Чхеидзе. В этот же день Государственная Дума на частном заседании⁶⁹ образовала Временный комитет, который сформировал Временное правительство.

---

⁵⁴ outlying ethnic areas of the Russian empire
⁵⁵ irreconcilable
⁵⁶ supporter, advocate
⁵⁷ implementation of radical reforms
⁵⁸ dismissal of the Duma
⁵⁹ dismissal of chairmen of the council of ministers
⁶⁰ commander-in-chief
⁶¹ presence
⁶² restrained the initiative
⁶³ gave rise to court intrigues
⁶⁴ strike movement
⁶⁵ special meaning
⁶⁶ everyday fact
⁶⁷ garrison
⁶⁸ council
⁶⁹ private meeting

2 ма́рта 1917 г. Никола́й II за себя́ и за своего́ сы́на подписа́л отрече́ние от престо́ла[70].

Паде́ние самодержа́вия[71] и перехо́д вла́сти[72] в ру́ки Вре́менного прави́тельства не означа́ли прекраще́ния войны́. Но́вое прави́тельство поспеши́ло успоко́ить сою́зников, заяви́в, что Росси́я продо́лжит войну́. Ситуа́ция на фронта́х тем вре́менем скла́дывалась[73] не в по́льзу Росси́и. Ру́сская а́рмия не хоте́ла воева́ть. Не́мцы же, воспо́льзовавшись полити́ческой нестаби́льностью Росси́и, активизи́ровали наступле́ние, захва́тывая всё но́вые террито́рии[74]: Украи́ну, Белору́ссию, Приба́лтику — и наконе́ц прибли́зились к Петрогра́ду.

Перегово́ры[75] о ми́ре с герма́нским кома́ндованием на́чали вести́ большевики́, захвати́вшие полити́ческую власть в стране́ в октябре́ 1917 г. Граби́тельский и несправедли́вый Бре́стский мир, заключённый большевика́ми, вы́вел Росси́ю из мирово́й войны́, но не дал ей настоя́щего ми́ра.

Начина́лась многоле́тняя крова́вая гражда́нская война́.

А.П. Логуно́в

---

[70] abdication (renunciation of the throne)
[71] fall of autocracy
[72] transfer of power
[73] turned out, was shaping up
[74] See захва́тывать/захвати́ть (to seize).
[75] negotiations

# Глава 18 Владимир Ильич Ленин

> **Введение**
>
> В.И. Ленин сыграл огромную роль в истории России. Ленину, как никому другому в русской истории, удалось коренным образом изменить общественный и политический строй страны. В этой главе идёт речь о семье Ленина, его политических взглядах и действиях и о том, какие изменения произошли в России начала XX века.

1  Владимир Ильич Ленин — один из политических деятелей, оказав-
2  ших огромное влияние на мировую историю двадцатого века. Именно
3  поэтому до сих пор его имя и деятельность вызывают самые ожесточённые
4  споры[1].

5  В.И. Ленин (Ульянов) родился в апреле 1870 г. в провинциальной
6  дворянской семье. Его отец был директором симбирских[2] народных
7  училищ[3]. Мать, образованная, сильная и энергичная женщина, вела
8  большое хозяйство[4]: в семье, кроме Владимира, было ещё пятеро детей[5].
9  Ульяновы были состоятельной[6] семьёй: значительное наследство[7] матери,
10 собственный дом[8] в Симбирске, жалованье[9] отца, а после его смерти
11 солидная (генеральская) пенсия[10]. Большим ударом[11] для семьи стал арест
12 старшего сына, Александра, который был казнён[12] в 1887 г. за покушение[13]
13 на императора Александра III. В этом же году, окончив гимназию[14] с

---

[1] serious arguments, debates
[2] adjective derived from Simbirsk (Симбирск), city on Volga River
[3] colleges
[4] presided over a large household
[5] five children
[6] well-to-do, well off
[7] inheritance
[8] their own home
[9] salary, pay
[10] (comfortable) pension
[11] big blow
[12] See казнить (to execute).
[13] assassination attempt
[14] gymnasium in the sense of a European academy or high school

золото́й меда́лью[15], Влади́мир поступи́л в Каза́нский университе́т, но был исключён из университе́та за уча́стие[16] в студе́нческом движе́нии. В 1891 г. он сдал экза́мены за по́лный курс юриди́ческого факульте́та Санкт-Петербу́ргского университе́та и в 1893 г. перее́хал в столи́цу.

Со́бственно, с э́того вре́мени и мо́жно говори́ть о формирова́нии В.И. Ле́нина как самостоя́тельного поли́тика и о появле́нии[17] «ленини́зма» как поли́тики осо́бого ти́па.

В.И. Ле́нин, как и мно́гие из его́ рове́сников[18], ра́но увлёкся[19] маркси́змом. В 1890–1900-е гг. маркси́зм был чрезвыча́йно популя́рен среди́ росси́йской молодо́й интеллиге́нции. Но В.И. Ле́нин по-своему прочита́л и по́нял Ка́рла Ма́ркса. Гла́вной иде́ей для него́ ста́ла иде́я борьбы́[20] за завоева́ние полити́ческой вла́сти[21] и установле́ние диктату́ры пролетариа́та. Эффекти́вным инструме́нтом в э́той борьбе́ должна́ была́ стать революцио́нная (нелега́льная) рабо́чая па́ртия[22]. Ему́ понадоби́лось[23] ме́нее 10 лет, что́бы созда́ть таку́ю па́ртию в Росси́и. Она́ состоя́ла из профессиона́льных революционе́ров, была́ стро́го централизо́вана, подчиня́лась[24] желе́зной дисципли́не[25]. Она́ ма́ло напомина́ла[26] за́падные и росси́йские социа́л-демократи́ческие организа́ции, кото́рые стро́ились преиму́щественно по демократи́ческому при́нципу. Свои́ иде́и он изложи́л[27] в кни́ге «Что де́лать?», по́сле вы́хода кото́рой о ленини́зме заговори́ли как об осо́бом направле́нии[28] в росси́йском революцио́нном движе́нии.

По́сле пе́рвой ссы́лки за революцио́нную де́ятельность[29] В.И. Ле́нин надо́лго покида́ет[30] Росси́ю и до апре́ля 1917 г. преиму́щественно живёт в

---

[15] gold medal, diploma with distinction
[16] participation
[17] appearance
[18] peers (in age)
[19] became interested in
[20] struggle
[21] the winning of political power
[22] workers' party
[23] was necessary (it was needed)
[24] was subordinated to
[25] iron discipline
[26] resembled, recalled, was similar to
[27] laid out, expounded, explained
[28] special or distinct movement, direction
[29] revolutionary activity
[30] leaves

эмиграции, за границей. Он приедет в Петербург только в годы первой революции. Внешне[31] он ведёт жизнь типичного европейского буржуа-рантье[32], поскольку доходы, поступающие из России, позволяют ему не испытывать[33] особых неудобств[34] и тревоги[35] о завтрашнем дне.

Главная его деятельность — революционная политическая публицистика[36] и руководство большевистскими организациями в России. К своим идейным противникам[37] он был беспощаден[38] и безжалостен[39], в полемике[40] часто прибегал[41] к недопустимой грубости[42] даже по отношению к близким. В этот важный период его жизни и деятельности выявляются[43] и другие качества Ленина и ленинизма. Во-первых, это крайняя нетерпимость[44], неприятие[45] иной[46] точки зрения[47] в вопросах политики и идеологии. Ленин безжалостно разрывает[48] и политические, и личные отношения с людьми, которые имеют собственную позицию, высказывают[49] своё мнение. Абсолютное большинство его работ данного периода — это критика и опровержение[50] чужих позиций[51]. В среде социал-демократов эмигрантов его воспринимают[52] как воинствующего сектанта[53]. Во-вторых, это поддержка любых форм и средств борьбы[54], если они открывают

---

[31] externally
[32] bourgeois investor
[33] to experience
[34] inconveniences
[35] alarms, anxieties
[36] social and political journalism
[37] ideological opponents
[38] merciless
[39] pitiless
[40] polemic
[41] resorted to
[42] rudeness
[43] appear, come out, develop
[44] intolerance, impatience
[45] rejection
[46] other, different
[47] points of view
[48] tears apart
[49] express, speak out
[50] refutation, denial
[51] another (foreign) positions
[52] perceive
[53] militant sectarian
[54] the struggle by any means

перспекти́ву продвиже́ния к наме́ченной це́ли[55]. В окруже́нии[56] Ле́нина нере́дко появля́ются полити́ческие авантюри́сты[57], он не бои́тся втя́гиваться[58] в сомни́тельные сде́лки[59], подде́рживает кра́йние фо́рмы революцио́нной борьбы́[60] в Росси́и. В-тре́тьих, Ле́нин ещё да́льше продвига́ется[61] по пути́ абсолютиза́ции необходи́мости завоева́ния и удержа́ния полити́ческой вла́сти. Под фла́гом разви́тия маркси́зма он практи́чески пересма́тривает[62] мно́гие фундамента́льные при́нципы маркси́зма, дока́зывая необходи́мость и возмо́жность социалисти́ческой револю́ции в Росси́и, несмотря́ на то, что у́ровень[63] разви́тия капитали́зма там был ещё я́вно недоста́точным для «вызрева́ния»[64] предпосы́лок[65] социали́зма. Ле́нин был убеждён в том, что полити́ческая во́ля и централизо́ванная власть мо́гут быть сильне́е многовеково́го[66] укла́да жи́зни[67], у́ровня разви́тия материа́льных сил и культу́ры наро́дов Росси́и.

По́сле сверже́ния самодержа́вия[68] (февра́ль 1917 г.) в апре́ле 1917 г. Ле́нин приезжа́ет в Петрогра́д и сра́зу же берёт курс на подгото́вку социалисти́ческой револю́ции. В отли́чие от свои́х оппоне́нтов, кото́рые иска́ли сло́жные основа́ния для объясне́ния ситуа́ции, он сво́дит всё к набо́ру просты́х, поня́тных ма́ссам ло́зунгов[69]. Солда́ты хотя́т ми́ра — мы дади́м мир. Крестья́не хотя́т земли́ — мы дади́м зе́млю. Рабо́чие хотя́т хле́ба — мы дади́м хлеб. При э́том он не сосредота́чивается[70] сам и не даёт сосредото́читься други́м на вопро́се, а как э́того мо́жно бу́дет доби́ться? Для Ле́нина э́то я́сно: захвати́в власть[71] и отня́в у бога́тых их бога́тства. Дета́ли его́ интересу́ют ме́нее всего́, и и́менно поэ́тому его́ ло́зунги поня́тны

---

[55] the goal that has been set
[56] surrounding
[57] adventurer, risk-taker
[58] to get involved in
[59] suspicious transactions
[60] extreme forms of the revolutionary struggle
[61] moves forward, progresses
[62] reviews, revisits, reconsiders
[63] level
[64] maturation process
[65] prerequisites
[66] many centuries old
[67] way of life
[68] the overthrow of autocracy
[69] slogans
[70] concentrates
[71] See захвати́ть власть (to seize power).

раздражённой[72] войной и голодом[73] массе, настрой[74] которой чаще всего определяют сбежавшие с фронта дезертиры[75]. Ленин понимает, что при таком настроении народа у Временного правительства нет реальных защитников[76], что политическую власть легко захватить. И он добивается принятия решения большевистским руководством о захвате власти вооружённым путём[77].

Утром 25 октября 1917 года Ленин пишет обращение[78] «К гражданам России»: «Временное правительство низложено[79]», хотя в это время Временное правительство ещё находится в Зимнем дворце. Ленин готовит Декреты о мире, о земле, о создании Совета народных комиссаров[80] (СНК). Он отдаёт распоряжение[81] ночью арестовать Временное правительство. 26 октября большевики фактически захватили власть в столице. Ленин добивается утверждения[82] II-м съездом Советов своих декретов и полномочий[83] для СНК как нового временного правительства, которое должно созвать Учредительное собрание.

Учредительное собрание большевики созовут в январе 1918 г., но, оказавшись там в меньшинстве[84], попросту[85] разгонят[86] его, а мирную демонстрацию в поддержку Временного правительства расстреляют[87]. Не удалось большевикам и автоматически реализовать свои лозунги: не было хлеба, попытка разделить[88] землю «по едокам[89]» вызвала сопротивление деревни; мир, заключённый с Германией, кроме того, что оказался

---

[72] irritated
[73] hunger, famine
[74] mood, sentiment
[75] deserters (from the army)
[76] defenders
[77] by means of force
[78] appeal
[79] See низложить (to depose, dethrone).
[80] Council of People's Commissars
[81] directive
[82] confirmation, affirmation
[83] authorization
[84] minority
[85] simply
[86] disperse
[87] execute
[88] to divide up
[89] "mouth's to feed"

унизи́тельным[90] и граби́тельским[91], был непро́чным[92] и постоя́нно наруша́лся[93]. Зато́ бы́стро бы́ли ограни́чены[94] все демократи́ческие права́ и свобо́ды, завоёванные при Вре́менном прави́тельстве, ликвиди́рована свобо́да сло́ва, введена́ пра́ктика внесуде́бных распра́в[95].

Отве́том на э́то яви́лась гражда́нская война́[96]. С нача́лом гражда́нской войны́ и интерве́нции Ле́нин выдвига́ет[97] зада́чу созда́ния трёхмиллио́нной а́рмии (я́вно наде́ясь на ско́рое разви́тие мирово́й револю́ции), ли́чно следи́т[98] за хо́дом мобилиза́ции и снабже́ния[99] а́рмии. Ему́ удаётся испо́льзовать противоре́чия в ла́гере[100] проти́вников, привле́чь в а́рмию вое́нных специали́стов и оказа́ть всеме́рную[101] подде́ржку са́мым жёстким реше́ниям Льва Тро́цкого, кото́рый непосре́дственно[102] отвеча́л за вое́нное строи́тельство[103].

Ле́нин стано́вится безогово́рочным[104] ли́дером па́ртии больше-вико́в, главо́й госуда́рства. 30 а́вгуста 1918 г. в результа́те террористи́ческого а́кта Ле́нин получи́л два ране́ния[105]. Отве́том на покуше́ние на Ле́нина стал «кра́сный терро́р».

В обстано́вке гражда́нской войны́ и нараста́ющего терро́ра, принуди́тельных мобилиза́ций[106] в а́рмию Ле́нин приступа́ет[107] к

---

[90] humiliating
[91] predatory, extortionate, exorbitant
[92] unstable
[93] was violated
[94] See ограни́чить (to limit, restrict).
[95] extrajudicial vengeance, reprisals
[96] civil war
[97] puts forward, pushes, initiates
[98] follows
[99] supplies
[100] camp
[101] all possible
[102] immediately, directly
[103] military construction
[104] unqualified, unconditional
[105] wounds, injuries
[106] compulsory mobilization, draft
[107] proceeds to, leads to

преобразова́ниям в эконо́мике. Росси́йская эконо́мика была́ разва́лена[108]: парали́ч[109] произво́дства, поголо́вное воровство́[110], ка́дровый го́лод[111].

21 ноября́ 1918 г. Ле́нин подписа́л декре́т, по кото́рому запреща́лась[112] торго́вля, това́рно-де́нежные отноше́ния бы́ли заменены́ натура́льным обме́ном, вводи́лась продразвёрстка[113]. Сле́дующим ша́гом ста́ла национализа́ция промы́шленности, в результа́те чего́ промы́шленное произво́дство в Росси́и факти́чески прекрати́лось. Что́бы спасти́ положе́ние, была́ введена́ обяза́тельная трудова́я пови́нность[114]. Рабо́чий день стал достига́ть 14–16 часо́в. В связи́ с инфля́цией труд опла́чивался[115] продово́льственными пайка́ми[116]. Тра́нспорт был беспла́тным, коммуна́льные платежи́[117] бы́ли отменены́, большеви́стские газе́ты распространя́лись[118] беспла́тно. В ито́ге э́того экспериме́нта, получи́вшего назва́ние поли́тики «вое́нного коммуни́зма», промы́шленное произво́дство сократи́лось к 1920 г. (по сравне́нию с 1913 г.) в семь раз.

В 1921 г. про́тив большевико́в вы́ступили матро́сы[119] Кроншта́дта, в Тамбо́вской и Воро́нежской губе́рниях взбунтова́лись[120] крестья́не. По прика́зу Ле́нина э́ти выступле́ния подавля́лись[121] с кра́йней жестко́стью. Но в 1921 г. разрази́лся[122] ещё и стра́шный го́лод в Пово́лжье. Станови́лось я́сно, что необходи́мо меня́ть са́ми осно́вы экономи́ческой поли́тики.

На X-м съе́зде Росси́йской Коммунисти́ческой па́ртии (большевико́в) — РКП(б) — Ле́нин сформули́ровал при́нципы но́вой экономи́ческой поли́тики (НЭП). Испо́льзование экономи́ческих рычаго́в[123] и

---

[108] See разваи́ть (to ruin, destroy, wreck).
[109] paralysis
[110] total/encompassing thievery
[111] dearth of qualified personnel
[112] was forbidden
[113] compulsory confiscation (развёрстка) of food products (прод-)
[114] compulsory labor
[115] was paid
[116] food rations
[117] utility payments (for an apartment)
[118] were spread, disseminated
[119] sailors
[120] rebelled
[121] were suppressed
[122] started (about a calamity)
[123] levers, points of control, pivots

частичное восстановление[124] товарно-денежных отношений привело к заметному оживлению[125] всей экономической жизни. Сам Ленин по-разному оценивал[126] это решение: то говорил о том, что НЭП всерьёз[127] и надолго, то называл эту политику вынужденной уступкой[128] среднему крестьянству.

В 1922 г. В.И. Ленин тяжело заболел. 25 мая с ним случился первый удар[129]: правая сторона тела была парализована, утрачена[130] речь. Осенью он постепенно возвращается к жизни, но в декабре с ним случился второй удар. 9 марта 1923 г. после третьего удара он превратился[131] в живой труп[132]. Для лечения[133] были приглашены лучшие врачи из Европы, но всё было безрезультатно. 21 января 1924 года в 21 час 50 минут Владимир Ильич Ленин скончался.

Трудно сказать, изменились бы или нет его стратегические установки[134]. Самые последние речи, письма и статьи свидетельствовали[135] о том, что он искал варианты совершенствования большевистской политики. Однако ясно и другое: он ни на минуту не усомнился[136] в правильности захвата власти и не допускал мысли о возможности глубокой демократизации общественной жизни в стране. Его же последние советы, рекомендации и просьбы не интересовали его ближайшее окружение[137], занятое борьбой за власть, развернувшейся[138] сразу после первого удара. Ленин рекомендовал освободить Иосифа Сталина с поста[139] руководителя партии — большевики проигнорировали это; Ленин советовал развивать кооперацию — вскоре кооперативное движение будет свёрнуто и взято под

---

[124] partial restoration
[125] noticeable revival
[126] evaluated
[127] in earnest seriously
[128] concession
[129] stroke (*medically*)
[130] See утратить (to lose).
[131] turns into
[132] living corpse
[133] treatment
[134] strategic arrangements, purposes, aims
[135] gave witness
[136] to doubt
[137] closest people around, closest circle
[138] See развернуться (to develop).
[139] to remove from his post

161  контро́ль госуда́рства; Ле́нин проси́л похорони́ть[140] его́ ря́дом с ма́терью —
162  его́ оста́нки[141] бу́дут вы́ставлены на всео́бщее обозре́ние[142] в Москве́...

А.П. Логунов

---

[140] to bury
[141] remains
[142] public viewing

# Глава́ 19    1917 год и послереволюцио́нные собы́тия

> **Введе́ние**
> В э́той главе́ речь идёт о прихо́де к вла́сти большевико́в, установле́нии сове́тской вла́сти, заключе́нии односторо́ннего ми́ра с Герма́нией. Э́ти собы́тия привели́ к гражда́нской войне́, обнища́нию дере́вни и укрепле́нию большеви́сткой диктату́ры. В э́то вре́мя бы́ли со́зданы пе́рвые трудовы́е лагеря́, кото́рые по́зже ста́ли изве́стны под назва́нием ГУЛАГ.

1  Сравни́тельно легко́ <u>захвати́в власть</u>[1] в Петрогра́де в октябре́
2  (ноябре́) 1917 г., па́ртия большевико́в оказа́лась в сло́жных усло́виях. Она́ не
3  име́ла <u>усто́йчивой подде́ржки</u>[2] у масс (опира́лась на настрое́ния). Её ли́деры
4  не име́ли о́пыта <u>полити́ческого руково́дства</u>[3] страно́й. Внутри́ само́й па́ртии
5  обнару́жилось мно́го групп и тече́ний, кото́рые по-ра́зному ви́дели свои́
6  зада́чи. Кро́ме того́, страна́ продолжа́ла уча́ствовать в войне́, и неме́цкие
7  войска́ <u>оде́рживали</u>[4] одну́ <u>побе́ду</u> за друго́й. Большевико́в не признава́ли в
8  ка́честве зако́нной вла́сти ни вое́нные, ни буржуази́я, ни междунаро́дное
9  соо́бщество. В разли́чных райо́нах столи́цы <u>населе́ние</u>[5] иногда́ пло́хо
10 понима́ло, кто таки́е большевики́, чего́ они́ хотя́т и что бу́дет да́льше.

11  Че́рез два дня по́сле прихо́да к вла́сти большевики́ при́няли
12 Декре́ты о ми́ре, о земле́, о рабо́чем контро́ле. Кро́ме того́, в пе́рвые неде́ли
13 бы́ли проведены́ рефо́рмы суда́, изменён поря́док <u>заключе́ния и
14 расторже́ния бра́ка</u>[6], отделена́ це́рковь от госуда́рства, со́зданы револю-
15 цио́нные трибуна́лы. Наряду́ с э́тими декре́тами пе́рвыми реше́ниями
16 большевико́в ста́ли реше́ния о закры́тии всех <u>оппозицио́нных им печа́тных
17 изда́ний</u>[7]. Да́же часть руководи́телей большевико́в (в том числе́ и Лев

---

[1] See захвати́ть власть (to seize power).
[2] stable or consistent support
[3] political leadership
[4] gained a victory
[5] population
[6] registration and dissolution of marriage
[7] opposition print media

Ка́менев, Григо́рий Зино́вьев, Алексе́й Ры́ков) вы́ступили про́тив подо́бного наруше́ния[8] демокра́тии.

18 января́ 1918 г. большевики́ созва́ли Учреди́тельное собра́ние[9], но уже́ 20 января́ при́няли декре́т о его́ ро́спуске, т.к. большинство́ уча́стников Учреди́тельного собра́ния отказа́лось голосова́ть за поли́тику большевико́в. Ро́спуск Учреди́тельного собра́ния спосо́бствовал обостре́нию[10] гражда́нского противостоя́ния в стране́.

Наруша́я договорённость со стра́нами Анта́нты[11], большевики́ на́чали перегово́ры[12] с не́мцами, кото́рые зако́нчились подписа́нием ми́рного догово́ра[13]. Росси́я признава́ла незави́симость[14] Украи́ны, Финля́ндии, стран Ба́лтии и передава́ла Ту́рции Карс, Бату́м и Ардага́н. Кро́ме того́, большевики́ обя́зывались[15] вы́платить Герма́нии 6 млрд. ма́рок.

Ми́рный догово́р вы́звал проте́ст да́же у сою́зников большевико́в. В ию́ле 1918 г. начался́ мяте́ж эсе́ров[16]. Внутри́ само́й па́ртии возни́кла гру́ппа «ле́вых» коммуни́стов во главе́ с Никола́ем Буха́риным, тре́бовавшая продолже́ния войны́.

С моме́нта прихо́да к вла́сти большевики́ на́чали ста́лкиваться с выраже́ниями ма́ссового недово́льства[17] как рабо́чих, так и крестья́н. В разли́чных райо́нах Росси́и на́чали создава́ть комите́ты спасе́ния[18] от большевико́в.

Пе́рвый фронт гражда́нской войны́ сложи́лся на Дону́[19]. Ме́стное каза́чье населе́ние[20] не́ было заинтересо́вано в дополни́тельной разда́че

---

[8] violation
[9] Constituent Assembly
[10] intensification
[11] Entente, alliance of England, France, and Russia (against Germany, Austro-Hungarian Empire, and Italy)
[12] negotiations
[13] the signing of a peace accord
[14] recognized as independent
[15] obligated themselves, pledged
[16] rebellion of the SRs (Socialist Revolutionaries — the members of the Socialist Revolutionary Party)
[17] dissatisfaction of the masses
[18] Committees for Salvation (Committees for the Defeat of Bolshevism)
[19] Don river
[20] Cossack population

земли²¹, но опасалось, что новая власть лишит их традиционных привилегий. Очень скоро к ним присоединились и кубанские казаки²².

Второй фронт сложился на Украине. Украинская власть потребовала полной самостоятельности и отделения от России. Но среди самих украинцев произошёл большой раскол на сторонников Рады²³ (местная власть, отстаивавшая идею отделения) и сторонников Советов, отстаивавших идею единства с Москвой. Советские войска заняли Киев и попытались свергнуть власть Рады. Её сторонники обратились за помощью к немцам, которые ввели свои войска на Украину и восстановили в Киеве власть Рады, но под своим контролем.

Третий фронт сложился на пути следования пленных чехов²⁴ (которые воевали на стороне Германии и которых по мирному договору должны были отправить домой, но не через Европу, а через Дальний Восток). Большевики попытались разоружить чешский военный корпус. На действия большевиков чехи ответили восстанием²⁵ и заняли целый ряд крупнейших городов Урала и Сибири. Восстание чехов поддержали эсеровские организации в Самаре.

Кроме того, вся страна оказалась покрытой целой сетью различных партизанских движений²⁶ (более 100) и многочисленных крестьянских бунтов²⁷.

Страны Антанты враждебно²⁸ восприняли приход к власти большевиков. Но видя, что другой власти нет, в марте 1918 г. 2 тыс. англичан высаживается²⁹ в Мурманске, чтобы в случае успешных действий германской армии не позволить немцам захватить Петроград. Японцы (70 тыс.) и американцы (7,5 тыс.) высаживаются на Дальнем Востоке. В августе 1918 г. английские и канадские войска входят в Баку. Французы высаживаются в Одессе.

---

[21] supplementary distribution of land
[22] Kuban Cossacks
[23] Rada, Ukrainian parliament
[24] Czech POWs
[25] uprising
[26] network of different partisan (guerrilla) movements
[27] peasant rebellions
[28] with hostility, animosity
[29] make a landing

Ле́том же 1918 г. стра́ны Анта́нты принима́ют реше́ние поддержа́ть антибольшеви́стские си́лы.

К октябрю́ 1917 г. бы́ло бо́лее 6 млн. солда́т на фро́нте и о́коло 3 млн. в тылу́[30]. По́сле прихо́да к вла́сти большевико́в начался́ по́лный развал а́рмии[31]. Большевики́ же нужда́лись в вооружённых си́лах[32]. 28.01.1918 принима́ется Декре́т о созда́нии Кра́сной А́рмии. В нача́ле э́то бы́ли преиму́щественно доброво́льцы[33] и́ли чле́ны Кра́сной Гва́рдии[34], кото́рая была́ создана́ накану́не переворо́та[35]. В ию́не 1918 г. принима́ется реше́ние об обяза́тельной вое́нной слу́жбе. Одна́ко во́инская слу́жба была́ кра́йне непопуля́рной. Лев Тро́цкий (по́сле назначе́ния на пост вое́нного комисса́ра[36]) при́нял чрезвыча́йные ме́ры по созда́нию вооружённых сил. В а́рмию привлека́ют вое́нных специали́стов ца́рской а́рмии[37] (приме́рно 50 тыс.), но для контро́ля над ни́ми вво́дится институ́т кра́сных комисса́ров. Для удержа́ния солда́т вво́дится систе́ма зало́жников[38] (за бе́глого солда́та[39] расстре́ливают[40] всю его́ семью́), а в а́рмии вво́дится сме́ртная казнь[41] и поощря́ется доноси́тельство[42].

7.12.1917 создаётся Всеросси́йская чрезвыча́йная коми́ссия[43] (ВЧК) во главе́ с Фе́ликсом Дзержи́нским. ВЧК — о́рган внесуде́бного пресле́дования, рассле́дования и ка́зней[44]. К весне́ 1921 г. в ней рабо́тали 233 тыс. челове́к. В ию́не 1918 г. в Росси́и восстана́вливается сме́ртная казнь. В а́вгусте 1918 г. принима́ется реше́ние о перехо́де к «кра́сному терро́ру». Осуществля́ется внесуде́бный расстре́л[45] зало́жников и подозри́тельных лиц (03.09.1918 в Петрогра́де сра́зу расстре́ляно 500 челове́к). С ию́ня 1918 г.

---

[30] home front
[31] complete disintegration of the army
[32] armed forces
[33] volunteers
[34] Red Guard
[35] coup
[36] military commissar
[37] imperial army
[38] hostages
[39] deserter
[40] execute (by shooting)
[41] death penalty
[42] informing on someone is encouraged
[43] ВЧК [вэ-че-ка́]/ЧК [че-ка́] — Extraordinary Commission — forerunner of the NKVD/KGB
[44] illegal/extrajudicial prosecution, investigation, and execution
[45] extrajudicial execution

начинают создаваться «трудовые лагеря»[46] (по сути[47], концентрационные) для выходцев из свергнутых классов[48]: к 01.01.1921 в них находится около 100 тыс. человек.

Потребность в продукции сельского хозяйства рождает идею создания Комитетов бедноты[49] в деревне (их задача изымать излишки продуктов[50] у зажиточных крестьян[51] и для себя, и для снабжения[52] города). В помощь им была создана Продовольственная армия (80 тыс. чел.). Но деревня ответила массовыми бунтами крестьян, прежде всего середняков[53]. Наиболее крупное движение этого времени — «антоновщина».

С 01.01.1919 в стране вводится продовольственная развёрстка[54], по которой у крестьян изымаются все излишки сельскохозяйственных продуктов. С большим трудом удалось собрать 100 млн. пудов[55] зерна, вместо запланированных 260. Одновременно действует жёсткая карточная система (33 вида карточек), принудительная система труда[56] при его уравнительной оплате[57]. Вводится полная государственная монополия на торговлю, запрещается любая частная торговля. Но в то же время процветают спекуляция и «чёрные» рынки[58]. Крестьяне отвечают свёртыванием посевов[59]. Однако развёрстка продолжается до 1922 г.

23.01.1918 — национализирован торговый флот[60]; 22.04.1918 — внешняя торговля[61]; с 28.06.1918 по ноябрь 1920 г. национализируется практически вся промышленность[62].

---

[46] labor (concentration) camps
[47] in essence
[48] descendants of classes that have been overthrown
[49] poverty
[50] to extract surplus food
[51] prosperous peasants
[52] supply
[53] peasants of average means
[54] compulsory confiscation of agricultural products from the peasants who grew and made them
[55] a measure of weight equal to 16.38 kilos or approximately 36 lbs
[56] compulsory labor system
[57] equalizing/leveling pay
[58] black markets
[59] reduction of crops, rolling up of crops
[60] merchant marine
[61] foreign trade
[62] industry

Однако национализированные предприятия не только не стали работать лучше, но, напротив, создали дополнительную массу проблем, поскольку не хватало специалистов, способных организовать и наладить[63] производство. В результате большевики решили привлекать «старых» специалистов и назначать[64] двух директоров на каждом предприятии: технического (реального специалиста) и административного («красного»), который представлял интересы власти и поддерживал связи с рабочими.

При этом все эти годы не прекращалась ожесточённая гражданская война.

А.П. Логунов

---

[63] to smooth over, repair
[64] to appoint

# Глава́ 20    Гражда́нская война́

> **Введе́ние**
>
> Сра́зу же по́сле октя́брьских собы́тий 1917 го́да в Росси́и начала́сь гражда́нская война́. В январе́ 1918 го́да прави́тельство большевико́в издаёт декре́т о созда́нии Рабо́че-крестья́нской Кра́сной А́рмии. К концу́ 1922 го́да большевика́м удало́сь установи́ть свою́ власть на всей террито́рии бы́вшей Росси́йской импе́рии. Каки́е фа́кторы спосо́бствовали побе́де коммуни́стов в крова́вой гражда́нской войне́? Почему́ Бе́лая а́рмия потерпе́ла пораже́ние? Отве́ты на э́ти вопро́сы в найдёте в те́ксте.

1   Гражда́нская война́[1] — э́то соверше́нно осо́бая война́. В ней ста́лки-
2   вается между́ собо́й населе́ние[2] одно́й страны́. И по́сле оконча́ния
3   проигра́вшая[3] часть никуда́ не ухо́дит. (Коне́чно, из Сове́тской Росси́и
4   эмигри́ровала огро́мная ма́сса люде́й, воева́вших[4] про́тив большевико́в[5]. Но
5   не все.) В гражда́нской войне́ реша́ются не завоева́тельные зада́чи[6], а зада́чи
6   национа́льного вы́бора пути́ истори́ческого разви́тия[7]. В хо́де гражда́нской
7   войны́ в Росси́и реша́лась гла́вная зада́ча: вернётся ли Росси́я к ста́рым
8   поря́дкам и́ли бу́дет жить по-но́вому?

9   Жела́ние «но́вой жи́зни» бы́ло приду́мано не большевика́ми. Оно́
10  отража́ло масшта́бные сдви́ги, произоше́дшие в Росси́и в нача́ле XX в.

11  Во-пе́рвых, демографи́ческий взрыв[8] 1890-х гг. привёл к тому́, что
12  страна́ о́чень помолоде́ла. Бо́лее 70% населе́ния составля́ла молодёжь. Её
13  разви́тие, становле́ние и воспита́ние[9] происходи́ло в обстано́вке[10], когда́ в

---

[1] civil war
[2] population
[3] See проигра́ть (to lose).
[4] See воева́ть (to wage war).
[5] Bolsheviks
[6] problems associated with conquest
[7] historical development
[8] demographic explosion
[9] education, upbringing
[10] situation, circumstances

стране́ шла постоя́нная борьба́[11] в разли́чных фо́рмах ме́жду наро́дом и вла́стью. Э́та молодёжь привы́кла крити́чески относи́ться к ста́рой вла́сти. Кро́ме того́, едва́ повзросле́в[12], се́льская молодёжь уходи́ла в го́род на за́работки[13]. В дере́вне не хвата́ло ни земли́, ни рабо́ты. Поэ́тому молоды́е лю́ди лиша́лись[14] мо́щного возде́йствия семьи́ и её традицио́нных це́ннос-те́й[15]. Они́ привыка́ли к но́вой жи́зни и не собира́лись возвраща́ться сно́ва к дереве́нской жи́зни и сельскохозя́йственным заня́тиям. Во-вторы́х, мирова́я война́ нанесла́ мо́щный уда́р по крестья́нской[16] патриарха́льной семье́. Больша́я крестья́нская семья́ — осно́ва всей социа́льной жи́зни Росси́и — ста́ла разруша́ться. Пре́жде всего́ измени́лась роль же́нщины. До войны́ же́нщина не име́ла своего́ наде́ла земли́[17] и экономи́чески не могла́ существова́ть самостоя́тельно[18]. В го́ды войны́ и револю́ции она́ получи́ла экономи́ческую самостоя́тельность, научи́лась забо́титься[19] о себе́ и о свои́х де́тях и то́же не хоте́ла возвраща́ться в ста́рую семью́. В-тре́тьих, в хо́де револю́ции всё крестья́нство в це́лом доби́лось[20] осуществле́ния свое́й гла́вной мечты́[21] — переде́ла всех земе́ль, и тепе́рь не собира́лось возвраща́-ться вновь к ста́рым поря́дкам.

Таки́м о́бразом, за пе́рвые десятиле́тия[22] XX ве́ка сложи́лась уже́ но́вая Росси́я. Мно́гие ста́рые иде́и ей ока́зывались непоня́тными. Хотя́ и не все ло́зунги[23] большевико́в понима́лись населе́нием пра́вильно, но большевики́ выступа́ли в ка́честве си́мвола и гара́нтии переме́н.

Основны́е вое́нные собы́тия[24] гражда́нской войны́:

В конце́ 1918 г. войска́[25] генера́ла Анто́на Дени́кина на́чали наступле́ние[26] с Куба́ни и к концу́ ле́та 1919 г. установи́ли контро́ль над

---

[11] constant struggle
[12] See повзросле́ть (to mature).
[13] left for the city seeking a paying job (за́рабоки—wages)
[14] were deprived of
[15] traditional values
[16] peasant's
[17] plot of land
[18] independently
[19] to take care of
[20] achieved
[21] goals, dreams, aspirations
[22] decades
[23] slogans
[24] military actions
[25] troops
[26] offensive, attack

## Глава 20 • Гражданская война

бо́льшей ча́стью Украи́ны. В ию́не 1919 г. А.И. Дени́кин на́чал наступле́ние на Москву́. О́сенью он за́нял кру́пные города́ (Курск, Орёл, Воро́неж) и подошёл к Москве́ на 400 киломе́тров. Но «кра́сные»[27] перешли́ в наступле́ние[28], и А.И. Дени́кин вы́нужден был отступи́ть[29] в Крым. Его́ а́рмия сократи́лась[30] со 150 тыс. до 40 тыс. челове́к. Он переда́л[31] кома́ндование баро́ну Петру́ Вра́нгелю, кото́рый продолжа́л сопротивля́ться[32] до ноября́ 1920 г., когда́ его́ войска́ бы́ли разгро́млены[33].

Март 1919: «Бе́лые» войска́ под кома́ндованием адмира́ла Алекса́ндра Колчака́ на́чали успе́шное наступле́ние от Ура́ла по направле́нию к Во́лге. Но когда́ А.В. Колча́к попыта́лся[34] самостоя́тельно, без други́х а́рмий, проби́ться[35] к Москве́, он потерпе́л пораже́ние[36], отступи́л в Сиби́рь, был захва́чен партиза́нами и расстре́лян[37].

Ле́то 1919: Войска́ генера́ла Никола́я Юде́нича на́чали наступле́ние из Приба́лтики при подде́ржке[38] латыше́й[39], эсто́нцев[40] и брита́нских войск. Они́ бы́ли остано́влены[41] «кра́сными» на расстоя́нии[42] 100 киломе́тров от Петрогра́да.

С о́сени 1919 г. стра́ны Анта́нты (Великобрита́ния, Фра́нция, Япо́ния, США и др.) ста́ли выводи́ть свои́ войска́ из Росси́и.

В апре́ле 1920 г. по́льская а́рмия при подде́ржке Фра́нции оккупи́ровала Украи́ну. Лишь в ию́не 1920 г. «кра́сным» удало́сь останови́ть

---

[27] According to A.P. Logunov, in the historical texts of the 1970s, the terms Reds and Whites were used without quotation marks. In the 1990s these words tended to appear in quotation marks to underscore the arbitrariness of such a division of the participants in the Civil War in Russia.
[28] went on the offensive
[29] to retreat
[30] was reduced
[31] Переда́л is also possible.
[32] to resist
[33] See разгроми́ть (to rout, inflict a defeat upon).
[34] attempted
[35] to break through
[36] suffered a defeat
[37] See расстреля́ть (to execute by shooting).
[38] support
[39] Latvians
[40] Estonians
[41] See останови́ть (to stop).
[42] distance

наступле́ние поля́ков и перейти́ в контрнаступле́ние[43]. В.И. Ле́нин реши́тельно вы́ступил за продолже́ние революцио́нной войны́, наде́ясь на подде́ржку по́льского пролетариа́та и на продолже́ние револю́ции в Герма́нии. Но как то́лько «кра́сные» войска́ вступи́ли на террито́рию По́льши, по́льское населе́ние вы́ступило про́тив них. Кра́сную А́рмию вы́теснили[44] из По́льши в тече́ние не́скольких неде́ль. В ма́рте 1921 г. в Ри́ге был подпи́сан ми́рный догово́р[45].

Э́тими собы́тиями практи́чески зака́нчиваются основны́е вое́нные де́йствия гражда́нской войны́. Хотя́ отде́льные очаги́ сопротивле́ния[46], наприме́р, в Сре́дней А́зии, бу́дут существова́ть до конца́ 1920-х годо́в.

Несмотря́ на всю тя́жесть[47] положе́ния, большевика́м удало́сь сохрани́ть свою́ власть.

Каки́е же оши́бки не позво́лили[48] проти́вникам большевико́в доби́ться побе́ды?

А.В. Колча́к и А.И. Дени́кин отмени́ли[49] декре́ты о земле́ в тех райо́нах, кото́рые находи́лись под их контро́лем. В результа́те крестья́не, недово́льные продразвёрсткой[50], реши́ли, что лу́чше поддержа́ть большевико́в, чем потеря́ть всё завоёванное вообще́. На подконтро́льной террито́рии «бе́лые» ча́сто вели́ себя́ как завоева́тели, устра́ивая[51] ма́ссовые погро́мы[52] и кара́тельные а́кции[53]. Они́ отказа́лись[54] признава́ть права́ национа́льностей, кото́рые тем удало́сь уже́ завоева́ть (незави́симость По́льши, Финля́ндии, Приба́лтики, широ́кая автоно́мия Кавка́за). Внутри́[55] «бе́лого» движе́ния шла постоя́нная борьба́ за ли́дерство и существова́ло по́лное недове́рие[56] друг к дру́гу. Да́же сою́знически настро́енные к

---

[43] counter offensive
[44] squeezed out
[45] agreement, accord, treaty
[46] points of resistance
[47] difficulty, seriousness
[48] allowed, permitted
[49] canceled
[50] rationing
[51] See устра́ивать (to set up, establish).
[52] riots, pogroms
[53] punitive measures
[54] refused
[55] internally, within
[56] lack of trust

«белому» движению страны Антанты быстро разочаровались[57] в возможностях создания единого[58] антибольшевистского фронта. Сложность ведения войны для «белых» армий определялась[59] и тем, что государство, которое они пытались восстановить[60] и защищать[61], больше не существовало.

Какими же преимуществами[62] располагали большевики?

Во-первых, они выступали как единая, централизованная сила, отстаивающая единые интересы[63] и действующая по единым правилам. Во-вторых, они лучше учитывали[64] и понимали интересы новой России, постепенно[65] объединяя вокруг себя всех, кто не хотел возвращения к старому. Многие из их обещаний в будущем не будут выполнены[66]. Но пока этого никто не знал. В-третьих, на стороне большевиков была более благоприятная международная обстановка. Во всех западных странах наблюдался резкий подъём[67] революционного движения[68]. Пролетариат европейских стран иногда прямо выступал на стороне большевиков, препятствуя[69] расширению[70] военных действий Антанты.

Удержав[71] в своих руках власть, завоёванную в 1917 г., и выиграв силовое противостояние со своими противниками, большевики оказались перед необходимостью решать задачи мирного времени.

А.П. Логунов

---

[57] became disappointed in
[58] united, integrated
[59] was determined
[60] to restore
[61] to defend
[62] advantages
[63] defending common interests
[64] bore in mind, took into account
[65] gradually
[66] See выполнить (to fulfill).
[67] sharp increase
[68] revolutionary movement
[69] See препятствовать (to thwart, hinder).
[70] widening, broadening, enlargement
[71] See удержать (to maintain, keep hold of).

# Глава 21    Образование СССР

> **Введение**
> Большевикам удалось победить «белую армию», но перед ними стояла очень сложная задача: как создать новую страну, состоящую из разных национальностей, разбросанных по огромной территории. 30 декабря 1922 года первый Всесоюзный съезд Советов утверждает Договор и Декларацию об образовании СССР — Союза Советских Социалистических Республик. Правящая коммунистическая партия становится структурой, в задачи которой входит подчинение всех национально-государственных образований единой коммунистической политике.

1  Национальный вопрос и национальные проблемы стали одной из
2  причин, которые привели к смуте[1] 1917–1921 гг. Невнимание[2] контррево-
3  люционных сил к данным проблемам способствовало поражению[3] «белого»
4  движения.

5  Большевики ещё до завоевания политической власти[4] были первой и
6  долгое время единственной политической партией, которая признавала[5] не
7  только необходимость решения национального вопроса, но и право всех
8  народов на самоопределение[6] (создание самостоятельных государств). В
9  ходе гражданской войны[7] В.И. Ленин соглашался с признанием госу-
10 дарственной независимости[8] Польши, Финляндии, стран Балтии; он
11 соглашался на признание независимости Украины, Закавказья, в особо
12 сложные периоды даже на отделение[9] Области[10] Войска Донского и
13 Дальневосточной[11] республики.

---

[1] time of chaos
[2] inattention
[3] defeat
[4] the winning of political power
[5] recognized
[6] self-determination
[7] civil war
[8] national independence
[9] separation, secession

Не всегда́ его́ пла́ны принима́лись как сора́тниками[12] по па́ртии, так и наро́дами, судьбу́ кото́рых пыта́лись[13] реша́ть большевики́. Так, наприме́р, по́сле подписа́ния[14] Бре́стского догово́ра[15] с Герма́нией, по кото́рому большевики́ обяза́лись[16] отда́ть Бату́м, Карс и Ардага́н Ту́рции, населе́ние Закавка́зья возмути́лось[17], отдели́лось[18] от Росси́и и со́здало Закавка́зскую респу́блику, кото́рая о́чень ско́ро распа́лась[19] на три госуда́рства: Гру́зию, Арме́нию и Азербайджа́н.

Пра́вда, наряду́ с э́тим Ле́нин до́лгое вре́мя был уве́рен в том, что в большинстве́ за́падных стран о́чень ско́ро произойдёт[20] социалисти́ческая револю́ция, и вопро́с о самостоя́тельности национа́льных госуда́рств утра́тит[21] своё практи́ческое значе́ние.

Одна́ко гражда́нская война́ зако́нчилась, револю́ция в за́падных стра́нах «заде́рживалась»[22], ну́жно бы́ло реша́ть национа́льный вопро́с в ра́мках[23] Росси́и (в хо́де гражда́нской войны́ о́чень активизи́ровались[24] национа́льные движе́ния в Татарста́не, Башки́рии, на Се́верном Кавка́зе) и нала́живать[25] отноше́ния с други́ми респу́бликами, кото́рые возни́кли[26] на террито́рии бы́вшей ца́рской импе́рии.

В конце́ гражда́нской войны́ большевики́ заме́тно активизи́ровали свою́ де́ятельность на национа́льных окра́инах[27]. По́льзуясь тем, что стра́ны Анта́нты и Герма́ния не могли́ реа́льно помеша́ть[28] полити́ческой де́ятельности большевико́в, а та́кже тем, что обще́ственные и вое́нные си́лы внутри́

---

[10] regions, provinces (*administrative term*)
[11] Far East
[12] party/ideological compatriots, comrades, fellow patry memebers
[13] attempted
[14] the signing of
[15] Treaty of Brest-Litovsk
[16] obligated themselves, pledged
[17] was indignant
[18] separated, seceded
[19] fell apart, disintegrated
[20] will happen
[21] will lose
[22] was delayed
[23] within the framework of
[24] became active
[25] to smooth over, set up
[26] arose
[27] periphery, outlying provinces
[28] to disturb

самих республик были слабы и расколоты[29], большевики с помощью Красной Армии установили[30] Советскую власть в Азербайджане (апрель 1920 г.), в Армении (ноябрь 1920 г.), в Грузии (февраль 1921 г.).

РСФСР — Российская Советская Федеративная Республика — заключала[31] двусторонние договоры[32] с новыми советскими республиками. При этом договоры составлялись таким образом, что целый ряд функций (например, международных или оборонительных[33]) брала на себя Российская Федерация. Закавказские республики под давлением[34] большевиков вынуждены были объединиться[35] вновь в Закавказскую федерацию, с которой и был заключён договор. Одновременно большевикам удалось ограничить[36] претензии[37] на автономию и самостоятельность, которую отстаивали[38] лидеры созданной в марте 1918 г. Татарско-Башкирской республики. Она была разделена на две части в составе РСФСР.

Эти действия, подкреплённые позицией местных[39] большевиков, создали благоприятные предпосылки[40] для строительства нового многонационального государства, территориально воспроизводящего[41] во многом российскую империю.

10 августа 1922 г. была создана комиссия по разработке[42] проекта союзного договора. 10 сентября был подготовлен план автономизации[43], по которому все эти республики вновь входили в состав России на правах

---

[29] See расколоть (to split, pierce).
[30] established
[31] concluded (an agreement)
[32] bilateral agreements
[33] defensive functions
[34] pressure
[35] to unite
[36] to limit
[37] claims
[38] defended
[39] local
[40] prerequisites, requirements
[41] See воспроизводить (to reproduce).
[42] working out, elaboration
[43] process for making something autonomous

автоно́мных. Арме́ния, Азербайджа́н и Белору́ссия согласи́лись с да́нным прое́ктом, но Украи́на и Гру́зия вы́ступили[44] категори́чески про́тив.

Ле́нин, кото́рый был в э́то вре́мя бо́лен, включи́лся в обсужде́ние да́нного прое́кта то́лько в конце́ сентября́ и предложи́л свой план сою́зного догово́ра. Все респу́блики, входи́вшие в соста́в Сове́тского Сою́за, получа́ли ра́вные права́[45], создава́лись еди́ные сою́зные о́рганы управле́ния, кото́рые принима́ли зако́ны и постановле́ния[46], обяза́тельные для исполне́ния все́ми респу́бликами.

30 декабря́ 1922 г. на I-м Съе́зде Сове́тов был подпи́сан сою́зный догово́р и образо́ван[47] СССР в соста́ве 4 респу́блик — Росси́и, Белору́ссии, Украи́ны и Закавка́зья. В конце́ 1920-х гг. в соста́ве СССР ста́тус сою́зных респу́блик получи́ли Туркме́ния, Узбекиста́н и Таджикиста́н.

Паралле́льно со строи́тельством госуда́рственных о́рганов вла́сти и сою́зного госуда́рства шло «очище́ние»[48] коммунисти́ческих па́ртий э́тих респу́блик от «националисти́ческих» элеме́нтов. Одновреме́нно проводи́лась акти́вная поли́тика по искорене́нию[49] «феода́льных пережи́тков»[50] в но́вых сою́зных респу́бликах. В Сре́дней А́зии разверну́лось настоя́щее наступле́ние[51] на мусульма́нские обы́чаи[52] и тради́ции в семе́йно-бытовы́х отноше́ниях[53], активизи́ровалась антирелигио́зная пропага́нда, разверну́лась кампа́ния по вовлече́нию[54] же́нщин в социалисти́ческое строи́тельство.

Внутри́ само́й РСФСР создава́лась сло́жная структу́ра национа́льно-госуда́рственного строи́тельства. Получи́в форма́льно ра́вные права́, все наро́ды Росси́и име́ли, тем не ме́нее, разли́чный[55] госуда́рственный и правово́й ста́тус: от автоно́мных респу́блик до автоно́мных краёв[56] и

---

[44] spoke out, came out (for or against)
[45] equal rights
[46] decrees
[47] See образова́ть (to form).
[48] cleansing, purging
[49] elimination
[50] vestiges of feudalism
[51] attack, offensive
[52] Moslem customs
[53] family or daily-life relationships
[54] drawing in, involvement
[55] different
[56] regions, territories (administrative term)

областей. На долгие десятилетия было узаконено[57] формально-юридическое неравенство[58] различных народов. Нередки были случаи объединения в одну автономию народов с разными историческими и культурными традициями, что создавало дополнительные зоны напряжённости[59] между ними, но зато облегчало центру возможности реально вмешиваться[60] во все внутренние[61] дела.

Особенно важным было то, что структура правящей коммунистической партии не совпадала[62] со структурой национально-государственного строительства. (Например, не существовало[63] Коммунистической партии РСФСР). Коммунистическая партия контролировала реально все сферы деятельности, поэтому даже пределы[64] установленной законом автономии часто нарушались[65].

Созданный вариант государственного устройства[66] имел своей целью не столько истинное[67] решение национального вопроса, сколько служил задаче максимальной политической централизации и подчинения[68] всех национально-государственных образований[69] единой коммунистической политике.

А.П. Логунов

---

[57] was made legal, established as law
[58] inequality
[59] stress, pressure
[60] to interfere, intervene, intrude
[61] internal, domestic
[62] coincided
[63] existed
[64] limits
[65] were violated
[66] organization, apparatus
[67] true, genuine, real
[68] subordination
[69] entities

# Глава 22    Новая экономическая политика

> **Введение**
>
> После окончания гражданской войны страна была совершенно разорена. Перед большевиками стояла важная задача: как можно быстрее восстановить экономику, чтобы кормить население и тем самым показать и себе, и всему миру, что первое в мире социалистическое государство жизнеспособно. Большевикам пришлось на некоторое время отступить от своих коммунистических идеалов и ввести НЭП — новую экономическую политику.

1   В марте 1921 г. X съезд[1] РКП(б) – Российской Коммунистической
2   партии (большевиков)[2] – принимает целый ряд решений[3] по вопросам
3   экономической политики. Хотя внешне они не выглядели чрезвычайно
4   радикальными, и в партии и в обществе эти решения были восприняты как
5   начало радикального изменения курса партии. Более того, даже русская
6   эмиграция, внимательно следившая[4] за развитием событий[5] в Советской
7   России, восприняла их как «смену вех»[6], изменение принципиальной
8   ориентации большевиков.

9   Что же стояло за этими решениями?

10   Центральным и наиболее дискуссионным было решение о замене
11   продовольственной развёрстки[7] натуральным продовольственным нало-
12   гом[8]. «Продовольственная развёрстка» была введена большевиками в дерев-
13   не[9] в связи с целым рядом обстоятельств. Сильнейший продовольственный

---

[1] convention, congress
[2] РКП (б) [эр-ка-пэ-бэ] — Russian Communist Party (Bolsheviks)
[3] makes a whole series of decisions
[4] See следить (to follow something in the sense of pay attention to)
[5] the development of events
[6] radical change of policy/philosophy
[7] confiscation of foodstuff from peasants
[8] natural food tax (tax paid in the form of the food itself)
[9] village, countryside

кризис, не прекращавшийся¹⁰ с 1916 г.; гражданская война и иностранная интервенция, недостаток сырья¹¹ для работы промышленных предприятий¹² — всё это потребовало чрезвычайных мер¹³ для разрешения¹⁴ экономических проблем. У крестьян принудительно¹⁵ стали изыматься¹⁶ все излишки¹⁷ произведённой продукции. В начале их обещали обменивать¹⁸ на промышленные товары¹⁹, но затем ограничились²⁰ простым изъятием²¹. Нередко под видом «излишков» отнимался и семенной фонд²², необходимый для пропитания²³ самим крестьянам. В 1917 г. Временное правительство тоже пыталось ввести продразвёрстку, однако у него не хватило ни сил, ни политической воли²⁴ встать на путь ограбления крестьян²⁵.

Большевиков же не смущали²⁶ этические проблемы²⁷. Более того, развёрстку они рассматривали как важный шаг на пути уничтожения²⁸ товарно-денежных отношений²⁹ вообще и перехода к прямому продуктообмену между городом и деревней. Однако продуктообмен не получился, так как разорённая³⁰ промышленность ничего не могла предложить крестьянам. Сами же крестьяне активно сопротивлялись³¹ такой политике. Сопротивление было активным — крестьянские волнения³² и бунты³³; и

---

[10] See прекращаться (to cease, end).
[11] shortage of raw materials
[12] industrial enterprise
[13] extraordinary measures
[14] solution, resolution
[15] compulsorily
[16] confiscate
[17] surplus, surfeit
[18] to exchange
[19] manufactured goods
[20] limited themselves
[21] seizure, confiscation
[22] seed pool
[23] nourishment
[24] political will
[25] robbing the peasantry
[26] were embarrassed, confused by
[27] ethical problems
[28] destruction, annihilation
[29] relationships based on the exchange of goods and money
[30] ruined
[31] resisted
[32] peasant disturbances
[33] riots

## Глава 22 • НЭП

пассивным — крестьяне сокращали площади посевов[34], производя только то, что им было необходимо для пропитания. Следует отметить, что В.И. Ленин, при всей своей жесткости, постоянно призывал[35] партийных лидеров осторожнее[36] обращаться[37] со средним крестьянством, понимая, что его настроения во многом определяют успех или неудачи большевиков. Однако в отношении крестьянства в политике большевиков постоянно присутствовали недоверие[38] и подозрительность[39], поскольку крестьяне, в отличие от рабочих, были пусть и мелкими, но собственниками[40].

Теперь продразвёрстка заменялась продовольственным налогом, размер которого определялся до начала посевных работ[41]. Крестьянин получал право свободно распоряжаться[42] всеми излишками, то есть тем, что у него останется после уплаты налога[43]. Налог, естественно, был гораздо меньше развёрстки. К тому же налог уменьшался[44], если крестьянин увеличивал площади посевов. В 1922 г. партия пойдёт ещё дальше. Налог сократят ещё на 10%, а крестьяне получат право нанимать[45] рабочих для проведения сельхозработ.

Пожалуй, самым опасным для большевиков в этом решении было предоставление крестьянам права свободно распоряжаться результатами своего труда. Поэтому в начале вводятся ограничения. Крестьянам разрешается обменивать излишки своих продуктов на промышленные товары только через кооперативы, которые действовали[46] под строгим контролем государства. Но и эта попытка прямого продуктообмена сорвалась[47]. Государство вынуждено было пойти на разрешение[48] частной торговли, хотя и под своим контролем.

---

[34] sowing of crops
[35] summoned, called on
[36] more carefully
[37] treat, deal with
[38] mistrust
[39] suspiciousness
[40] property owners
[41] sowing work, work in the fields
[42] to dispose of
[43] payment of taxes
[44] decreased
[45] to hire
[46] acted
[47] was frustrated or unsuccessful
[48] permission

Одновреме́нно X съезд РКП(б) разреши́л ча́стную со́бственность[49] и проведе́ние части́чной[50] денационализа́ции ме́лких предприя́тий.

За э́тими реше́ниями после́довали и други́е: о совершенствова́нии[51] ба́нковского де́ла, о разреше́нии ча́стным ли́цам[52] де́лать любы́е вкла́ды в банк[53] и без ограниче́ний по́льзоваться и́ми. Бы́ли проведены́ специа́льные мероприя́тия по укрепле́нию валю́ты[54], а та́кже прекращено́ бесконтро́льное финанси́рование промы́шленных предприя́тий и устано́влена[55] систе́ма их налогообложе́ния[56].

Испо́льзование экономи́ческих ме́тодов в руково́дстве[57] наро́дным хозя́йством сра́зу же дало́[58] положи́тельный[59] результа́т. Се́льское хозя́йство[60] ста́ло бы́стро восстана́вливаться[61]. Сложне́е оказа́лась ситуа́ция в промы́шленности. Промы́шленность нужда́лась в гора́здо бо́льших вложе́ниях[62], чем могло́ дать госуда́рство. Це́ны на промы́шленные това́ры всё вре́мя росли́, и крестья́не не могли́ покупа́ть промы́шленные това́ры и сельскохозя́йственную те́хнику.

В руково́дстве па́ртии шли всё вре́мя напряжённые[63] диску́ссии о том, как созда́ть оптима́льные усло́вия[64] для разви́тия промы́шленности. Ф.Э. Дзержи́нский и Н.И. Буха́рин предлага́ли бы́стрыми те́мпами развива́ть лёгкую промы́шленность[65], что́бы насы́тить[66] ры́нок това́рами, необходи́мыми крестья́нам, и снять возника́ющие противоре́чия. Г.Л. Пятако́в и Л.Д. Тро́цкий отста́ивали иде́и проведе́ния индустриализа́ции

---

[49] private ownership
[50] partial
[51] perfecting, improving
[52] private parties, individual persons
[53] bank deposits
[54] currency
[55] See установи́ть (to establish).
[56] taxation
[57] leadership
[58] Да́ло is also possible.
[59] positive
[60] agriculture
[61] be restored
[62] investments
[63] stressed, intense
[64] optimal conditions
[65] light industry (manufacture of consumer goods)
[66] to satisfy

# Глава 22 • НЭП

высо́кими те́мпами и за счёт крестья́нства. При э́том они́ бы́ли безусло́вными сторо́нниками⁶⁷ преиму́щественного разви́тия тяжёлой промы́шленности⁶⁸.

Ситуа́ция не́сколько разряди́лась⁶⁹, когда́ СССР заключи́л вы́годные торго́во-экономи́ческие догово́ры с Герма́нией и получи́л кру́пные креди́ты. Герма́ния по́сле пораже́ния в Пе́рвой мирово́й войне́ не могла́ развива́ть свою́ вое́нную промы́шленность и а́рмию так бы́стро, как э́того бы хоте́лось определённой ча́сти неме́цкого руково́дства. Поэ́тому Герма́ния ста́ла размеща́ть⁷⁰ вое́нные зака́зы в Росси́и, стимули́руя восстановле́ние её тяжёлой промы́шленности.

Кро́ме объекти́вных экономи́ческих сло́жностей проведе́ние но́вой экономи́ческой поли́тики столкну́лось⁷¹ со сло́жностями психологи́ческими. Оживле́ние⁷² това́рно-де́нежных отноше́ний привело́ к возрожде́нию⁷³ спекуля́ции, иму́щественного нера́венства⁷⁴, появле́нию сло́я⁷⁵ зажи́точных люде́й. Всё э́то вызыва́ло⁷⁶ неприя́тие⁷⁷ и си́льное раздраже́ние⁷⁸ в ма́ссах. Возмуще́ние⁷⁹ нараста́ло⁸⁰ и в среде́ чле́нов па́ртии, и в ма́ссе беспарти́йных⁸¹. В НЭ́Пе уви́дели угро́зу⁸² реставра́ции пре́жних капита-листи́ческих поря́дков. К тому́ же слой нэ́пманов⁸³, де́йствовавших ча́сто не совсе́м зако́нно (а зако́ны и пра́вила, устано́вленные в СССР не позволя́ли вести́ че́стную предпринима́тельскую де́ятельность), спосо́бствовал распро-

---

⁶⁷ supporters
⁶⁸ heavy industry (manufacture of machinery for use by industry)
⁶⁹ became less tense
⁷⁰ to place, position
⁷¹ came into conflict
⁷² reanimation, revival
⁷³ rebirth, renewal, revival
⁷⁴ inequality of wealth, inequality of land ownership
⁷⁵ layer
⁷⁶ elicited, evoked
⁷⁷ rejection
⁷⁸ irritation
⁷⁹ indignation
⁸⁰ grew, built up, increased
⁸¹ individuals who were not members of the Communist Party
⁸² threat
⁸³ "Nepman" — profiteer or small business owner during period of New Economic Policy

странению[84] коррупции, взяточничества[85] среди советской бюрократии и милиции.

В 1925 г., например, частные торговцы[86] хлебом спровоцировали[87] новый продовольственный кризис. Цены на хлеб стали столь стремительно[88] подниматься, что население оказалось не в состоянии[89] его покупать. Прибыли[90] же от спекуляции шли в руки узкому[91] слою частных торговцев. Это привело к нарастанию возмущения в городах.

В 1927–1928 гг. произошёл кризис в заготовках хлеба. Крестьяне решили придержать[92] хлеб до весны, чтобы продать его подороже. Над городами вновь нависла угроза голода, при том что был собран хороший урожай.

Реакцией на подобные факты становилось усиление административных рычагов[93] управления экономикой и свёртывание новой экономической политики.

К концу 1920-х гг. НЭП практически исчерпал[94] себя. Большевики оказались не в состоянии выстраивать[95] эффективную политику на основе экономических принципов хозяйствования, а массы — психологически не готовыми к жизни в условиях рыночных отношений[96].

А.П. Логунов

---

[84] spreading, diffusion, dissemination
[85] bribery
[86] merchants, traders
[87] provoked
[88] swiftly, headlong
[89] not in a position to, unable
[90] profits
[91] narrow
[92] to hold back
[93] levers, key factors
[94] exhausted, consumed
[95] to draw up, line up
[96] market relations

# Глава 23    Сове́тская культу́ра (1917–1953 гг.)

**Введе́ние**

В сове́тской культу́ре допуска́лось то́лько одно́ направле́ние — социалисти́ческий реали́зм. Писа́тели, худо́жники и компози́торы, рабо́тавшие в друго́й мане́ре, подверга́лись кри́тике, не печа́тались, их произведе́ния не исполня́лись. Мно́гие писа́тели бы́ли вы́нуждены писа́ть «в стол», то есть без наде́жды на то, что их напеча́тают. Тем не ме́нее бы́ли со́зданы замеча́тельные литерату́рные произведе́ния, кото́рые мо́жно бы́ло поня́ть то́лько чита́я «ме́жду строк». Компози́торы писа́ли му́зыку, кото́рая не могла́ быть исполнена, а худо́жники создава́ли карти́ны, кото́рые не выставля́лись. Несмотря́ на все запре́ты, ру́сская культу́ра жила́...

1   Конструкти́зм с его́ уто́пией тота́льного технологи́зма был
2   созву́чен пе́рвым шага́м утопи́ческой индустриализа́ции и промы́шленного
3   рывка́[1] в бу́дущее. Вме́сте с тем всё возраста́ющая роль социа́льного зака́за[2]
4   и уси́ливавшаяся идеологиза́ция культу́ры тре́бовали отве́та. Фено́мен
5   сове́тской культу́ры стано́вится всё бо́лее реа́льным, обрета́ет[3] зри́мые
6   черты́[4] в конце́ 1920-х— нача́ле 1930-х годо́в. И́менно в э́то вре́мя админи-
7   страти́вные ме́тоды всё бо́лее сво́дятся[5] к непререка́емым тре́бованиям[6]
8   дисципли́ны, не оставля́я вы́бора.

9   Пропаганди́стская, дидакти́ческая роль изобрази́тельного иску́сства[7]
10  и литерату́ры была́ определена́ зада́чами коммунисти́ческого воспита́ния
11  масс[8], провозглашена́[9] па́ртией[10]. Пра́во на экспериме́нт, отста́ивание

---

[1] leap in manufacturing (referring to heavy industry)
[2] order or directive from the state (to artists to produce certain kinds of works of art)
[3] finds
[4] visible traits, characteristics
[5] comes to
[6] unquestionable/indisputable demands
[7] visual arts
[8] communist education of the masses
[9] See провозгласи́ть (to proclaim).
[10] party (Communist Party of the Soviet Union)

собственной позиции[11] становится невозможным и даже опасным. Литература 1920–1930-х годов, при всём своём разнообразии, оказывается разделённой на две части: первая — это писатели, которых печатали[12], писатели, воспевавшие[13] в основном революционные и трудовые подвиги[14] (Демьян Бедный, Дмитрий Фурманов, Александр Серафимович, Максим Горький, Александр Фадеев); и вторая — это те писатели, которые, с точки зрения советской идеологии, плохо вписывались[15] в литературный процесс и потому оттеснялись[16] на его периферию, в журналистику, детскую литературу, драматургию (Евгений Замятин, Андрей Платонов, Борис Пильняк, Михаил Булгаков). Выбор касался возможности самореализации писателя, реального, а не подпольного бытия[17] в литературе. С 1930-х годов писательство «в стол»[18] стало уделом[19] многих литераторов. Расцвет[20] детской литературы был обусловлен во многом тем, что она оказалась единственной возможностью открытого литературного существования[21] для Даниила Хармса, Александра Введенского, Бориса Житкова, Николая Олейникова и других.

Критика в партийной печати, на страницах «Известий» и «Правды» строго указывала на заблуждения[22] и просчёты[23], клеймила[24] «провинившихся». Критерием[25] оценки служило «правдивое» изображение советской действительности. Крепнувшая бюрократическая машина хорошо сознавала, какую силу представляет культура, направленная в нужное идеологическое русло[26]. С целью полного подчинения[27] её своему контролю последова-

---

[11] defending one's own position
[12] published, printed
[13] See воспевать (to praise in song or poetry).
[14] great accomplishments in work, labor
[15] fit in
[16] were squeezed out
[17] underground existence
[18] to write "for the desk" (not for publication, because of censorship)
[19] fate, destiny
[20] flowering, blossoming
[21] literary existence
[22] confusion, ideological mistakes (in Soviet parlance)
[23] miscalculations
[24] stigmatized, branded, labeled
[25] criterion
[26] ideological channel
[27] subordination

## Глава 23 • Советская культура

тельно проводи́лась ли́ния очище́ния[28] социалисти́ческого, революцио́нного иску́сства от «буржуа́зности[29] и упа́дничества[30]», «формали́зма»[31].

Постановле́ние[32] ЦК ВКП(б)[33] от 23 апре́ля 1932 г. «О перестро́йке худо́жественно-литера́турных организа́ций» яви́лось перело́мным моме́нтом[34] в э́том проце́ссе. Отны́не все существова́вшие литгруппиро́вки упраздня́лись[35] и создава́лся еди́ный Сою́з писа́телей[36]. В 1934 г. состоя́лся Пе́рвый съезд[37] сове́тских писа́телей, на кото́ром была́ провозглашена́ центра́льная доктри́на сове́тской культу́ры, её основополага́ющий ме́тод — социалисти́ческий реали́зм. Социалисти́ческий реали́зм провозглаша́ется вы́сшим достиже́нием[38] мирово́й культу́ры. Был провозглашён та́кже при́нцип парти́йности[39] в иску́сстве, подтвержда́вший пра́во на и́стину в после́дней инста́нции прерогати́вой па́ртии. Вопро́с М. Го́рького «С кем вы, мастера́ культу́ры?» не был ритори́ческим. «Вели́кий пролета́рский писа́тель» пря́мо обозна́чил литерату́рные зада́чи: «Е́сли враг не сдаётся[40], его́ уничтожа́ют[41]». Организа́ция всех культу́рных институ́тов по при́нципу однопарти́йной госуда́рственной пирами́ды обеспе́чивала[42] возмо́жность тота́льного госуда́рственного регламенти́рования и тем са́мым в усло́виях «нараста́ющей кла́ссовой борьбы́»[43] открыва́ла доро́гу репре́ссиям.

«Перевоспита́ние трудо́м»[44] должно́ бы́ло быть воспе́то писа́телями и худо́жниками. В 1937 г. выхо́дит кни́га о Беломо́рско-Балти́йском кана́ле, в кото́рой, как и во мно́гих други́х произведе́ниях[45] 1930-х годо́в, звон

---

[28] cleansing, purging
[29] "bourgeoisness" (the ideology/way of life of a member of the bourgeoisie)
[30] decadence
[31] formalism (attention to form at the expense of meaning)
[32] decree
[33] ЦК ВКП(б) [цэ-ка́ вэ-ка-пэ-бэ́] — Central Committee of the All-Union Communist Party (Bolshevik)
[34] critical moment, decisive moment
[35] were abolished, canceled
[36] Writers' Union
[37] congress
[38] greatest achievement
[39] party loyalty (in the Soviet context only)
[40] surrender
[41] annihilate, destroy
[42] secured, provided
[43] growing class struggle
[44] reeducation by means of work
[45] work of art

фанфа́р[46] победи́вшего социали́зма заглуша́л[47] траге́дию миллио́нов отде́льных ли́чностей[48]. Пе́ред де́ятелями культу́ры выдвига́лась грандио́зная эсте́тическая и эти́ческая зада́ча: созда́ние «но́вого челове́ка», оптимисти́ческий и герои́ческий о́блик[49] кото́рого опережа́л бы вре́мя и явля́лся революцио́нным идеа́лом. Писа́тель, по мы́сли И. Ста́лина, до́лжен быть «инжене́ром челове́ческих душ».

С 1932 г. начина́ется акти́вное искорене́ние формали́зма, провозглашённого основны́м проводнико́м[50] буржуа́зного влия́ния[51]. Кри́тика безжа́лостно[52] клейми́ла формали́стов и их «попу́тчиков»[53], придава́я публика́циям хара́ктер пригово́ра[54]. В 1936 г. наступле́ние на формали́зм развора́чивается[55] широко́ и програ́ммно. В «Пра́вде» одна́ за друго́й публику́ются статьи́ «Сумбу́р вме́сто му́зыки» (о тво́рчестве[56] Дми́трия Шостако́вича и Серге́я Проко́фьева), «Какофо́ния в архитекту́ре», «Бале́тная фальшь», «О худо́жниках-пачкуна́х», в кото́рых ре́зко критику́ются рабо́ты архите́кторов, худо́жников, арти́стов, чьё тво́рчество выхо́дит за ра́мки соцреали́зма.

Культу́ра 1930–50-х годо́в отдава́ла предпочте́ние монумента́льным, ма́ссовым, зре́лищным ви́дам иску́сства[57], поэ́тому большо́е внима́ние ста́ло уделя́ться архитекту́ре, она́ должна́ была́ преобрази́ть о́блик страны́ Сове́тов. Конструктиви́зм 1920-х годо́в постепе́нно уступа́ет[58] ме́сто ста́линской неокла́ссике. Ста́лин, как и Ги́тлер, явля́лся гла́вным архите́к-тором и ли́чно контроли́ровал все важне́йшие прое́кты, пла́ны городско́й застро́йки, вопро́сы сно́са[59] и устано́вки[60] па́мятников. Образцо́м для всех столи́ц ми́ра должна́ была́ стать Москва́, генера́льный (ста́линский) план реконстру́кции кото́рой был утверждён в 1935 г. Но уже́ в 1932 г. бы́ло при́нято реше́ние о

---

[46] sound of the fanfares
[47] muffled, jammed
[48] individuals
[49] profile, shape
[50] conduit
[51] bourgeois influence
[52] mercilessly
[53] fellow travelers
[54] sentence (in a criminal case)
[55] expands, develops, unfolds
[56] creative work
[57] theatrical forms of art
[58] to yield
[59] demolition
[60] installation, construction

## Глава 23 • Советская культура

воздвижении[61] Дворца Советов на месте взорванного самого большого московского храма[62] — храма Христа Спасителя. По проекту Бориса Иофана предполагалось возвести[63] 415-метровую ступенча-тую башню[64], увенчанную 100-метровой статуей Ленина. Главной святы-ней[65] атеистического государства стал мавзолей Ленина, сооружённый в 1930 г. по проекту архитектора Алексея Щусева.

Сталинская архитектура отличалась гигантоманией, циклопическим размахом[66] масштабов и площадей. Её пафосный тяжеловесный стиль, основывавшийся на возрождении[67] принципов классицизма, ампира[68], решительно видоизменил облик многих городов. Ордерная система[69] в сочетании с римскими и даже фараоновскими[70] масштабами реализовалась в творчестве Ивана Жолтовского, Владимира Гельфрейха, Бориса Иофана, Алексея Щусева и др. Над созданием архитектуры 1930–1950-х годов трудились талантливые архитекторы, начальный период творчества которых приходился ещё на дореволюционное время (Иван Фомин, Владимир Щуко и др.).

Идеи прославления героического труда, военного подвига, партийных вождей[71], героического революционного прошлого находили мощное монументальное воплощение[72] в скульптуре, которой обильно[73] украшались[74] фасады[75] строящихся зданий, станции метрополитена, спортивные сооружения, вокзалы, гидроэлектростанции и др. (скульптуры Матвея Манизера, Веры Мухиной, Ивана Шадра, Сарры Лебедевой, Александра Матвеева, Сергея Меркурова). Синтез искусств выражал также идею коллективного творчества, всепроникающего тотального воздействия искусства на человека. Воспитательные, дидактические, пропагандистские

---

[61] setting up, building
[62] взорванный храм — a cathedral that had been blown up
[63] to erect, build
[64] tower with many steps, levels (tower like a wedding cake)
[65] sacred object, object of worship
[66] scale or sweep, wingspread or scope
[67] revival
[68] Empire style
[69] Ancient Greek architectural system for ensuring logical proportionality and harmonious clarity.
[70] related to Egyptian pharaoh
[71] leaders (only said about certain communist leaders)
[72] incarnation
[73] abundantly
[74] decorated
[75] façade

фу́нкции культу́ры 1930–50-х гг. очеви́дны. С акти́вным внедре́нием[76] но́вых це́нностей[77] в созна́ние люде́й происхо́дит и рожде́ние но́вых пра́здников, официа́льно закреплённых в сове́тском календаре́. Вре́мя ма́ссовых ше́ствий[78], демонстра́ций, физкульту́рных и вое́нных пара́дов возрожда́ло культу́ру средневеко́вых[79] мисте́рий, хоровы́х де́йствий неви́данных масшта́бов. Сам челове́к стано́вится «кирпи́чиком»[80] социа́льной пла́стики эпо́хи и́ли, по слова́м Ста́лина, «ви́нтиком»[81] грандио́зной маши́ны. Форми́руется еди́ная монокульту́ра, осно́ванная на при́нципах жёсткой соподчинённости и иерархи́чности[82] и наскво́зь прони́занная идеоло́гией.

Писа́тель, худо́жник, музыка́нт не про́сто творя́т, но выполня́ют социа́льный зака́з па́ртии, спуска́ющей све́рху культу́р-директи́вы. В э́тот пери́од культу́ра рассма́тривается[83] как о́трасль[84] наро́дного хозя́йства[85], обще́ственное произво́дство, контроли́руемое госуда́рством. Сле́дование генера́льной ли́нии приводи́ло к постоя́нной чи́стке[86] рядо́в, выявле́нию «попу́тчиков».

Одна́ко при внима́тельном рассмотре́нии культу́ра э́того пери́ода явля́ется далеко́ не столь однор́одной и монол́итной. У ру́сской интеллиге́нции по́сле револю́ции, когда́ свобо́да тво́рческого вы́бора ограни́чивается и постепе́нно ликвиди́руется, выраба́тывалось[87] своего́ ро́да «двойно́е[88] созна́ние», тво́рческое двоемы́слие. Наряду́ с произведе́ниями оди́ческого, прославля́ющего хара́ктера создава́лись ве́щи, испо́лненные глубо́кого траги́зма и бо́ли за происходи́вшее в стране́. Речь идёт не о произведе́ниях с «прямо́й ре́чью»[89] – она́ была́ невозмо́жна в то вре́мя, – но о худо́жественных мета́форах, иносказа́ниях, напряжённом эмоциона́льном звуча́нии. Здесь и гениа́льные симфо́нии Д.Д. Шостако́вича, стихотворе́ния А.А.

---

[76] inculcation, introduction
[77] values
[78] processions, solemn marches
[79] medieval
[80] a small brick
[81] a small screw
[82] hierarchical organization
[83] is reviewed, considered
[84] branch (of the economy)
[85] national economy
[86] purge
[87] was worked out
[88] dual, double
[89] direct speech

Ахма́товой и О.Э. Мандельшта́ма, рома́ны А.П. Плато́нова, дневники́ М.М. Пришви́на, расска́зы Д.И. Ха́рмса. Всё э́то говори́т о неоднозна́чности[90] произведе́ний тоталита́рной эпо́хи, о вы́страданной вну́тренней пра́вде. Так, по слова́м Д.Д. Шостако́вича, Седьма́я (Ленингра́дская) симфо́ния была́ заду́мана ещё до Вели́кой Оте́чественной войны́ и явля́ется своеобра́зным ре́квиемом соотéчественникам[91], поги́бшим[92] «в неизве́стных места́х».

Г.Ю. Ершо́в

---

[90] ambiguity, ambiguousness
[91] fellow citizen
[92] See поги́бнуть (to perish, die of unnatural causes ).

# Глава 24    Ста́лин и сталини́зм

> **Введе́ние**
> А́втор э́той главы́ называ́ет Ио́сифа Ста́лина одно́й «из наибо́лее мра́чных фигу́р не то́лько росси́йской, но и мирово́й исто́рии». Он анализи́рует причи́ны, кото́рые позво́лили И.В. Ста́лину уничтожа́ть миллио́ны люде́й и при э́том вызыва́ть обожа́ние. Лю́ди гото́вы бы́ли же́ртвовать собо́й ра́ди Ста́лина и идеоло́гии, кото́рую он пропове́довал.

1  Ио́сиф Ста́лин — одна́ из наибо́лее мра́чных фигу́р не то́лько
2  росси́йской, но и всей мирово́й исто́рии. О́чень ча́сто «сталини́зм»
3  понима́ют как наруше́ние прав челове́ка, зако́нности[1], распростране́ние
4  внесуде́бных пресле́дований[2], созда́ние лагере́й[3], проведе́ние ма́ссовых
5  репре́ссий. Но нас интересу́ет вопро́с о том, что представля́л собо́й наро́д,
6  кото́рый уча́ствовал в строи́тельстве э́той систе́мы, подде́рживал её,
7  обожествля́л Ста́лина и безогово́рочно ве́рил ему́. Осо́бую роль в э́том
8  сыгра́ли два поколе́ния[4]: лю́ди, роди́вшиеся в нача́ле ве́ка, и лю́ди,
9  роди́вшиеся в нача́ле 1920-х гг.

10  Пе́рвое из э́тих поколе́ний бы́ло поколе́нием войн, револю́ций и
11  разруше́ний[5]. Их де́тство и ю́ность пришли́сь на вре́мя мирово́й войны́,
12  револю́ции, а мо́лодость на вре́мя гражда́нской войны́. То есть все го́ды,
13  когда́ происхо́дит проце́сс становле́ния ли́чности, они́ наблюда́ли[6] вокру́г
14  себя́ войну́, разруше́ние, го́лод; они́ теря́ли бли́зких; у них ру́шились[7] се́мьи.
15  Они́ не получи́ли доста́точных представле́ний о ва́жности и значе́нии
16  ми́рной, обы́чной де́ятельности, они́ ве́рили в возмо́жности си́лы, они́
17  и́скренне бы́ли убеждены́, что весь остально́й мир жела́ет их ги́бели[8]. Всё

---

[1] legality
[2] extrajudicial/illegal persecutions
[3] camp (in this chapter, concentration camp, prison camp)
[4] generations
[5] See разруша́ть/разру́шить (to destroy, ruin).
[6] observed
[7] were destroyed
[8] death, downfall

18  э́то приводи́ло[9] к тому́, что э́тот тип люде́й станови́лся неизбе́жной опо́рой[10]
19  для си́льной вла́сти, обеща́ющей бы́стрые результа́ты, мы́слящей так же,
20  как и они́. Гениа́льность И.В. Ста́лина состоя́ла в том, что ему́ ничего́ не
21  приходи́лось[11] приду́мывать[12] специа́льно. Он внима́тельно прислу́шивался
22  (как и сове́товал В.И. Ле́нин) к настрое́ниям масс и испо́льзовал э́ти
23  настрое́ния в свои́х интере́сах.

24  Судьба́ второ́го поколе́ния не ме́нее траги́чна и драмати́чна.
25  Роди́вшиеся в 1920-е гг., они́ ста́ли поколе́нием, кото́рое воспи́тывалось
26  уже́ при жёстком контро́ле со стороны́ большеви́стской па́ртии. В де́тстве
27  они́ наблюда́ли разви́тие ма́ссовых полити́ческих проце́ссов, чи́сток[13],
28  разоблаче́ний враго́в[14]. Для них каза́лось есте́ственным, что враги́ живу́т не
29  то́лько вне СССР, но и внутри́ страны́. Они́ включа́лись с са́мого де́тства в
30  по́иск э́тих враго́в. Всех их учи́ли пре́жде всего́ боро́ться[15] и ненави́деть[16].
31  Люби́ть их учи́ли то́лько одного́ челове́ка – Ста́лина. Ве́рить их учи́ли
32  то́лько в коммунисти́ческие идеа́лы и непогреши́мость[17] па́ртии.

33  Во мно́гом э́то поколе́ние бы́ло поколе́нием с больно́й пси́хикой. Им
34  каза́лось стра́нным забо́титься о сами́х себе́, они́ счита́ли есте́ственным, что
35  десятиле́тиями[18] им прихо́дится жить в общежи́тиях, коммуна́льных
36  кварти́рах, стоя́ть в очередя́х. Они́ уже́ не зна́ли други́х усло́вий жи́зни[19], и
37  им э́то представля́лось есте́ственным. Но у них был набо́р соверше́нно
38  други́х нра́вственных ка́честв[20] и устано́вок: их учи́ли же́ртвовать собо́й[21] во
39  и́мя[22] коллекти́ва, во и́мя высо́ких це́лей, во и́мя бу́дущего, во и́мя спасе́ния
40  челове́чества[23]. Они́ счита́ли есте́ственным, что за ка́ждый шаг вперёд им
41  прихо́дится плати́ть о́чень высо́кую це́ну. Они́ не зна́ли цены́ себе́ и

---

[9] led to; resulted in
[10] support
[11] to have to, to be compelled to
[12] to think up; to invent
[13] purges
[14] exposure, denunciation of enemies
[15] to struggle
[16] to hate
[17] infallibility (the root is грех—sin)
[18] decades
[19] living conditions
[20] moral/ethical qualities
[21] to sacrifice oneself
[22] in the name of
[23] humanity, mankind

со́бственной жи́зни. И́менно э́то им каза́лось са́мым нева́жным и незначи́тельным.

Э́то поколе́ние соверше́нно и́скренне ве́рило в то, что И.В. Ста́лин забо́тится обо всех, что па́ртия мо́жет вме́шиваться во все дела́, да́же са́мые ли́чные и инти́мные. Они́ подозри́тельно[24] относи́лись[25] ко всему́, что носи́ло отте́нок[26] ли́чного, осо́бенного, индивидуа́льного.

Кро́ме э́того ва́жную роль игра́ла и истори́ческая тради́ция, кото́рую уме́ло испо́льзовал Ста́лин в свои́х де́йствиях.

Подавля́ющее большинство́[27] населе́ния страны́ (до второ́й полови́ны 1950-х гг.) составля́ло крестья́нство[28] и́ли лю́ди, неда́вно прие́хавшие в города́ из дереве́нь. Переезжа́я в го́род, они́ сохраня́ли устано́вки и тради́ции крестья́нской культу́ры: коллективи́зм, устано́вку на уравни́тельность[29], противопоставле́ние[30] своего́ ми́ра окружа́ющему, подозри́тельное отноше́ние ко всему́ чужо́му. Всё э́то соединя́лось с но́выми ло́зунгами[31], кото́рые удиви́тельным о́бразом переплета́лись с традицио́нными це́нностями[32] и поня́тиями.

Сове́тские лю́ди охо́тно воспринима́ли и́стину, что большинство́ всегда́ пра́во, стреми́лись объедини́ться и́менно с большинство́м: меньшинство́ подверга́лось остраки́зму[33], изгоня́лось[34], нака́зывалось[35]. Ста́лин за́нял символи́ческое ме́сто и прави́теля, и божества́ одновре́менно. В результа́те Ста́лину припи́сывались[36] са́мые невероя́тные возмо́жности и достиже́ния. И Ста́лин сам о́чень акти́вно подде́рживал э́тот миф. Его́ почти́ никто́ не ви́дел. Но он всё знал. С ним ма́ло кто обща́лся, но все зна́ли, что

---

[24] suspiciously
[25] had an attitude toward
[26] shade, nuance
[27] overwhelming majority
[28] peasantry
[29] equalization
[30] opposition to; contrasting with
[31] slogan
[32] traditional values
[33] ostracism
[34] was banished, ousted, expelled
[35] was punished
[36] were attributed

он си́льный, до́брый, сме́лый, у́мный — воплоще́ние[37] всех возмо́жных челове́ческих досто́инств[38].

Таки́м о́бразом, выстра́ивалась о́чень про́чная систе́ма взаимосвя́зи и взаимозави́симости ме́жду вла́стью и наро́дом, и разру́шить её бы́ло о́чень непро́сто.

Разгро́м[39] полити́ческой оппози́ции и крестья́нства откры́л возмо́жности для по́лной и после́довательной реализа́ции ста́линских иде́й. Как же э́ти возмо́жности бы́ли испо́льзованы?

Со́зданная полити́ческая систе́ма была́, в пе́рвую о́чередь, приспосо́блена для борьбы́ с «вну́тренними» и «вне́шними» врага́ми. Э́та борьба́ вела́сь акти́вно и целенапра́вленно с конца́ 1920-х годо́в. Кро́ме полити́ческих репре́ссий (парти́йных чи́сток[40]), во вре́мя кото́рых уничтожа́лись[41] все несогла́сные с официа́льным ку́рсом или име́ющие со́бственную то́чку зре́ния, бы́ли развёрнуты ма́ссовые репре́ссии, напра́вленные про́тив больши́х социа́льных групп, име́вшие це́лью уничто́жить не отде́льных люде́й, а це́лые кла́ссы.

Пе́рвая волна́ ма́ссовых репре́ссий была́ свя́зана с раскула́чиванием[42] и борьбо́й с кулака́ми[43]. На са́мом де́ле же э́то был мощне́йший уда́р по всему́ крестья́нству в це́лом. Одновре́менно развора́чивались ма́ссовые репре́ссии про́тив всех, кто занима́лся ме́лкой предпринима́тельской де́ятельностью[44]. Вновь, как и во времена́ револю́ции, репресси́ровались свяще́нники[45], оста́вшаяся часть ста́рой техни́ческой интеллиге́нции[46]. Кро́ме со́бственно репре́ссий, больши́е гру́ппы населе́ния лиша́лись всех гражда́нских прав[47] (в 1932 г. таки́х люде́й бы́ло бо́лее 3 млн. челове́к).

---

[37] incarnation
[38] human qualities
[39] crushing defeat
[40] communist party purges
[41] were annihilated, destroyed
[42] the liquidation of the kulak (well-to-do peasant) class
[43] struggle against the kulaks (well-to-do peasants)
[44] small business
[45] priests
[46] technical intelligentsia (engineers)
[47] civil rights

Второй волной репрессий стали репрессии, направленные против рядовых рабочих[48] и колхозников, которые не могли сразу подчиниться[49] суровым условиям[50] полувоенной дисциплины. Пик этих репрессий пришёлся на конец 1930-х гг.

Ещё одна волна репрессий была направлена против специалистов (военных, технических, научных), творческой интеллигенции. Как правило, все они обвинялись в шпионаже[51] и подготовке диверсий[52].

В результате массовых арестов и репрессий возник вопрос, что делать с таким количеством заключённых[53]. Для их содержания было создано настоящее «внутреннее государство» — ГУЛАГ[54]. Число заключённых в нём составляло по разным подсчётам[55] от 3 до 7 млн. человек.

Была создана модель экономики с преобладанием[56] военно-промышленного сектора при существенном значении сырьевого[57] и аграрного. Передовые[58] технологии осваиваются и внедряются[59] только в отрасли[60] производства, связанные с выпуском военной продукции. Показатели развития[61] лёгкой промышленности[62] постоянно не выполняются. Производство сельскохозяйственной продукции не достигало уровня[63] 1909–1913 гг., а уровень 1927–1928 гг. будет достигнут только в середине 1950-х гг.

---

[48] common workers
[49] to be subordinated to
[50] harsh conditions
[51] espionage
[52] preparation of acts of sabotage
[53] prisoners
[54] Главное управление исправительно-трудовых лагерей, трудовых поселений и мест заключений—GULAG: the Central Administration of Corrective Labor Camps and Prisons
[55] calculations
[56] prevalence
[57] related to raw materials
[58] leading, in the vanguard
[59] are implemented
[60] sectors (of the economy)
[61] indicators of economic growth
[62] light industry (consumer industry)
[63] to achieve the level

108　　　　　Произошло́ по́лное огосударствле́ние⁶⁴ эконо́мики, и зако́нчен
109　　переход к администрати́вно-пла́новому управле́нию⁶⁵.

110　　　　　Экстенси́вный путь разви́тия возоблада́л⁶⁶ над интенси́вным.

111　　　　　В 1930-е гг. происхо́дит рост социа́льной моби́льности и мигра́ции
112　　населе́ния. Сложи́лось но́вое городско́е населе́ние. Жили́щная пробле́ма⁶⁷
113　　приобрела́ катастрофи́ческий хара́ктер. Произошёл бы́стрый чи́сленный
114　　рост⁶⁸ рабо́чего кла́сса (за 10 лет в три ра́за), в основно́м за счёт⁶⁹ разорён-
115　　ного крестья́нства, не подгото́вленного к высококвалифици́рованному
116　　труду́ в промы́шленности. По образцу́ Герма́нии бы́ли введены́ еди́ные
117　　трудовы́е кни́жки⁷⁰ для централизо́ванного контро́ля над перемеще́нием⁷¹
118　　рабо́чей си́лы.

119　　　　　Вме́сте с тем была́ со́здана беспла́тная систе́ма здравоохране́ния⁷² и
120　　образова́ния.

121　　　　　Таки́м о́бразом, в эконо́мике, поли́тике и социа́льной сфе́ре
122　　сложи́лся мобилизацио́нный тип разви́тия⁷³, то есть тако́й тип разви́тия,
123　　кото́рый позволя́л госуда́рству эффекти́вно мобилизова́ть все ресу́рсы для
124　　реше́ния пробле́м, кото́рые госуда́рство счита́ло первоочередны́ми.

　　　　　　　　　　　　　　　　　　　　　　　　　　　　　　　　А.П. Логунов

---

[64] the imposition of state control
[65] Administrative-planning management [of the economy]; planning agency (for the direction of the command-based state economy as opposed to an unplanned, market economy governed by the law of supply and demand).
[66] prevailed
[67] housing problem/shortage
[68] numerical increase
[69] at the expense of
[70] labor documents (official documents issued every Soviet citizen recording his or her employment history)
[71] relocation
[72] health care system
[73] way of development

# Глава́ 25    Коллективиза́ция

> **Введе́ние**
> До Пе́рвой мирово́й войны́ Росси́йская импе́рия корми́ла хле́бом всю Евро́пу. Пе́рвая мирова́я война́, а зате́м крова́вая гражда́нская война́ нанесли́ огро́мный вред росси́йскому се́льскому хозя́йству. Оконча́тельный и непоправи́мый вред сельскохозя́йственному произво́дству нанесла́ коллективиза́ция — проце́сс ма́ссового созда́ния коллекти́вных хозя́йств (колхо́зов), проходи́вший в СССР в конце́ 1920-х—нача́ле 1930-х гг. Коллективиза́ция проводи́лась бы́стрыми те́мпами, сопровожда́лась ликвида́цией единоли́чных хозя́йств, репре́ссиями по отноше́нию к крестья́нству.

1   К концу́ 1920-х гг. большевики́ оказа́лись пе́ред сло́жным вы́бором:
2   моде́ль экономи́ческого разви́тия, кото́рую они́ пыта́лись реализова́ть, была́
3   неэффекти́вной. Крестья́нству (а э́то основно́й по чи́сленности[1] класс
4   населе́ния) ста́ло невы́годно расширя́ть произво́дство и выполня́ть пла́ны
5   госуда́рственных поста́вок[2]. Госуда́рство же нужда́лось в увеличе́нии
6   произво́дства сельскохозя́йственной проду́кции[3].

7   В э́той ситуа́ции Н.И. Буха́рин предложи́л разреши́ть да́нное
8   противоре́чие[4] экономи́ческими ме́тодами. Он счита́л возмо́жным
9   повы́сить[5] заку́почные це́ны[6] и сде́лать произво́дство и прода́жу зерна́[7]
10  экономи́чески вы́годным для крестья́н. При всей привлека́тельности[8]
11  тако́го реше́ния большинство́ в па́ртии поддержа́ло И.В. Ста́лина, кото́рый
12  счита́л необходи́мым испо́льзовать для разреше́ния кри́зиса ме́ры[9] поли-
13  ти́ческие и администрати́вные. Почему́?

---

[1] numerically
[2] deliveries
[3] agricultural production
[4] contradiction
[5] to increase, raise
[6] purchasing prices
[7] grain
[8] attractiveness
[9] measures

Повышение цен на продукты сельского хозяйства требовало[10] бы больших вложений капитала. Большевики же считали более важной задачу подъёма промышленности[11], роста рабочего класса. Поэтому они хотели не вкладывать[12] дополнительные средства[13] в сельское хозяйство, а наоборот, получать как можно больше доходов[14] от крестьян для развития промышленности.

Большевики постоянно ожидали[15] нападения[16] капиталистических стран и спешили создать собственную современную армию, а для этого тоже требовались деньги.

Экономическое стимулирование крестьян могло привести[17] к росту цен на все товары[18], а это могло бы вызвать возмущение[19] в городах.

Большевики боялись и того, что одна уступка[20] крестьянину приведёт к другим: крестьяне могут потребовать полной свободы в том, как распоряжаться[21] всеми своими продуктами.

Таким образом, возможность использования экономических методов была ограничена как состоянием[22] самой экономики, так и политическими целями[23] и идеологией большевиков. Поэтому был взят курс на политическое решение проблемы.

В конце 1929 г. было создано две комиссии. Одна (под руководством Я.А. Яковлева) разрабатывала[24] план проведения коллективизации, то есть

---

[10] demanded
[11] rise of industry
[12] to invest
[13] supplementary means
[14] income
[15] expected, anticipated, awaited
[16] attack
[17] to bring, to lead to
[18] goods, commodity
[19] indignation
[20] concession
[21] to dispose of
[22] condition
[23] political goals
[24] worked out

план «социалисти́ческого» переустро́йства[25] дере́вни. Втора́я (под руково́дством В.М. Мо́лотова) реша́ла вопро́с о борьбе́ с кула́чеством[26].

К концу́ 1920-х гг. само́ поня́тие «кула́к»[27], «кула́чество» значи́тельно измени́лось. Тех бога́тых крестья́н, кото́рые называ́лись «кулака́ми» до Октя́брьской револю́ции, в дере́вне не оста́лось. Они́ бы́ли уничто́жены ещё в го́ды гражда́нской войны́. За не́сколько лет ми́рного вре́мени сложи́лся сравни́тельно небольшо́й по чи́сленности, но кре́пкий в хозя́йственном отноше́нии слой[28] крестья́н, мно́гие из кото́рых са́ми в го́ды гражда́нской войны́ воева́ли[29] на стороне́ большевико́в. В ми́рное вре́мя они́ хоте́ли продолжа́ть вести́ хозя́йство и получа́ть от него́ дохо́ды. К тому́ же само́ поня́тие «кула́к» и то, чем кула́к отлича́ется от зажи́того крестья́нина[30], вла́стью не определя́лось. Никаки́х стро́гих крите́риев не́ было.

О́ба э́ти вопро́са (коллективиза́ция и борьба́ с кула́чеством) ока́зывались те́сно свя́занными ме́жду собо́й. Проведе́ние коллективиза́ции в дере́вне бы́ло де́лом непросты́м. Для э́того тре́бовались и де́ньги, и си́лы. Поэ́тому зажи́точное крестья́нство[31] созна́тельно бы́ло вы́брано в ка́честве важне́йшего исто́чника[32] для реше́ния сло́жной пробле́мы преобразова́ния дере́вни.

Во-пе́рвых, иму́щество[33] и дохо́ды кулако́в должны́ бы́ли стать осно́вой для созда́ния хозя́йственной ба́зы но́вых колхо́зов[34] (их скот[35], те́хника, запа́сы[36] продово́льствия, хозя́йственные постро́йки — всё э́то переходи́ло но́вым коллекти́вным хозя́йствам). Во-вторы́х, в дере́вне развора́чивалась настоя́щая социа́льная война́, в кото́рой бедне́йшие сло́и дере́вни направля́лись само́й вла́стью на борьбу́ с зажи́точными крестья́нами. Конфли́кт ме́жду ни́ми отвлека́л[37] внима́ние и исключа́л

---

[25] restructuring
[26] the kulak class
[27] kulak, well-to-do peasant
[28] [social] layer, stratum
[29] fought, went to war
[30] economically well-to-do peasant
[31] the class of economically well-to-do peasants
[32] source
[33] property
[34] kolkhozys, collective farms
[35] cattle, livestock
[36] supplies, reserves
[37] distracted

возмо́жность объедине́ния всей дере́вни про́тив Сове́тской вла́сти и большевико́в.

Коми́ссия по подгото́вке пла́на проведе́ния коллективиза́ции предложи́ла сле́дующий прое́кт. Вся страна́ дели́лась[38] на не́сколько зон: в основны́х зерновы́х райо́нах[39] (Се́верный Кавка́з, Ни́жнее и Сре́днее Поволжье) коллективиза́ция должна́ была́ пройти́ ме́нее, чем за год, — с весны́ до о́сени 1930 г.; в други́х зерновы́х райо́нах (Сиби́рь, Украи́на) отводи́лось два го́да на заверше́ние[40] коллективиза́ции; в остальны́х (осо́бенно национа́льных райо́нах) срок мог увели́чиваться до 3-5 лет.

Основно́й фо́рмой организа́ции труда́ в колхо́зах должна́ была́ стать сельскохозя́йственная арте́ль[41], чём-то напомина́вшая привы́чную для крестья́н общи́ну[42].

Втора́я коми́ссия то́же предложи́ла свой план борьбы́ с кула́чеством. Все кулаки́ дели́лись на три больши́е гру́ппы. Пе́рвую гру́ппу составля́ли наибо́лее зажи́точные крестья́не, кото́рые счита́лись акти́вно веду́щими борьбу́ с Сове́тской вла́стью (63 тыс. хозя́йств). Во втору́ю гру́ппу включи́ли[43] крестья́н, кото́рые не вели́ борьбы́ с Сове́тской вла́стью, но эксплуати́ровали наёмных рабо́чих и тем са́мым «спосо́бствовали[44] контрреволю́ции» (э́то ещё приме́рно 150 тыс. хозя́йств). Кулаки́ э́тих двух групп должны́ бы́ли быть аресто́ваны, их иму́щество конфиско́вано, а са́ми они́ вы́селены[45] в са́мые отдалённые райо́ны страны́. Тре́тью гру́ппу составля́ли кулаки́, при́знанные лоя́льными по отноше́нию к Сове́тской вла́сти. Их иму́щество конфискова́лось, а са́ми они пересе́ля́лись[46] на неудо́бные зе́мли в райо́не прожива́ния.

С са́мого нача́ла проведе́ния коллективиза́ции реша́ющую роль в ней игра́ли кара́тельные о́рганы[47] — ГПУ (Госуда́рственное полити́ческое

---

[38] was divided
[39] agricultural regions producing grain (bread)
[40] completion
[41] cooperative association of workmen or artisans
[42] community, collective
[43] included
[44] facilitated or promoted
[45] See вы́селить (to exile, to compel someone to settle outside a certain community).
[46] resettled, relocated
[47] punitive agencies

# Глава 25 • Коллективизация

управле́ние при НКВД РСФСР[48]). Они́ составля́ли спи́ски кулако́в, они́ контроли́ровали проце́сс раскула́чивания, они́ выделя́ли[49] си́лы для проведе́ния мероприя́тий. Всего́ то́лько в тече́ние 1930–1931 гг. бы́ло раскула́чено почти́ 2 млн. челове́к. Сопротивле́ние[50] крестья́н на Дону́ и Украи́не принима́ло тако́й разма́х[51], что приходи́лось испо́льзовать войска́[52].

В э́той ситуа́ции Ста́лин предприня́л ги́бкий ход. 2 ма́рта 1931 г. в газе́те «Пра́вда» он опубликова́л статью́ «Головокруже́ние от успе́хов», в кото́рой вся отве́тственность за оши́бки и наруше́ния при проведе́нии коллективиза́ции возлага́лась[53] на ме́стные о́рганы вла́сти.

На́спех со́зданные колхо́зы ока́зывались экономи́чески ма́ло эффекти́вными, но они́ позволя́ли властя́м получа́ть необходи́мые проду́кты. В не́которых хозя́йствах власть отбира́ла до 70% со́бранного[54] урожа́я[55]. Ото́бранное[56] таки́м о́бразом зерно́ отправля́лось за грани́цу, в Герма́нию, кото́рая предоста́вила[57] в обме́н на продово́льствие сырьё[58], зо́лото и креди́ты объёмом в 1 млрд. ма́рок для проведе́ния в стране́ индустриализа́ции. При э́том значи́тельная часть креди́та размеща́лась[59] в само́й Герма́нии для произво́дства маши́н, станко́в и обору́дования[60] для СССР. Тем са́мым да́нное соглаше́ние спосо́бствовало не то́лько проведе́нию индустриализа́ции в СССР, но и ро́сту промы́шленного потенциа́ла само́й Герма́нии.

---

[48] Originally called the "Third Division" in the days of the Tsar, the Secret Police of the Soviet era were first ВЧК or ЧК (Всеросси́йская чрезвыча́йная коми́ссия), then ГПУ (Госуда́рственное полити́ческое управле́ние) and НКВД (Наро́дный комиссариа́т вну́тренних дел). The Secret Police were later called the МГБ (Министе́рство госуда́рственной безопа́сности) and КГБ (Комите́т госуда́рственной безопа́сности), now the ФСБ (Федера́льная слу́жба безопа́сности).
[49] to allocate
[50] resistance
[51] large scale, size
[52] troops
[53] responsibility was charged of, was charged with
[54] reaped, gathered, collected
[55] harvest
[56] property that has been taken away, removed
[57] provided, secured
[58] raw materials
[59] was located
[60] equipment

Однако в 1931–1932 гг. вновь начались перебои⁶¹ с хлебозаготовками⁶². В ответ власть увеличила объёмы поставок и ввела серию чрезвычайных⁶³ законов «за ущерб⁶⁴, наносимый колхозам». По этим законам (1932 г.) к весне 1933 г. было арестовано более 800 тысяч человек. Результатом всего этого стал страшный голод⁶⁵, от которого на Украине погибло⁶⁶ от 4 до 5 млн. человек.

Эта трагедия заставила⁶⁷ власти упорядочить процесс заготовительной политики и ввести некоторые ограничения. К 1935 г. ситуация стабилизировалась. Но до благополучия⁶⁸ было ещё очень далеко. Производство продукции животноводства⁶⁹ по сравнению с 1928 г. снизилось⁷⁰ на 40%, зерна — на 15%. Колхозники полностью утратили свободу передвижения⁷¹ по стране, были ограничены в самых элементарных правах.

А.П. Логунов

---

[61] interruptions, irregularities
[62] grain procurement
[63] extraordinary
[64] material loss
[65] famine, hunger
[66] perished
[67] compelled, forced
[68] well-being
[69] livestock raising, animal husbandry
[70] was lowered, reduced
[71] freedom of movement/travel

# Глава 26    Великая Отечественная война

### Введение

22 июня 1941 года гитлеровская Германия напала на Советский Союз. Началась Великая Отечественная война (1941–1945) — война советского народа против фашистского агрессора. Великая Отечественная война явилась важнейшей и решающей частью Второй мировой войны (1939–1945). Гитлер планировал провести «молниеносную войну» («блицкриг»): уничтожить СССР к началу 1942 года. Сталин совершил серьёзные стратегические ошибки перед началом войны и в первые её два года: многие опытные военноначальники были арестованы, в армии проводились чистки, не хватало военной техники, продолжались массовые репрессии. Эти факторы привели СССР к трагическим потерям в 1941–1942 годах. Большая часть территории Украины, Белорусии и европейской части России была оккупирована немецкой армией. Миллионы советских солдат и мирных граждан стали жертвами фашистской агрессии и геноцида. Однако зимой 1942–1943 под Сталинградом советские войска остановили наступление немецко-фашистской армии. Это было первое крупное поражение для непобедимой до сих пор армии Гитлера. Для советской армии победа под Сталинградом стала первым шагом по дороге на Берлин. Гитлеру, как и Наполеону, не удалось одержать победу над Россией.

22 июня 1941 г. началась самая страшная и самая кровавая война во всей многовековой истории России. Просчёты[1] И.В. Сталина и высшего советского политического руководства привели к тому, что ни экономически, ни в военном отношении, ни психологически население страны не было подготовлено к затяжной войне[2] на своей территории. Поэтому только в декабре 1941 г. в ходе легендарной битвы[3] под Москвой советским войскам[4] удалось[5] остановить наступление[6] гитлеровцев[7] и нанести им серьёзное поражение[8]. Победа советских войск под Москвой

---

[1] miscalculations, errors in reckoning
[2] extended war
[3] battle
[4] Soviet troops
[5] managed to, were able to
[6] attack
[7] Hitler's troops, German troops
[8] defeat

означала срыв⁹ гитлеровских планов молниеносного¹⁰ наступления. Неслучайно 55 генералов были смещены¹¹ А. Гитлером со своих постов.

Однако потери¹² первых месяцев войны имели катастрофические последствия. Была оккупирована¹³ территория, на которой проживало до 40% населения страны, производилось 38% зерна, 68% чугуна¹⁴. Понадобилось¹⁵ ещё два года, чтобы советские войска сумели осуществить коренной перелом¹⁶ в ходе Великой Отечественной войны, ставший важнейшим военно-политическим событием во всей Второй мировой войне. В начале ноября 1942 г. фашистские войска были остановлены под Сталинградом, где приходилось буквально отстаивать каждую улицу и каждый дом. В результате была одержана беспрецедентная в истории мировых войн победа¹⁷. 19-20 ноября 1942 г. 300-тысячная группировка немцев была окружена, и 2 февраля 1943 г. капитулировала¹⁸. 100 тыс. было взято в плен, остальные или уничтожены, или погибли от морозов¹⁹ и голода²⁰. Попытка фашистских войск перехватить инициативу²¹ летом 1943 г. окончилась их разгромом²² под Курском. Стратегическая инициатива полностью перешла в руки советского командования. В ходе этих сражений развился полководческий гений²³ и вырос авторитет маршала Георгия Жукова.

27 января 1944 г. была ликвидирована чудовищная²⁴ блокада Ленинграда, продолжавшаяся почти 900 дней. Во время блокады более миллиона мирных жителей погибло от голода и холода. Но город выстоял²⁵. В 1944 г.

---

⁹ defeat, lack of progress
¹⁰ blitzkrieg, lightening-like attack
¹¹ See смещать/сместить (to dismiss, remove from a position, demote).
¹² losses, casualties
¹³ See оккупировать (to occupy).
¹⁴ cast iron
¹⁵ was needed, essential
¹⁶ turning point, breakthrough, decisive moment
¹⁷ See одержать победу (to gain a victory).
¹⁸ to capitulate
¹⁹ freezing temperatures
²⁰ hunger, famine
²¹ to take the initiative
²² rout, crushing defeat
²³ military brilliance
²⁴ monstrous
²⁵ withstood

советские войска сумели освободить[26] всю захваченную врагами территорию и перенести боевые действия за пределы[27] СССР. При этом весьма важно то, что вместо концентрации сил для похода на Берлин, советское командование направило свои войска на Балканы, в Венгрию и Австрию, чтобы не допустить прихода туда союзных войск[28] (военных соединений США, Великобритании, Франции, Канады и других стран, входивших в антигитлеровскую коалицию).

Совместно с союзными войсками советская армия завершила разгром гитлеровской армии в Берлине, уничтожив тем самым одну из наиболее страшных угроз для всего человечества.

Победа советского народа до сих пор воспринимается всем населением России как самое крупное и самое важное событие мировой истории XX века. При этом СССР заплатил страшную цену за достижение[29] этой победы. К сожалению, до сих пор число жертв Второй мировой войны со стороны СССР остаётся неподсчитанным полностью. И. Сталин называл цифру[30] в 7 млн. человек, мнения[31] современных историков очень сильно расходятся. Называются цифры от 30 до 40 и даже 60 млн. человек. И это неслучайно. Цена победы никогда всерьёз не волновала советское общественное мнение[32], которое привыкло[33] к лозунгу: «Победа — любой ценой!».

Несмотря на огромные жертвы, многими победа Советского Союза воспринималась как чудо[34], поскольку действительно А. Гитлеру удалось создать одну из самых чудовищных и мощных во всей истории человечества машин ведения войны и опереться[35] на гигантский потенциал завоёванных стран.

Уже во второй половине 1942 г. военная экономика Советского Союза заработала как единый механизм[36], хотя страна понесла огромные

---

[26] to liberate
[27] limits, frontier, boundaries
[28] Allied troops
[29] achievement
[30] number
[31] opinions
[32] public opinion
[33] became used to, got used to
[34] miracle
[35] to depend on, lean on, be supported by
[36] united mechanism

потери в первые месяцы войны. К концу 1942 г. СССР стал выпускать[37] больше вооружений, чем Германия, а к концу войны самолётов, танков, артиллерии выпускалось в СССР больше, чем во всех странах, участвовавших в войне. В конце 1944 г. часть военных предприятий даже стали переводить на выпуск гражданской продукции.

За этими успехами скрывалось[38] чрезвычайное напряжение всех сил[39] народа: 10–12-часовой рабочий день для всех — от подростков[40] до пенсионеров[41], массовые трудовые мобилизации[42] и суровые наказания[43] за невыполнение производственных норм[44] или за выпуск недоброкачественной продукции. Жизнь в тылу[45] оказывалась часто сложнее, чем на фронте, где был хотя бы гарантированный минимум питания.

Победа обеспечивалась[46] и мощным развитием партизанского движения[47], которое в первые месяцы войны вспыхивало[48] стихийно[49]. Гитлеровцы вынуждены были снимать с фронтов огромное количество войск для борьбы с партизанами, действовавшими на оккупированных территориях.

Внутренняя политика И. Сталина была более гибкой[50], чем в предвоенные годы. Сталинизм, конечно, не трансформировался в более демократическую систему. Для поддержания порядка на фронте и в тылу использовались самые жёсткие карательные методы[51]. На фронте действовали заградительные отряды[52], расстреливавшие[53] тех, кто боялся идти в

---

[37] to produce, put out
[38] Behind every success there was...
[39] concentration of forces
[40] adolescents, teenagers
[41] retired people
[42] mobilizations of the labor force
[43] harsh punishments
[44] failure to meet the food production quotas
[45] home front
[46] provided for, secured
[47] partisan (resistance/guerilla) movement
[48] flared up, flashed
[49] spontaneously
[50] flexible
[51] harsh punitive measures
[52] mine-laying divisions
[53] See расстреливать (to execute by shooting).

79  атаку. Попавшие в плен[54] объявлялись предателями[55], а их семьи лишались
80  элементарной государственной поддержки. В тылу процветали[56]
81  доносительство[57] и аресты без убедительных причин[58]. В 1943–1944 гг. были
82  репрессированы[59] целые народы, обвинённые[60] в массовом предательстве.

83      Вместе с тем И. Сталин дал некоторую свободу русской
84  православной церкви[61], разрешив[62] избрать[63] патриарха, открыть церковные
85  учебные заведения[64]. Были расширены права союзных республик, в
86  частности, в сфере внешней политики; восстанавливалось[65] уважительное
87  отношение[66] к военным страницам российской истории.

88      Больших успехов СССР удалось добиться[67] и в области внешней
89  политики. Установились союзнические отношения с Англией и США.
90  Совместно с союзниками обсуждались и решались проблемы ведения вой-
91  ны и послевоенного переустройства[68] мира. В первые месяцы войны
92  гуманитарная и военная помощь союзников сыграла особую роль для
93  обеспечения противодействия наступлению гитлеровских войск. В ответ
94  Сталин пошёл на роспуск[69] Коминтерна[70], согласился принять участие в
95  разгроме Японии.

96      Победа над фашизмом, казалось, должна была открыть новые,
97  чрезвычайно светлые страницы в истории СССР.

А.П. Логунов

---

[54] captivity
[55] traitors
[56] flourished, bloomed
[57] practice of informing on someone
[58] compelling reasons
[59] See репрессировать (to persecute, arrest, exile).
[60] See обвинить (to accuse).
[61] Orthodox church
[62] See разрешить (to permit, allow).
[63] to elect
[64] educational institutions
[65] were restored
[66] respectful attitude
[67] to attain, achieve
[68] postwar restructuring
[69] dissolution, breaking up, dismissal
[70] Comintern, an international organization dedicated to supporting the communist movement around the world

# Глава 27    СССР в период «холодной войны»

> **Введение**
> После завершения Второй мировой войны сверхдержавы СССР и США оказались в противостоянии, на грани открытого конфликта во многих точках земного шара. Это и была «холодная война», которая на самом деле началась ещё перед концом Второй мировой войны и которая кончилась только с приходом к власти М.С. Горбачёва.

1  Совместная[1] деятельность и победа антигитлеровской коалиции во
2  Второй мировой войне создавали уникальную возможность для
3  преодоления[2] раскола[3] мира и движения к совместному решению
4  глобальных проблем социального, экономического и политического
5  развития. Однако этого не произошло

6  Недоверие[4], подозрительность[5], которые существовали между
7  западными странами и СССР до войны, оказались настолько глубокими и
8  серьёзными, что союзники[6] в борьбе с общим военным врагом — гит-
9  леровской Германией — не смогли их преодолеть в послевоенный период.

10  Как же воспринимали друг друга СССР и западные страны? Что в
11  этом восприятии мешало их сближению[7]?

12  Западные страны исходили из того[8], что в СССР установлена
13  коммунистическая диктатура, что СССР стремится к насаждению
14  коммунистических порядков[9] во всём мире, вмешивается[10] в дела других

---

[1] joint, combined
[2] overcoming
[3] split, division, fracture
[4] mistrust
[5] suspicion
[6] allies
[7] rapprochement
[8] proceeded on the assumption/premise
[9] imposition of communist ways
[10] interferes, intrudes

стран. Советский Союз воспользовался итогами[11] Второй мировой войны в своих интересах и готов продолжить агрессию. Для этого он сохраняет[12] многочисленную армию. Вся советская экономика приспособлена только к войне, а огромная масса населения[13] ничего не умеет делать — только воевать. Поэтому равные партнёрские отношения с СССР невозможны.

СССР ориентировался на то, что на Западе господствуют[14] эксплуататорские отношения, а США и их союзники стремятся распространить[15] их по всему миру. Соединённые Штаты, создав и применив[16] ядерное оружие[17], показали свою готовность к войне с СССР. Западные страны занимаются шпионажем[18] и диверсией[19], с помощью силы подавили[20] коммунистические движения в Греции и Италии, заинтересованы в скорейшем развале[21] СССР.

Подобное восприятие друг друга вело к тому, что СССР и его союзники в войне очень скоро стали воспринимать друг друга как потенциальных противников[22], между которыми, скорее всего, неизбежны открытые столкновения[23]. В результате стала выстраиваться[24] целая система международных отношений, получившая название «холодная война». Её основными принципами были следующие:

1. Разработка и реализация[25] внешнеполитической деятельности в условиях ожидания неизбежности и возможности перехода к военным способам решения политических проблем. Например, 14.12.1945 Объединённое командование США и Великобритании предусматривают возможность бомбардировок 20-ти городов СССР в случае начала военных

---

[11] sum, summary, results
[12] saves, preserves, maintains
[13] population
[14] dominate, prevail
[15] to disseminate
[16] See применить (to apply, use).
[17] atomic or nuclear weapon
[18] espionage
[19] sabotage
[20] suppressed
[21] disintegration
[22] likely/potential enemies, opponents
[23] conflicts, clashes
[24] to be set up
[25] planning and execution of a project

действий СССР против союзников. 1950–1953 гг. — Корейская война. 1956 г. — конфликт вокруг Суэцкого канала.

2. Стремление к созданию силового превосходства[26]. 12.03.1947 Гарри Трумэн формулирует доктрину «сдерживания»[27] и «отбрасывания»[28] коммунизма. 29.08.1949 СССР проводит испытание[29] ядерной бомбы. Июнь 1956 — подавление[30] народных выступлений против советской модели развития в Польше. Октябрь–ноябрь 1956 г. — подавление советскими войсками восстания в Венгрии. 1959–1961 гг. — поддержка СССР революции на Кубе.

3. Создание противостоящих военно-политических блоков. 04.04.1949 г. — создание НАТО. Май 1955 года — создание Военного блока социалистических стран — Варшавского Договора.

4. Формирование у населения «образа врага»[31]. 12.07–16.07.1947 США предлагают европейским странам помощь в восстановлении[32] экономики (план Маршалла). СССР заставляет восточноевропейские страны отказаться[33] от помощи США. 1949 г. — слияние западных зон оккупации Германии, образование ФРГ[34]. 07.10. 1949 — образование ГДР[35].

5. Введение системы искусственных ограничений для экономического и культурного сотрудничества[36] по политическим и идеологических основаниям. 05.03.1946 — Фултоновская речь Уинстона Черчилля, в которой он говорит об опасности, исходящей от СССР и необходимости установления[37] между Западом и Востоком «железного занавеса»[38].

6. Развитие шпионажа. В 1960-е–1970-е гг. события мировой войны всё больше отходили в историю, а современность диктовала свои правила

---

[26] superiority in terms of power or force
[27] restraint
[28] the throwing off, casting off
[29] test or experiment
[30] suppression
[31] image of the enemy
[32] restoration, reconstruction
[33] to refuse, decline an offer
[34] ФРГ [фэ-эр-гэ] — Федеративная Республика Германия (West Germany)
[35] ГДР [гэ-дэ-эр] — Германская Демократическая Республика (East Germany)
[36] collaboration
[37] establishment, creation
[38] iron curtain

игры́. Кри́тика ку́льта ли́чности Ста́лина в СССР и но́вая внешнеполити́ческая доктри́на XX съе́зда КПСС внача́ле породи́ли[39] наде́жду на возмо́жность сближе́ния СССР и За́пада, одна́ко фа́кторы мирово́го разви́тия оказа́лись сложне́е.

В 1960-е гг. определя́ющим[40] фа́ктором ока́зывается рост национа́льно-освободи́тельного движе́ния[41] в А́фрике, ю́го-восто́чной А́зии, Лати́нской Аме́рике, сле́дствием чего́ ста́ло обостре́ние[42] борьбы́ ме́жду СССР и США за влия́ние на стра́ны «тре́тьего ми́ра». Несмотря́ на все соглаше́ния[43] и междунаро́дные договорённости, всё ши́ре по ми́ру распространя́ется произво́дство ору́жия ма́ссового уничтоже́ния[44]. Вме́сте с тем и сторо́нникам[45] СССР и сторо́нникам За́пада прихо́дится счита́ться с ро́стом антивое́нных настрое́ний[46] в ми́ре.

К 1970-м гг. СССР и США достига́ют[47] парите́та[48] в произво́дстве и коли́честве межконтинента́льных раке́т[49]. Одна́ко разви́тие но́вых техноло́гий ведёт к удорожа́нию[50] произво́дства ору́жия, а э́то сра́зу увели́чивает разры́в ме́жду у́ровнем жи́зни населе́ния социалисти́ческих стран и у́ровнем жи́зни населе́ния за́падных стран. Коммунисти́ческая идеоло́гия вступа́ет[51] в пери́од жёсткого кри́зиса, когда́ сове́тская моде́ль разви́тия перестаёт одобря́ться[52] да́же коммунисти́ческими па́ртиями за́падных стран.

Э́ти объекти́вные фа́кторы тре́бовали по́иска[53] адеква́тных форм реаги́рования на скла́дывающуюся[54] междунаро́дную ситуа́цию. Отве́ты полити́ческого руково́дства СССР и ли́деров за́падных стран ча́сто ока́зывались весьма́ противоречи́выми.

---

[39] gave rise to
[40] See определя́ть (to determine).
[41] national liberation movement
[42] intensification, sharpening
[43] agreement
[44] weapons of mass destruction
[45] supporters, proponents
[46] antiwar sentiments
[47] to achieve, attain
[48] parity
[49] intercontinental missiles
[50] increase in cost
[51] enters
[52] to be approved
[53] search
[54] See скла́дываться (to form, take shape).

Во-пе́рвых, по-пре́жнему фа́ктор взаи́много недове́рия игра́л определя́ющую роль, поэ́тому и СССР и За́пад исходи́ли из опо́ры[55] пре́жде всего́ на силовы́е приорите́ты в реше́нии встаю́щих пе́ред ни́ми пробле́м. Во-вторы́х, ка́ждая из сторо́н пыта́лась[56] всеме́рно расширя́ть фронт сою́зников, привлека́ть на свою́ сто́рону как мо́жно бо́льше други́х стран, по́льзуясь для э́того всевозмо́жными сре́дствами. Одновре́менно ка́ждая из сторо́н пыта́лась создава́ть вражде́бные отноше́ния ме́жду свои́м проти́вником и други́ми стра́нами. В-тре́тьих, всё бо́лее заме́тным станови́лось отстава́ние[57] СССР от дости́гнутых в за́падных стра́нах станда́ртов не то́лько в о́бласти эконо́мики, но и в о́бласти прав и свобо́д люде́й. Э́то приводи́ло к тому́, что За́пад всё ме́ньше ве́рил завере́ниям[58] полити́ческого руково́дства СССР, а полити́ческое руково́дство СССР станови́лось на путь изоляциони́зма, пыта́ясь предотврати́ть[59] за́падное влия́ние и́ли суще́ственно уме́ньшить[60] его́.

В усло́виях ухудше́ния[61] экономи́ческой ситуа́ции в СССР э́то вело́ к кра́йне негати́вным после́дствиям. Одна́ко и за́падным стра́нам приходи́лось ча́сто принима́ть неэффекти́вные реше́ния в о́бласти эконо́мики в це́лях усиле́ния свое́й вое́нной мо́щи.

А.П. Логуно́в

---

[55] support, foundation
[56] attempted, tried
[57] lagging behind
[58] assurances, guarantees
[59] to prevent
[60] to reduce
[61] worsening, deterioration

# Глава 28    Н.С. Хрущёв и «оттепель»

> **Введение**
>
> После смерти И.В. Сталина к власти пришёл Н.С. Хрущёв с программой «десталинизации». Эта программа оказала огромное влияние на все сферы жизни советского общества и привела к необратимым изменениям в общественной и политической областях. На XX съезде КПСС (1956) Н.С. Хрущёв осудил «культ личности» Сталина: это был решающий шаг в процессе «десталинизации». В истории СССР период 1953–1964 гг. получил название «оттепель».

1  Смерть И.В. Сталина, как это часто бывает при любом диктаторском
2  режиме, абсолютному большинству населения страны казалась совершенно
3  невероятной и невозможной. Поэтому миллионы людей восприняли её как
4  личную трагедию и личную катастрофу. По-иному[1] реагировало ближайшее
5  окружение[2] И.В. Сталина. Едва ли не у постели умирающего диктатора
6  начались первые схватки за власть[3].

7  Наиболее сильными фигурами и претендентами на власть в высшей
8  политической элите были Георгий Маленков и Лаврентий Берия. Один был
9  чрезвычайно влиятельным[4] среди партийной и государственной бюро-
10 кратии, другой обладал[5] реальным контролем над органами безопасности и
11 милиции. Никита Сергеевич Хрущёв на их фоне[6] выглядел[7] достаточно
12 малозначительной фигурой и внешне никогда не проявлял[8] своих
13 претензий[9] на лидерство. Именно это обстоятельство и позволило[10] ему
14 выиграть борьбу за власть. В начале он сумел объединиться с Г.М.

---

[1] differently, in a different way
[2] closest circle, entourage
[3] power struggles
[4] influential
[5] possessed
[6] background; на фоне—against the background
[7] appeared, looked
[8] demonstrated, made manifest
[9] claims
[10] allowed, permitted

Маленковым, Н.А. Булганиным, В.М. Молотовым, привлечь[11] на свою сторону военных и расправиться[12] с Л.П. Берией, которого боялись все члены высшего руководства. Затем он сумел объединить вокруг себя противников Г.М. Маленкова и отстранить его от власти[13]. Л.П. Берия в этой политической игре стал практически последней жертвой сталинской традиции. Он был осуждён[14] за шпионаж тайным судом и расстрелян, не имея никаких шансов для своей защиты.

Однако даже сама партийная элита была заинтересована в том, чтобы вырваться[15] за рамки сталинской системы, которая никому — ни министру, ни рабочему — не гарантировала безопасности.

С 1954 г. начинают работу созданные по прямой инициативе Н.С. Хрущёва центральные и местные комиссии по пересмотру[16] дел лиц, репрессированных в годы правления И.В. Сталина. Эта работа ведётся достаточно скрыто, из боязни[17] растревожить[18] общественное мнение[19]. Н.С. Хрущёв же идёт дальше, чем можно было предположить[20]. Он выносит обсуждение[21] вопроса о культе личности[22] И.В. Сталина на высший партийный форум — XX съезд КПСС (1956). Его доклад произвёл шокирующее воздействие[23] не только приведёнными данными, но скорее тем, что об этом заговорили публично, на съезде, хотя и на закрытом совещании[24].

Подобный шаг[25] не мог не иметь далеко идущих последствий[26]. Кроме реабилитации[27] отдельных лиц[28], уже в 1957 г. были восстановлены в

---

[11] to attract
[12] to destroy opponents
[13] to remove from a position of power
[14] See осудить (to condemn).
[15] to break through
[16] review
[17] fear
[18] to alarm, agitate
[19] public opinion
[20] to suppose, assume
[21] carries out a public discussion
[22] personality cult
[23] made a shocking impression
[24] closed session
[25] similar step
[26] to have far-reaching consequences (*idiom*)
[27] rehabilitation, retroactive reversal of charges

своих правах незаконно репрессированные народы: балкарцы, чеченцы, ингуши, калмыки, карачаевцы — с восстановлением их автономий. Не были, однако, восстановлены автономии крымских татар и немцев Поволжья. Самым смелым[29] и невероятным стало, наверное, исключение из Уголовного кодекса[30] статьи об ответственности[31] за политические преступления[32], то есть той статьи, на основании которой и проводились массовые репрессии.

Осуждение[33] культа личности, тем не менее, не было глубоким и последовательным. В решениях съезда, а затем и в последовавших за ним Постановлениях[34] ЦК КПСС[35] ставятся жёсткие пределы и ограничения возможностям критического переосмысления прошлого.

Не менее радикальные, с точки зрения советских граждан, изменения происходили и в социальной сфере. В 1956 г. была сокращена рабочая неделя, стало проводиться поэтапное повышение заработной платы, был принят самый прогрессивный в мире закон о пенсиях. В 1964 г. впервые было введено пенсионное обеспечение[36] колхозников. Сдвинулось с мёртвой точки[37] решение жилищной проблемы[38]. В 1960-е гг. СССР вышел на первое место в мире по строительству квартир на 1 тыс. жителей. Такое внимание к социальным проблемам было удивительным для страны, в которой все силы и средства всегда направлялись на развитие военно-промышленного комплекса.

Но и в сфере тяжёлой промышленности[39] было сделано немало. Началось развитие наиболее передовых по тому времени отраслей[40]: химической промышленности и атомной энергетики[41]. СССР выигрывал

---

[28] individuals
[29] brave, courageous
[30] Criminal code
[31] responsibility
[32] political crimes
[33] criticism, condemnation
[34] resolutions, decrees
[35] ЦК КПСС [це-ка ка-пэ-эс-эс]—Central Committee of the Communist Party of the Soviet Union
[36] social security, guarantee of pension
[37] moved from a standstill
[38] housing shortage
[39] heavy industry
[40] sectors (of the economy)
[41] atomic energy sector

негласное соревнование⁴² с США в освоении космического пространства⁴³. В 1957 г. был осуществлён запуск первого искусственного спутника⁴⁴ Земли, а в 1961 г. Юрий Гагарин осуществил первый космический полёт⁴⁵.

Значительно улучшились отношения СССР с зарубежными⁴⁶ странами. Были заключены принципиальные договоры между СССР, США и Англией об ограничении ядерных испытаний⁴⁷. Поездка Н.С. Хрущёва в США позволила ему завоевать симпатии многих американцев. Это, однако, не означало окончания «холодной войны», тем более что советское правительство нередко выступало во внешней политике с силовых позиций. Советскими войсками было подавлено антикоммунистическое восстание⁴⁸ в Венгрии (1956), санкционировано строительство Берлинской стены (1961), размещены ракеты⁴⁹ на Кубе (1962). И всё же потепление⁵⁰ международных отношений было реальным фактом.

В этой ситуации чувство эйфории⁵¹ подталкивало⁵² руководство к принятию и авантюристических решений. В 1961 г. была принята Третья программа КПСС, ставившая целью построение коммунизма в течение ближайших 20 лет.

Однако положение дел в сельском хозяйстве⁵³ по-прежнему оставалось крайне тяжёлым. Чтобы остановить угрозу голода⁵⁴, СССР пошёл на беспрецедентный шаг — массовое освоение целинных и залежных земель⁵⁵ на востоке страны. Это дало⁵⁶ эффект, но весьма кратковременный. Нерезультативными оказались и попытки вывести сельское хозяйство на новый уровень за счёт массового внедрения кукурузы⁵⁷. В начале 60-х гг.

---

⁴² competition, contest
⁴³ development of outer space
⁴⁴ artificial satellite
⁴⁵ space flight
⁴⁶ foreign
⁴⁷ restriction of nuclear weapons testing
⁴⁸ anticommunist uprising
⁴⁹ missiles
⁵⁰ warming, relaxing, easing
⁵¹ euphoria
⁵² pushed towards, urged on
⁵³ agriculture
⁵⁴ threat of famine
⁵⁵ widespread cultivation of virgin and fallow lands
⁵⁶ Дало is also possible.
⁵⁷ widespread cultivation of corn

ряд засу́шливых лет[58] вновь привёл к обостре́нию[59] продово́льственной пробле́мы. Гла́вное определя́лось тем, что само́ колхо́зно-совхо́зное[60] произво́дство остава́лось неэффекти́вным. Одна́ко э́того фа́кта ни Н.С. Хрущёв, ни его́ окруже́ние не хоте́ли признава́ть.

Н.С. Хрущёв попыта́лся реформи́ровать и систе́му управле́ния, передава́я ряд фу́нкций на места́, заменя́я отраслево́й[61] при́нцип управле́ния региона́льным, распространя́я демократи́ческие но́рмы да́же на парти́йную структу́ру. Э́ти шаги́ бо́лее всего́ испуга́ли парти́йную бюрокра́тию. Про́тив Н.С. Хрущёва сформирова́лся за́говор[62], кото́рый возгла́вил[63] второ́й челове́к в па́ртии — Леони́д Ильи́ч Бре́жнев.

Да́же са́мые пе́рвые шаги́ по десталиниза́ции бы́ли воспри́няты с огро́мным воодушевле́нием[64] большинство́м населе́ния страны́. Появи́лись но́вые направле́ния в литерату́ре и кинемато́графе, наибо́лее ма́ссовых и зна́чимых для культу́рной жи́зни страны́ сфе́рах. Влади́мир Дуди́нцев, Валенти́н Ове́чкин, Бе́лла Ахмаду́лина, Евге́ний Евтуше́нко, Леони́д Марты́нов заговори́ли с чита́телем о пробле́мах реа́льного челове́ка. Фи́льмы «Летя́т журавли́» (1957, режиссёр[65] Михаи́л Калато́зов), «Со́рок пе́рвый» (1956, режиссёр Григо́рий Чухра́й), «Балла́да о солда́те» (1959, режиссёр Г. Чухра́й) взорва́ли[66] представле́ние о возмо́жностях и перспекти́вах[67] оте́чественного кинемато́графа. Бы́ли реабилити́рованы Ю́рий Тыня́нов, Михаи́л Булга́ков, Исаа́к Ба́бель. Оле́г Ефре́мов со свои́ми това́рищами со́здал[68] принципиа́льно но́вый теа́тр 60-х гг. с совреме́нной эсте́тикой и совреме́нным геро́ем. Всё э́то подгото́вило атмосфе́ру, в кото́рой появи́лись эта́пные для национа́льного самосозна́ния[69] произ-

---

[58] years of drought
[59] intensification
[60] Колхо́з (коллекти́вное хозя́йство)—farming collective owned by the collective in which workers (peasants) lack social guarantees (pension, vacation) and a stable salary. Совхо́з (сове́тское хозя́йство)—farming collective owned by the state in which workers (peasants) earn a stable salary.
[61] related to a particular branch or field (see о́трасль).
[62] conspiracy, plot
[63] headed, led
[64] inspiration, enthusiasm, fervor
[65] director, filmmaker
[66] exploded
[67] prospects
[68] Созда́л is also possible.
[69] national consciousness

ведения Александра Твардовского «За далью — даль» (1953–1960), а затем и Александра Солженицына «Один день Ивана Денисовича» (1962).

Нельзя, однако, не сказать и о том, что атмосфера «оттепели»[70], как образно назвал эти годы Илья Эренбург, не вполне растопила[71] холод социалистического реализма или разбила оковы[72] партийного руководства культурой. Сохранились и цензура[73], и погромная критика[74] авторов, и прямые запреты[75] на свободу творческой деятельности. Однако зерно[76] надежды воспитало целое поколение «шестидесятников»[77], которые сыграют особую роль в моральном преодолении[78] советского тоталитаризма в годы перестройки.

А.П. Логунов

---

[70] thaw
[71] warmed up, thawed
[72] fetters, chains, bondage
[73] censorship
[74] harsh criticism (that is compared to pogroms)
[75] prohibitions
[76] grain
[77] someone who was a politically active young adult in the 1960s
[78] overcoming

# Глава 29   Брежневская эпоха: «время застоя»

> **Введение**
> С 1964 года по 1982 год на вершине власти в Советском Союзе стоял Л.И. Брежнев. Решая многочисленные экономические и политические проблемы как внутри страны, так и в области международных отношений, правительство Л.И. Брежнева старалось сохранить превыше всего стабильность. Этот период в истории России известен под названием «время застоя».

1  Период правления Леонида Ильича Брежнева (1964–1982) носит
2  самые различные названия: «время застоя[1]», «золотой век партийной
3  номенклатуры[2]», «период стабильности», «годы разрядки напряжённости[3]».
4  Какие же смыслы скрываются за этими определениями?

5  Отстранение от власти[4] Н.С. Хрущёва его ближайшими соратниками[5]
6  стало результатом глубокого недовольства правящей в СССР партийной
7  бюрократии, результатом неуверенности в собственном положении.

8  Непродуманность реформ, частые управленческие изменения,
9  эмоциональность и непоследовательность принимаемых решений
10 вызывали страх и раздражение у партийной элиты. При этом особое
11 опасение[6] вызывали периодические попытки Н.С. Хрущёва использовать
12 демократические нормы и процедуры в решении политических проблем.
13 Так, например, Н.С. Хрущёв добился введения[7] в Устав КПСС[8] следующих
14 положений[9]: ограничение сроков[10] пребывания партийных руководителей

---

[1] stagnation
[2] party nomenclature
[3] defusing of tension, détente
[4] removal from power
[5] closest supporters (in this context)
[6] concern, worry
[7] introduction, inclusion
[8] Charter of the Communist Party of the Soviet Union
[9] regulations
[10] term limits

на свои́х поста́х (не бо́лее 3 сро́ков, то есть 12 лет) и рота́ция руководя́щих о́рганов. В усло́виях, когда́ всё материа́льное и социа́льное благополу́чие[11] парти́йной эли́ты зави́село[12] исключи́тельно от занима́емого поста́, э́то воспринима́лось как реа́льная угро́за бу́дущему и своему́, и свои́х дете́й.

Л.И. Бре́жнев в пе́рвую о́чередь и обеспе́чил[13] гара́нтии стаби́льности существова́ния номенклату́ры. Уже́ в 1966 г. все ограниче́ния бы́ли сня́ты. Бо́лее того́, пози́ции парти́йного аппара́та[14] заме́тно уси́лились[15]. По́лностью контроли́руя проце́сс формирова́ния сло́я управле́нцев[16], парти́йная бюрокра́тия в це́нтре и на места́х получи́ла возмо́жность обеспе́чивать переда́чу должносте́й практи́чески по насле́дству[17]. Сам Бре́жнев подава́л в э́том приме́р своему́ окруже́нию и всей стране́: его́ зять[18] и сын бы́ли замести́телями мини́стров[19], ли́чные друзья́[20] — вы́сшими парти́йными и госуда́рственными функционе́рами (Н.А. Ти́хонов, К.У. Черне́нко). По подо́бному образцу́ формирова́лись и руководя́щие ка́дры в респу́бликах, края́х и областя́х. С середи́ны 1970-х гг. на́чал формирова́ться и культ ли́чности самого́ Бре́жнева, кото́рому благода́рная номенклату́ра позво́лила совмести́ть[21] посты́ Генера́льного секретаря́ па́ртии и Председа́теля Президи́ума Верхо́вного Сове́та СССР. Бре́жнева бесконе́чно награжда́ли[22] са́мыми высо́кими зна́ками отли́чия и привиле́гиями.

Укрепля́я[23] со́бственные пози́ции, сове́тская парти́йная эли́та вы́нуждена была́ отвеча́ть и на вы́зовы[24] вре́мени. Одна́ко, чем бо́лее про́чным и стаби́льным ока́зывалось положе́ние парти́йно-госуда́рственной верху́шки[25], тем ме́нее результати́вными бы́ли принима́емые реше́ния. Страна́ нужда́лась в глубо́кой модерниза́ции произво́дства, перестро́йке систе́мы управле́ния и измене́нии структу́ры произво́дства. Сове́тская

---

[11] prosperity
[12] depended
[13] secured, provided
[14] party apparatus
[15] strengthened, was strengthened
[16] managers in the Soviet context appointed by the Communist Party
[17] heredity, inheritance
[18] son-in-law
[19] deputy ministers
[20] personal friends
[21] to combine
[22] awarded
[23] See укрепля́ть (to strengthen).
[24] challenges
[25] party higher-ups

## Глава 29 • Время застоя

система, сложи́вшаяся[26] в 1930-е–1940-е гг., давно́ переста́ла быть эффекти́вной. И здесь возника́ло объекти́вное противоре́чие[27]: е́сли проводи́ть радика́льные преобразова́ния[28], то невозмо́жно бу́дет гаранти́ровать стаби́льность бюрокра́тии; е́сли гаранти́ровать стаби́льность, то бу́дет нараста́ть отстава́ние[29] от реа́льных вы́зовов вре́мени. Бре́жневское руково́дство избра́ло путь сохране́ния стаби́льности.

Определённые иллю́зии у старе́ющего сове́тского руково́дства подде́рживались[30] благодаря́ благоприя́тному стече́нию вне́шних обстоя́тельств[31]. На протяже́нии почти́ всех 1970-х гг. сохраня́лись[32] высо́кие це́ны на нефть, и за́падные стра́ны бы́ли заинтересо́ваны в сохране́нии хоро́ших отноше́ний с СССР. Дополни́тельным и́мпульсом служи́ла сло́жная ситуа́ция в США, вы́званная неуда́чами войны́ во Вьетна́ме. США рассчи́тывали на определённое понима́ние со стороны́ СССР, что́бы вы́йти из войны́ с наиме́ньшими поте́рями[33].

Поэ́тому в 1972–1974 гг. СССР удало́сь заключи́ть с США ряд принципиа́льных догово́ров: об ограниче́нии систе́м противоракéтной оборо́ны[34], об ограниче́нии стратеги́ческих наступа́тельных вооруже́ний[35], о предотвраще́нии я́дерной войны́, об ограниче́нии подзе́мных испыта́ний я́дерного ору́жия[36] и др. Одновре́менно бы́ли подпи́саны[37] догово́ры между СССР, ФРГ, По́льшей и Чехослова́кией, урегули́ровавшие пробле́мы территориа́льных грани́ц, а между СССР, США, Фра́нцией и Великобрита́нией — догово́ры по За́падному Берли́ну. Са́мым же кру́пным собы́тием э́того пери́ода ста́ло проведе́ние в а́вгусте 1975 г. Совеща́ния глав прави́тельств 33 европе́йских стран, США и Кана́ды, в результа́те кото́рого был подпи́сан догово́р о при́нципах безопа́сности и сотру́дничества.

---

[26] See сложи́ться (to turn out, be shaped).
[27] contradiction
[28] transformations
[29] lagging behind
[30] were supported
[31] confluence of circumstances
[32] were saved, preserved, maintained
[33] losses
[34] antimissile defense
[35] strategic offensive missiles
[36] underground testing of nuclear weapons
[37] See подписа́ть (to sign).

Ситуа́ция на вне́шней аре́не ре́зко обостри́лась[38] по́сле введе́ния в 1979 г. сове́тских войск в Афганиста́н. За́падные стра́ны восприня́ли э́то как акт прямо́й агре́ссии со стороны́ Сове́тского Сою́за. В отве́т на модерниза́цию сове́тских раке́т, размещённых в стра́нах Варша́вского догово́ра, за́падно-европе́йские прави́тельства размести́ли америка́нские раке́ты сре́дней да́льности[39] на европе́йском контине́нте.

Обостре́ние в отноше́ниях ме́жду СССР и за́падным ми́ром уси́лилось по́сле прихо́да к вла́сти в США президе́нта Ро́нальда Ре́йгана. Америка́нский президе́нт испо́льзовал все си́лы для давле́ния[40] на Сове́тский Сою́з, объяви́в его́ «импе́рией зла»[41]. Им была́ сформули́рована доктри́на «ограни́ченной я́дерной войны́»[42] и вы́двинуты[43] иде́и о разрабо́тке принципиа́льно но́вого косми́ческого ору́жия[44]. Руково́дство СССР отве́тило но́вым увеличе́нием[45] вложе́ний[46] в вое́нно-промы́шленный ко́мплекс[47]. Одна́ко экономи́ческие возмо́жности СССР и США уже́ ока́зывались малосопостави́мыми[48]. В результа́те сове́тской эконо́мике был нанесён мо́щный уда́р, опра́виться[49] от кото́рого она́ уже́ не могла́. Экономи́ческая ситуа́ция ста́ла осложня́ться[50] столь бы́стро, что в СССР в 1982 г. вы́нуждены бы́ли принима́ть специа́льную «Продово́льственную програ́мму», что́бы избежа́ть угро́зы масшта́бного продово́льственного кри́зиса.

Полити́ческие и экономи́ческие пробле́мы осложня́лись ухудше́нием мора́льно-нра́вственной атмосфе́ры в СССР. С по́мощью чрезвыча́йно жёстких мер подде́рживалось вне́шнее единоду́шие[51] и солида́рность всего́ наро́да, его́ уве́ренность в социали́зме и коммунисти́ческой перспекти́ве.

---

[38] intensified, sharpened
[39] medium-range missiles
[40] pressure
[41] the evil empire
[42] limited nuclear war
[43] See вы́двинуть (to put forward, nominate).
[44] weapons in space
[45] increase
[46] investment
[47] military-industrial complex
[48] hard to compare, unequal
[49] to recover
[50] to become more complicated
[51] unanimity

Однако это единодушие было показным[52] и формальным. Внутри развивались очень непростые процессы.

Новые технологические возможности, учащение[53] контактов с западными странами наполняли[54] страну информацией о том, насколько лучше и эффективнее организована жизнь на Западе. Поколения[55], выросшие после Второй мировой войны, оказывались особенно восприимчивыми к подобной информации. Запад побеждал коммунизм в сознании[56] советских людей демонстрацией более привлекательной модели образа жизни.

Одновременно распространялась негативная информация о моральном разложении[57] партийно-государственной верхушки в СССР. Переживая сложности с обеспечением элементарно необходимыми продуктами, население особенно болезненно[58] реагировало на строительство элитных домов, работу специальных магазинов, особое медицинское обслуживание[59] для партийной элиты.

Набирало силу и диссидентское движение[60] в СССР. Правозащитная деятельность[61] Андрея Сахарова, критика реалий коммунизма Александром Солженицыным, протестные акции правозащитников в Москве, Литве, Армении и на Украине[62] находили молчаливую поддержку и одобрение[63] среди интеллигенции.

К началу 1980-х гг. СССР вступил в полосу глубокого внутреннего кризиса.

А.П. Логунов

---

[52] just for show
[53] becoming more frequent
[54] filled
[55] generations
[56] consciousness
[57] decay
[58] painfully
[59] medical care
[60] dissident movement
[61] activities dedicated to defending people's rights
[62] The form в Украйне also is used in modern political discourse.
[63] approval

# Глава 30    Самиздат и тамиздат

> **Введение**
> После смерти И.В. Сталина контроль над культурой в СССР слегка ослаб, и советские граждане стали получать больше информации о жизни на Западе. В связи с этим возникли новые культурные явления, в том числе неофициальные издания в самом СССР и за его пределами: самиздат и тамиздат. Через самиздат и тамиздат новые голоса и старые, запрещённые и почти забытые были впервые услышаны в Советском Союзе.

1  Самиздат и тамиздат — под этими понятиями следует понимать весь
2  спектр явлений неофициальной культуры и искусства в СССР, начиная с
3  середины 1950-х гг. до эпохи перестройки[1] и гласности[2]. Речь идёт о модели
4  культуры, возникшей благодаря существовавшему идеологическому и
5  административному давлению[3] и контролю со стороны государства, что
6  приводило к формированию различных творческих позиций художников и
7  литераторов. Одни избирали непримиримую, диссидентскую позицию,
8  другие — гибкие, своего рода компромиссные ходы. На волне послаблений[4]
9  «оттепели»[5], начавшейся в период правления Н.С. Хрущёва, со второй
10 половины 1950-х гг. происходит формирование культуры самиздата[6],
11 выразившейся в появлении новых веяний[7] в литературе и искусстве,
12 сравнимых с теми процессами, что происходили на Западе.
13 Причины возникновения[8] неофициальной культуры следующие:
14 процессы либерализации советского общества сделали возможным
15 появление нового поколения людей, готовых творить[9] без оглядки[10] на

---

[1] restructuring
[2] openness
[3] pressure
[4] loosening control, giving a little freedom
[5] thaw
[6] samizdat: self-publication (unofficial or underground publication, usually considered illegal in the Soviet context)
[7] trends, signs, or portents
[8] appearance (of a new phenomenon)
[9] to create

существующие жёсткие каноны нормативной эстетики; приоткрывшийся «железный занавес» обеспечил поступление информации о современном западном искусстве и литературе; восстанавливалась прерванная[11] связь с русским авангардом, поэтами и художниками «серебряного века»[12]. После 1968 г. начался новый виток политической реакции[13]. Именно в эпоху застоя[14] (1970–80-е гг.) сложилась культура андеграунда, выразившаяся в существовании камерных литературных и художественных объединений[15] и групп, в выходе самиздатовской печати и в эмиграции из страны, которая сопровождалась насильственной высылкой[16] самых неудобных и скандальных фигур.

С 1956 г. заграничные издательства[17] (например, издательство «Посев», выпускавшее журнал «Грани», основанный эмигрантами второй волны) начинают публиковать советских авторов, многие из которых были вполне официальными писателями (Евгений Евтушенко, Юрий Казаков, Юрий Нагибин, Анатолий Приставкин). Большинство советских авторов, публиковавшихся в самиздате, не были людьми ярко выраженного диссидентского сознания[18], речь идёт о формировании альтернативного поля культуры, имеющего прежде всего художественную подоплёку[19] и ценность. Процессы политизации сознания развивались постепенно[20], чему способствовали своего рода знаковые события, ускорившие самоидентификацию советского интеллигента в 50–70-е гг.: от присуждения нобелевской премии Борису Пастернаку (с последующим его отказом) до ввода советских войск в Чехословакию в 1968 г.

Последняя точка «оттепели» — 1962 г., когда был опубликован «Один день Ивана Денисовича». Начинаются гонения на поэтов, писателей, композиторов и художников, чьё творчество представляется уже опасным для идеологии, нежелающей отдавать господствующие[21] позиции в

---

[10] without concern for something
[11] See прервать (to interrupt).
[12] Silver Age (1900–1920s) in the history of Russian culture
[13] another round of political reaction
[14] stagnation
[15] small (chamber-sized) literary and artistic groups
[16] forced emigration, exile, banishment
[17] foreign publishing houses
[18] consciousness
[19] hidden motive, underlying reason
[20] gradually
[21] See господствовать (to dominate, to prevail).

проведе́нии свое́й культу́рной ли́нии. В изобрази́тельном иску́сстве коне́ц «о́ттепели» обозна́чен[22] ре́зким разгро́мным[23] выступле́нием Н.С. Хрущёва на вы́ставке 1962 г. в Моско́вском Мане́же, где бы́ли предста́влены аванга́рдные рабо́ты. В 1964 г. состоя́лся суд над поэ́том «тунея́дцем»[24] (как писа́ли газе́ты) Ио́сифом Бро́дским, в 1966 г. – суд над писа́телями Андре́ем Синя́вским и Ю́лием Даниэ́лем, в 1969 г. – Алекса́ндр Солжени́цын был исключён[25] из Сою́за писа́телей и в 1971 г. вы́слан из СССР, в 1972 г. вы́нудили уе́хать и И. Бро́дского. В 1970-е го́ды та́кже вы́нуждены[26] бы́ли эмигри́ровать Михаи́л Шемя́кин, Андре́й Тарко́вский, Алекса́ндр Га́лич.

Постепе́нно оформля́ется диссиде́нтское движе́ние[27], появля́ется иску́сство андегра́унда, противостоя́щее администри́рованию и официо́зу[28], мно́гие де́ятели культу́ры[29] ока́зываются в так называ́емой «вну́тренней эмигра́ции»[30]. Невозмо́жность публикова́ться, печа́тать запрещённые цензу́рой[31] ве́щи порожда́ет «самизда́т» – противополо́жность «госизда́ту»[32]. Культу́ра андегра́унда многосло́йна[33] — она́ вся была́ прони́зана борьбо́й за свобо́ду тво́рчества, и, в то же вре́мя, её маргина́льное подпо́льное существова́ние[34] не́ было столь закры́тым, изоли́рованным – от шести́десятых к восьмидеся́тым движе́ние контркульту́ры[35] набира́ло си́лу, всле́дствие чего возника́ет возмо́жность полуофициа́льного существова́ния, баланси́рования на гра́ни запре́та.

В среде́ андегра́унда разраба́тываются иде́и и откры́тия ру́сского аванга́рда, европе́йской жи́вописи рубежа́ веко́в[36], а та́кже возника́ют явле́ния во мно́гом паралле́льные, схо́дные с за́падной культу́рой того́

---

[22] See обозна́чить (to mark, signify, denote).
[23] crushing
[24] parasite (Soviet legal term for person who does not hold an officially registered job)
[25] See исключи́ть (to exclude, expel).
[26] See вынужда́ть/вы́нудить (to compel, force).
[27] dissident movement
[28] highly official art or language
[29] cultural figures
[30] internal emigration—having emigrated from the USSR in one's heart, but physically remaining there
[31] censorship
[32] state (official) publication
[33] multilayered
[34] underground existence
[35] counterculture
[36] turn of the century

времени: соцарт[37] (пародирование[38] и ироническое цитирование советских эмблем и знаков, идеологических клише[39]), как вариант поп-арта; московский концептуализм, неоэкспрессионизм, хеппининг[40] и др.

Центрами неофициальной культуры самиздата становятся Москва и Ленинград, где формируются замкнутые сообщества[41] художников и поэтов, издающих машинописные журналы[42] и сборники. Наиболее значимыми изданиями были журналы «Синтаксис» (1959–1960, Москва), «Поиски» (1978–1980 гг., Москва), «37» (1970-е гг., Ленинград), «Часы» (1980-е гг., Ленинград), «Обводный канал» (1981–1991 гг., Ленинград), «Митин журнал» (1980-е гг., Ленинград). Различия[43] между самиздатом Москвы и Ленинграда были в том, что ленинградские издания выходили параллельно официальным «толстым» журналам, в Москве же, где граница между госизданиями и подцензурной печатью[44] была более растяжимой[45] и возможности публикации были шире, потребности[46] в существовании постоянно выходившей самиздатовской периодики не было. Это хорошо видно на примере с выпуском альманаха «Метрополь» (Москва, 1982 г.). Во второй половине 1970-х гг. благодаря русской эмиграции были организованы издания, публиковавшие неофициальных советских авторов: «Ковчег», «Эхо», «А — Я» и др. Активную роль в этом процессе сыграли Андрей Синявский, Владимир Буковский, Лев Копелев. Так, наравне с самиздатом утверждает[47] себя и тамиздат[48], ставший проводником русской литературы на Западе.

Граница между неподцензурной[49] и подцензурной печатью зачастую проходила не по линии политического противостояния, а по линии внут-

---

[37] name of underground art that satirized socialist realism
[38] parodying
[39] cliché
[40] happening (as an art form)
[41] closed societies/circles
[42] typewritten magazines or journals, i.e., produced on a typewriter, not published by a publishing house
[43] distinction, difference
[44] publications that have been published officially and thus are subject to censorship, publications that have been censored
[45] here: loose, imprecise
[46] demands, need
[47] establishes itself, becomes a presence
[48] tamizdat: publication abroad (over there—там)
[49] underground publications not subject to censorship

реннего сопротивления[50] и возможности и необходимости отстаивания своей частной, факультативной позиции[51]. Поэтому приоритетными ценностями в среде неофициальной культуры становится индивидуальное, приватное бытие литературы и искусства. Неслучайно[52] героем знаменитых «альбомов» Ильи Кабакова становится «маленький человек» — один из главных персонажей русской литературы XIX-ого века, подтверждая тем самым, что при всём своём гуманистическом измерении[53] неофициальное сообщество было пронизано духом разочарования[54]. Но именно это и придало[55] этой культуре черты внутреннего драматизма и экзистенциальной наполненности, способность разглядеть[56] те стороны жизни и творчества, которые, будучи высказанными публично, на языке официального искусства, теряли свою сокровенную[57] значимость.

Таким образом, за время существования самиздата и тамиздата была сформирована культура, сыгравшая значительную роль в формировании современных либеральных ценностей российской интеллигенции.

Г.Ю. Ершов

---

[50] internal resistance
[51] fighting for one's own position, not conceding
[52] not by accident, by design
[53] dimension
[54] disappointment
[55] Придало is also possible.
[56] to scrutinize
[57] secret, concealed

# Глава́ 31    Сове́тская исто́рия 1980-х гг.

> **Введе́ние**
> По́сле сме́рти Л.И. Бре́жнева Сове́тскому Сою́зу предстоя́ло реши́ть мно́гие серьёзные пробле́мы. В то вре́мя как в страну́ поступа́ло всё бо́льше и бо́льше информа́ции о жи́зни на За́паде, усло́вия жи́зни в само́м Сове́тском Сою́зе продолжа́ли ухудша́ться. Сове́тские гра́ждане начина́ли понима́ть, что в за́падных стра́нах лю́ди по́льзуются свобо́дами и права́ми, о кото́рых и ре́чи не могло́ быть в Сове́тском Сою́зе. К тому́ же станови́лось я́сно, что невозмо́жно вкла́дывать в го́нку вооруже́ний сто́лько ресу́рсов, ско́лько вкла́дывалось ра́ньше. В э́то вре́мя к вла́сти пришёл Михаи́л Серге́евич Горбачёв.

1   Уже́ в после́дние го́ды правле́ния Л.И. Бре́жнева необходи́мость про-
2   веде́ния рефо́рм[1] в СССР была́ очеви́дной как для большинства́ населе́ния[2]
3   страны́, так и для вне́шнего ми́ра[3]. Одна́ко полити́ческая власть в Росси́и
4   игра́ет соверше́нно осо́бую роль. В то вре́мя как в стра́нах За́падной Евро́пы
5   и Се́верной Аме́рики уже́ бо́лее трёх столе́тий наряду́ с госуда́рственной
6   вла́стью существу́ет гражда́нское о́бщество[4], ограни́чивающее[5] власть и кон-
7   троли́рующее власть, в Росси́и к концу́ XX ве́ка не существова́ло ни
8   гражда́нского о́бщества, ни развито́го обще́ственного мне́ния[6]. Э́то приво-
9   дит к тому́, что от вла́сти чрезвыча́йно мно́гое зави́сит[7]: власть иниции́рует
10  рефо́рмы и́ли прово́дит контррефо́рмы, спосо́бствует[8] демократиза́ции и́ли
11  препя́тствует[9] ей. Прее́мники[10] Л.И. Бре́жнева по-сво́ему пыта́лись[11] реаги́-
12  ровать на вы́зовы вре́мени.

---

[1] implementation of reforms
[2] population
[3] world beyond Soviet borders
[4] civil society
[5] See ограни́чивать (to limit or restrict).
[6] public opinion
[7] depends
[8] facilitates
[9] hinders, thwarts
[10] successors
[11] attempted

После смерти Л.И. Брежнева, в ноябре 1982 г., пост Генерального секретаря Центрального Комитета КПСС занял Юрий Андропов, бывший руководитель всесильного Комитета государственной безопасности (КГБ). Он прекрасно осознавал[12] всю сложность ситуации, в которой оказался СССР. Решать вставшие проблемы Ю.В. Андропов начал с «наведения порядка[13] в стране». Под этим подразумевалось[14]: укрепление[15] дисциплины на производстве, борьба с коррупцией, смена[16] наиболее дискредитировавших[17] себя кадров. В международной политике он избрал достаточно жёсткую линию взаимодействия с Западом. Советская власть вновь пыталась продемонстрировать свою силу. Но ресурс «страха» как способа мобилизации масс тоже имел свой пределы[18]. Тем более что решительные действия Ю.В. Андропова не вызвали заметного одобрения[19] ни у партийной элиты, ни у населения. Смерть Ю.В. Андропова привела к тому, что новым руководителем партии был избран старый и очень больной Константин Черненко.

К.У. Черненко, близкий друг и единомышленник[20] Л.И. Брежнева, решил вновь восстановить в полном объёме[21] брежневские принципы и методы руководства, «вернуться в прежнее время[22]». Но для этого уже не было никаких объективных возможностей. Его смерть заставила сторонников[23] преобразований в высшем руководстве КПСС консолидировать силы.

11.03.1985 Михаил Сергеевич Горбачёв избран Генеральным секретарём ЦК КПСС, а в апреле был провозглашён[24] курс на ускорение[25] социального и экономического развития страны. При внешней полноте объёма политической власти[26] М.С. Горбачёву с первых дней своего офи-

---

[12] was conscious of, recognized
[13] restoring order
[14] was implied, understood as
[15] strengthening
[16] removal, dismissal
[17] See дискредитировать (to discredit).
[18] limits
[19] visible (noticeable) approval
[20] like-minded person
[21] to restore in full measure, fully
[22] old times
[23] supporters, proponents
[24] See провозглашать/провозгласить (to proclaim).
[25] acceleration
[26] полнота власти — absolute, unlimited power

## Глава 31 • 1980-е годы

циа́льного ли́дерства пришло́сь столкну́ться[27] с о́строй борьбо́й за сохране́-
ние[28] и упроче́ние[29] свое́й вла́сти. Ещё на эта́пе[30] своего́ избра́ния у него́
име́лись доста́точно си́льные и авторите́тные конкуре́нты[31] в вы́сшем
эшело́не вла́сти. Из «бре́жневской кома́нды» ему́ могли́ соста́вить
конкуре́нцию[32] Ви́ктор Гри́шин, Григо́рий Рома́нов, Никола́й Ти́хонов и
да́же престаре́лый[33] Андре́й Громы́ко. Из «андро́повской кома́нды»
наибо́лее авторите́тными бы́ли Его́р Лигачёв, Гейда́р Али́ев. Неодно-
зна́чным[34] бы́ло и отноше́ние[35] к нему́ в силовы́х структу́рах[36] и среди́
руководи́телей областны́х[37] и республика́нских[38] организа́ций КПСС.
Ка́ждый свой шаг он вы́нужден был соразмеря́ть[39] с зада́чей сохране́ния и
укрепле́ния ли́чной вла́сти.

Первонача́льно М.С. Горбачёв избира́ет традицио́нный путь и про-
двига́ет[40] «ве́рных» ему́ люде́й на руководя́щие посты́. Уже́ к концу́ го́да
происхо́дят важне́йшие ка́дровые измене́ния[41] в вы́сшем эшело́не вла́сти:
Алекса́ндр Я́ковлев стано́вится заве́дующим[42] отде́лом пропага́нды ЦК
КПСС; Никола́й Рыжко́в – председа́телем Сове́та Мини́стров СССР;
Бори́с Е́льцин – пе́рвым секретарём Моско́вского городско́го комите́та
КПСС. Не́сколько по́зже Горбачёв порекоменду́ет для избра́ния на пост
Председа́теля Верхо́вного Сове́та СССР – Анато́лия Лукья́нова, своего́
однокурсника[43]. Горбачёв зате́м развора́чивает[44] кампа́нию по заме́не[45]

---

[27] to come into conflict with
[28] preservation, maintenance
[29] strengthening, consolidation
[30] stage, phase
[31] competitors
[32] competition
[33] elderly
[34] ambiguous
[35] attitude
[36] Силовы́е структу́ры—term used in reference to army, police, security agencies.
[37] related to the oblast' level of government (о́бласть—a political-administrative-geographic unit in the Soviet Union and Russia)
[38] republican, related to the republic level of government (in the Union of Soviet Socialist Republics)
[39] to adjust proportionally
[40] moves forward, promotes
[41] personnel changes
[42] head, boss, manager
[43] classmate in post-secondary education
[44] unfolds
[45] replacement

возможных противников⁴⁶, используя самые разные предлоги⁴⁷ — от возрастно́го ограничения⁴⁸, до привлечения правоохранительных органов⁴⁹. Однако жёсткость противостояния подтолкну́ла⁵⁰ его и к нетрадиционному для советских лидеров шагу — апелляции⁵¹ к общественному мнению.

Для решения экономических проблем новому руководству требовалось заручиться поддержкой⁵² ведущих западных держав. Во-первых, для того, чтобы сократить го́нку вооружений⁵³ и тем самым сэкономить⁵⁴ деньги для вложения⁵⁵ их в народное хозяйство. Во-вторых, чтобы получить прямую экономическую помощь от западных стран.

В июле 1985 г. новым министром иностранных дел становится Эдуард Шеварднадзе. М.С. Горбачёв объявляет о мораторий⁵⁶ на ядерные испытания⁵⁷, а в октябре принимается принципиальное решение о выводе советских войск⁵⁸ из Афганистана. В ноябре проходит важная встреча с Рональдом Рейганом в Женеве, на которой оба лидера заявляют о том, что в ядерной войне не может быть победителей⁵⁹. Первый крупный прорыв⁶⁰ в отношениях между СССР и США произойдёт в 1987 г., когда будет принято совместное⁶¹ решение о сокращении ракет меньшей и средней дальности⁶². Важным шагом стала либерализация правил въезда⁶³ в СССР и выезда⁶⁴ по ча́стным приглашениям⁶⁵, в 1987 г. снимаются ограничения на выезд в Израиль.

---

⁴⁶ opponents, enemies
⁴⁷ pretexts
⁴⁸ age limit
⁴⁹ law enforcement agencies
⁵⁰ pushed, urged
⁵¹ appeal, address
⁵² to secure the help, support
⁵³ arms race
⁵⁴ to economize, be thrifty, save
⁵⁵ investment
⁵⁶ moratorium
⁵⁷ nuclear testing
⁵⁸ withdrawal of Soviet troops
⁵⁹ victor
⁶⁰ breakthrough
⁶¹ joint, mutual
⁶² short-range and medium-range missiles
⁶³ entrance (e.g., into a country)
⁶⁴ exit or departure (e.g., from a country)
⁶⁵ private invitation

## Глава 31 • 1980-е годы

Однако прошедший в марте 1986 г. XXVII-ой съезд КПСС показал, что реальных идей по изменению экономической и политической ситуации в партии нет. Были приняты очередные[66] утопические планы[67] увеличения в течение 15 лет промышленного потенциала в 2 раза; решения жилищной проблемы[68] и т.п. Но о том, за счёт чего будут достигнуты такие выдающиеся успехи, говорилось мало. Всё скрывала[69] абстрактная формула «человеческий фактор».

Первые конкретные шаги начали предприниматься во второй половине 1986 г.: проведена существенная реформа заработной платы[70], принят закон об индивидуальной трудовой деятельности[71], разрешено создавать предприятия[72] с участием иностранного капитала[73].

По инициативе М.С. Горбачёва в феврале 1987 г. начнётся разработка научной концепции экономической реформы, и уже в июне Пленум ЦК КПСС примет решение о переходе[74] к экономическим методам руководства экономикой. Летом будет принят целый пакет документов о совершенствовании[75] управления народным хозяйством. В мае 1988 г. принимается важный закон «О развитии кооперации в СССР».

Экономические сложности и противоречия усугублялись[76] рядом масштабных катастроф и конфликтов, которые оказывали негативное воздействие[77] на все стороны жизни. 26.04.1986 происходит авария[78] на Чернобыльской атомной станции, правду о которой власти скрывают чрезвычайно долго. В августе — трагедия на Чёрном море, в результате которой погибло[79] несколько сот пассажиров теплохода «Адмирал Нахимов».

---

[66] here: another set/round
[67] utopian plans
[68] housing problem/shortage
[69] was hidden, concealed
[70] salary or wage
[71] work activity
[72] enterprises
[73] foreign capital, foreign investments
[74] transition
[75] improvement, perfection
[76] deepened, became more profound
[77] exerted influence, pressure
[78] accident
[79] perished

В феврале 1988 г. после армянского погрома[80] в Сумгаите и конфликта вокруг Нагорного Карабаха начинается настоящая война между Арменией и Азербайджаном. В странах Балтики растут надежды на восстановление независимости[81]. В Эстонии формируется Народный фронт, ещё не называющийся политической партией, но де-факто являющийся ею, — и это происходит в стране с узаконенной однопартийной системой. Примеру Эстонии следуют Латвия и Литва.

Нарастание[82] экономических сложностей, однако, остановить не удалось. По всей стране начинают вводиться частичные ограничения[83] на продажу товаров первой необходимости[84].

Поиск[85] причин столь сложного положения дел приводит к тому, что в публицистике начинают появляться первые публикации с критикой идей К. Маркса и В.И. Ленина (В.И. Селюнин «Авансы и долги», журнал «Новый мир» 1988; Ю.Н. Афанасьев «Иного не дано», газета «Ульяновская правда» 1989; статьи Л.М. Баткина и др.).

Своеобразным итогом этих поисков стали решения XIX-ой партийной конференции, на которой не только провозглашался курс на строительство правового государства, но и реабилитировались некоторые либеральные ценности. Однако всё более ясным становилось, что противоречия в стране приобретают[86] всё более сложный характер. Горбачёв больше никого не устраивает[87] и оказывается в политической изоляции. В то время как лидеры союзных республик мечтают о независимости, он пытается реализовать идею Союза Независимых Советских Республик, но будущее СССР и Горбачёва уже предрешено[88].

Распад Советского Союза стал одним из наиболее драматических событий конца XX века. Несмотря на то, что многие сегодня ищут людей, персонально ответственных за произошедшее, в основе лежат более сложные объективные факторы. Как особый тип государства, СССР был

---

[80] pogrom, riot
[81] the restoration of independence
[82] growth, increase, accumulation
[83] to introduce partial limits
[84] essential goods
[85] the search
[86] acquire
[87] pleases anyone
[88] predetermined

## Глава 31 • 1980-е годы

приспособлен к решению определённых политических задач — строительству социализма и коммунизма. Поэтому его целостность[89] обеспечивалась[90] не столько единым экономическим или культурным пространством, сколько политической философией коммунизма, которую обеспечивало всевластие КПСС. Первые же элементы кризиса КПСС стали явно проявляться[91] в области национально-государственного строительства. Предложить убедительные[92] альтернативы идеям национально-государственной самостоятельности коммунистическая элита не смогла.

Либерально-демократическая оппозиция предложила другую версию: в начале полная свобода — затем добровольное объединение[93]. Отсюда и родилась идея СНГ[94]. Но авторы и этой идеи не смогли учесть[95] всех сложностей и противоречий в деле будущего объединительного процесса, который стал пробуксовывать[96], не набрав силу[97].

В результате СССР как особый тип государства прекратил[98] своё существование.

А.П. Логунов

---

[89] integrity
[90] was provided for
[91] to manifest
[92] convincing, compelling
[93] voluntary association, unification
[94] СНГ [эс-эн-гэ]—Содружество Независимых Государств—Commonwealth of Independent States (all the former Soviet Republics except the Baltic Republics of Estonia, Latvia, and Lithuania)
[95] to bear in mind, take into account
[96] to spin its wheels (*figuratively*), get stuck in mud (*literally*)
[97] See набрать силу (to gain strength).
[98] ceased, ended, terminated

# Глава 32    История российского кино (1896–2004 гг.)

> **Введение**
> История русского кино во многих отношениях отражает историю самой России. Если вы смотрели фильмы, указанные в заданиях других глав, вы, наверно, уже знакомы хотя бы с несколькими из фильмов, о которых идёт речь в этой главе.

1  Хотя кинематограф[1] появился в России в 1896 г., первый художес-
2  твенный фильм «Понизовая вольница» («Стенька Разин») был снят фирмой
3  Александра Дранкова только в 1908 г. Картина имела успех, но А.О. Дранков не
4  стал самым знаменитым кинофабрикантом[2]. Эта честь принадлежала кинопро-
5  мышленнику[3] Александру Ханжонкову (1877–1945), с именем которого связан
6  расцвет дореволюционной кинематографии[4]. У А.А. Ханжонкова работал один
7  из первых русских кинорежиссёров[5] — Евгений Бауэр (1865–1917). Он был
8  художником и в кино уделял особое внимание декорациям, костюмам,
9  освещению[6], и даже актёр становился у него элементом изобразительного ряда.
10 Е.Ф. Бауэр открыл первую русскую кинозвезду[7] — легендарную Веру Холодную
11 (1893–1919). Конкурент Е.Ф. Бауэра — режиссёр Яков Протазанов (1881–1945)
12 в своих фильмах стремился передать психологию героев и прославился экрани-
13 зациями[8] русской классики — «Пиковая дама» (1916), «Отец Сергий» (1917).

14  В 1919 году, через два года после Октябрьской революции, кино-
15 промышленность в России была национализирована. В.И. Ленин (1870–1924)
16 видел в кино средство массовой пропаганды и выдвинул лозунг: «Из всех
17 искусств важнейшим для нас является кино». На место дореволюционных
18 специалистов пришли молодые экспериментаторы — Лев Кулешов (1899–
19 1970), Дзига Вертов (1896–1954), Сергей Эйзенштейн (1898–1948), Всеволод

---

[1] cinema, film industry
[2] film company owner, producer (*old term*)
[3] film company owner
[4] cinematography
[5] filmmakers or film directors
[6] lighting
[7] film star
[8] adaptations of a literary work

Пудо́вкин (1893–1953), Леони́д Тра́уберг (1902–1990), Григо́рий Ко́зинцев (1905–1973) и Алекса́ндр Довже́нко (1894–1956). Но́вым те́мам — пробужде́нию наро́дного самосозна́ния[9], революцио́нной борьбе́ трудя́щихся масс, сатири́ческому изображе́нию пра́вящих кла́ссов ца́рской Росси́и — соотве́тствовала но́вая фо́рма. Молоды́е режиссёры немо́го кино́[10] бы́ли и пра́ктиками, и теоре́тиками. В свои́х фи́льмах и статья́х они́ развива́ли иде́ю осо́бого монтажа́, кото́рый в исто́рию кино́ вошёл под назва́нием — «ру́сский монта́ж».

Л.В. Кулешо́в занима́лся пробле́мами актёрской вырази́тельности[11] и эксперименти́ровал в о́бласти монтажа́. Д. Ве́ртов с гру́ппой «Киногла́з» снима́л документа́льное кино́[12], где пока́зывал «жизнь враспло́х». В фи́льмах «Ста́чка» (1925), «Броненосец Потёмкин» (1925) и «Октя́брь» (1927) С.М. Эйзенште́йн разраба́тывал тео́рию «монтажа́ аттракцио́нов». В рабо́те над карти́нами «Мать» (1926), «Коне́ц Санкт-Петербу́рга» (1927) режиссёра В.И. Пудо́вкина интересова́ла психоло́гия угнетённого[13] челове́ка, пробужда́ющегося для борьбы́ за свои́ права́. Л.З. Тра́уберг и Г.М. Ко́зинцев со́здали Фа́брику Эксцентри́ческого Актёра (ФЭКС) и в 1926 г. экранизи́ровали «Шине́ль» Н.В. Го́голя. А.П. Довже́нко рабо́тал в о́бласти поэти́ческого кинемато́графа, идеа́льным воплоще́нием[14] кото́рого стал его́ фильм «Земля́» (1930). Это был золото́й век сове́тского кино́. Фи́льмы режиссёров сове́тского аванга́рда создава́ли кинематографи́ческий язы́к, одна́ко у ма́ссового зри́теля[15] мно́гие их рабо́ты успе́ха не име́ли.

В 1934 году́ на Пе́рвом съе́зде сове́тских писа́телей бы́ло объя́влено о необходи́мости сле́довать еди́ному для всех рабо́тников иску́сства сти́лю — «социалисти́ческому реали́зму», где «правди́вое[16] и истори́чески конкре́тное изображе́ние действи́тельности» должно́ бы́ло сочета́ться с зада́чей воспита́ния трудя́щихся в ду́хе социали́зма. Идеоло́гия ста́ла игра́ть гла́вную роль. Уси́лилась цензу́ра. Утвержде́ние соцреали́зма[17] в СССР совпа́ло с появле́нием звуково́го кино́[18], в кото́ром сло́во возобла́ло над изображе́нием, и экспериме́нты в о́бласти монтажа́ зако́нчились. В э́ти го́ды выходи́ли соцреалисти́-

---

[9] self-awareness
[10] silent film
[11] expressiveness
[12] documentary cinema
[13] oppressed
[14] embodiment, representation
[15] viewer, moviegoer, audience
[16] true-to-life/historic facts, accurate
[17] socialist realism
[18] talking film (as opposed to silent film)

ческие фильмы, которые пользовались популярностью у власти и у зрителей: история героя гражданской войны — «Чапаев» (1934) режиссёров Георгия Васильева (1899–1946) и Сергея Васильева (1900–1959); комедии «Весёлые ребята» (1934), «Цирк» (1936) и «Волга-Волга» (1938) Григория Александрова (1903–1984), мюзиклы из деревенской жизни Ивана Пырьева (1901–1968). Снимались картины, воспевающие исторические личности, с которыми И.В. Сталин мог себя ассоциировать: «Александр Невский» (1938) С.М. Эйзенштейна и «Пётр Первый» (1937–1938) В.М. Петрова (1896–1966).

В годы Великой Отечественной войны (1941–1945) — военная тема[19] стала ведущей. Фильм «Радуга» (1944) Марка Донского (1901–1981), который с жестоким натурализмом рассказывал о жизни русской деревни, оккупированной фашистами, — один из самых известных фильмов этого времени.

С победой не пришло ожидаемое ослабление[20] политического диктата, а после постановлений ЦК ВКП(б) (конец 1940-х–начало 1950-х годов) было объявлено о переходе к новой форме социалистического реализма, названной позднее «теорией бесконфликтности[21]». «Борьба хорошего с ещё лучшим» стала обязательной для всех произведений искусства. Производство фильмов упало, так как И.В. Сталин, единолично[22] решавший судьбу каждого фильма, объявил, что на советский экран необходимо выпускать только шедевры[23]. Многие картины, такие как вторая серия «Ивана Грозного» С.М. Эйзенштейна, были запрещены. По-прежнему снимались исторические сюжеты и биографии знаменитых людей. Классический пример киноизделий[24] конца 1940-х начала 1950-х годов — тенденциозные и пафосные[25] «Клятва» (1946) и «Падение Берлина» (1949) Михаила Чиаурели (1894–1974), где И.В. Сталин — главное действующее лицо.

После смерти И.В. Сталина (1953) и со времени XX-ого съезда коммунистической партии (1956), осудившего культ личности диктатора, началась «оттепель». Истории легендарных героев и полководцев[26] исчезли с экранов, а обыденная жизнь города и деревни, переживания[27] простого челове-

---

[19] war theme
[20] weakening
[21] lack of conflict
[22] personally (without consulting anyone)
[23] masterpieces (from French chef-d'œuvre)
[24] film product
[25] with fervor, zeal
[26] commanders
[27] emotions, feelings

ка стали главной темой в искусстве. Обновлялся[28] киноязык. Поэтический фильм «Летят журавли» Михаила Калатозова (1903–1973), снятый в 1956 году, пользовался успехом в стране и за рубежом. В кино пришло новое поколение, среди них Андрей Тарковский (1932–1986). Его фильм «Иваново детство» (1962) о мальчике-разведчике, погибшем в годы войны, получил первую премию на Венецианском кинофестивале (1962).

«Оттепель» в СССР длилась[29] недолго, со второй половины 1960-х годов жёсткой цензуре подвергались даже заявки на сценарии. «Комиссар» (1967) Александра Аскольдова (р.[30] 1932) был запрещён и положен «на полку». «Андрей Рублёв» (1966–1971) А.А. Тарковского несколько раз переделывался. Поощрялось[31] жанровое кино, обращённое к массовому зрителю. Самый популярный фильм конца 1970-х–начала 1980-х годов — мелодрама «Москва слезам не верит» (1979) Владимира Меньшова (р. 1939), которая получила премию «Оскар» в 1981 г. Несмотря на коммерческий успех[32] некоторых фильмов, посещаемость[33] кинотеатров падала, советское кино теряло своего зрителя.

С перестройкой (1985) на экран вышли фильмы, лежавшие «на полке», снимались ленты на запрещённые ранее темы: о репрессиях сталинского времени — «Покаяние» (1987) Тенгиза Абуладзе (1924–1994); о наркомании — «Игла» (1988) Рашида Нугманова (р. 1954); о проституции — «Интердевочка»[34] (1989) Петра Тодоровского (р. 1925); об эмиграции — «Любовь» (1991) Валерия Тодоровского (р. 1962). Фильмы о тёмных сторонах советской жизни получили название «чернуха»[35]. Соцреалистическим иллюзиям художники предпочитали жестокую правду жизни. Молодой режиссёр Василий Пичул (р. 1961) в фильме «Маленькая Вера» (1988) показал безнадёжную жизнь своих ровесников. В начале 1990-х годов снимались фильмы о «новых русских», о криминальном мире, о войне на Кавказе. В эти годы кинематограф почти перестал субсидироваться государством, выпускались картины-однодневки[36], закупались дешё-

---

[28] renewed, was renewed
[29] lasted
[30] р. — принятое сокращение для слов «родился/родилась»; здесь «р. 1932» читается как *родился в 1932 году*
[31] was encouraged
[32] commercial success
[33] attendance
[34] prostitute who accepts only dollars and other Western currencies (as opposed to rubles)
[35] dark style, film style in which the darker, seamier side of life is shown
[36] films with short runs, films that were not popular

вые иностра́нные фи́льмы и расширя́лся видеоры́нок[37]. Росси́йский зри́тель отходи́л от национа́льного кинемато́графа. В 1990-х года́х лишь немно́гие росси́йские карти́ны по́льзовались успе́хом внутри́ страны́: среди́ них фильм режиссёра Ники́ты Михалко́ва (р. 1945) «Утомлённые со́лнцем» (1994), а та́кже «Брат» (1997) и «Брат-2» (2000) режиссёра Алексе́я Балаба́нова (р. 1959). По́сле дефо́лта 1998 го́да рабо́та над мно́гими фи́льмами была́ приостано́влена, но в 2003–2004 года́х ситуа́ция измени́лась к лу́чшему. Большу́ю роль в э́том сыгра́ли ТВ-сериа́лы, в рабо́те над кото́рыми принима́ли уча́стие изве́стные режиссёры ра́зных поколе́ний: Глеб Панфи́лов (р. 1934), Па́вел Лунги́н (р. 1949), Влади́мир Хотине́нко (р. 1952) и др. Дебю́тный фильм молодо́го режиссёра Андре́я Звя́гинцева (р. 1964) «Возвраще́ние» (2003) получи́л пе́рвую пре́мию на Венециа́нском кинофестива́ле. Карти́ны 2004 го́да «72 ме́тра» В. Хотине́нко, «Води́тель для Ве́ры» Па́вла Чухра́я (р. 1946), «Мой сво́дный брат Франкенште́йн» В. Тодоро́вского и «Свой» Дми́трия Ме́схиева (р. 1963) по́льзовались успе́хом у пу́блики и пре́ссы, а фи́льмы «Ночно́й дозо́р» (2004) и «Дневно́й дозо́р» режиссёра Тиму́ра Бекмамбе́това (р. 1961) ста́ли абсолю́тными чемпио́нами росси́йского прока́та[38], опереди́в все иностра́нные фи́льмы. Мо́жно константи́ровать, что в нача́ле XXI ве́ка зри́тель Росси́и возвраща́ется к своему́ кино́.

Г.Г. Аксёнова

---

[37] video market
[38] box-office favorites, box-office hits

# Глава 33     Женщины в истории России (XX век): разные лики «свободы» и «равенства»

> **Введение**
> Советское государство обещало женщинам полное равенство с мужчинами, равную возможность участвовать в профессиональной и общественной жизни, а главное раскрепощение от «семейно-хозяйственной кабалы». Были ли выполнены все эти обещания?..

1     К началу XX в. женщины России обладали[1] практически теми же
2     гражданскими правами, что и мужчины, и имели доступ к образованию.
3     После Февральской революции 1917 г., свергшей самодержавие, женщины
4     России обрели[2] равные с мужчинами политические права.

5     После победы Октябрьской революции 1917 г. в стране война, голод,
6     инфляция, разрушена экономика. Но для большевиков женский вопрос,
7     проблемы семьи и брака отнюдь не на последнем месте. Большевики
8     отвергают всё, что было связано со старым миром. Старый буржуазный
9     брак, брак-сделка[3], брак по расчёту[4], объявляется безнравственным. Глав-
10    ным идеологом выступает Александра Коллонтай, известная революцио-
11    нерка и первая в истории женщина-дипломат. Она выдвигает теорию
12    «крылатого эроса»[5] (согласно которой любовь существует, но постоянства в
13    любви нет) и провозглашает «новую половую[6] мораль», в основе которой
14    свободная любовь. Да здравствует[7] любовь вне брака, любовь-товарищест-
15    во, любовь-солидарность! Долой[8] старые понятия «супружеская верность»,
16    «измена», «ревность»! Это в старые времена право выбора партнёра было за
17    мужчиной, в новом обществе это право должно перейти к женщине-

---

[1] possessed
[2] acquired
[3] marriage as a business transaction
[4] marriage of convenience
[5] winged eros
[6] sexual
[7] long live …
[8] down with …

тру́женице. «Брак втроём»⁹ в те го́ды пыта́лись предста́вить¹⁰ но́вой истори́ческой фо́рмой челове́ческих отноше́ний. Гла́вное, что́бы отноше́ния стро́ились на пра́вильной иде́йной осно́ве, что́бы ваш партнёр был сора́тником¹¹ по кла́ссовой борьбе́. А в остально́м — по́лная свобо́да! Звуча́т призы́вы раскрепости́ть¹² «каторжа́нку¹³-мать», освободи́ть же́нщину из «семе́йно-хозя́йственной кабалы́¹⁴» и разру́шить «стра́шную си́лу привы́чки к семе́йному ра́бству¹⁵». Для освобожде́ния же́нщины от дома́шних забо́т¹⁶ создаю́тся де́тские сады́, комму́ны¹⁷, где же́нщины по о́череди гото́вят пи́щу и уха́живают за детьми́. В Сове́тской Росси́и бы́ли разрешены́ або́рты. Бра́ки мо́жно бы́ло во́все не регистри́ровать официа́льно. Заче́м форма́льности, когда́ бу́дущее принадлежи́т коллекти́вной семье́? В тако́й семье́ гла́вным воспита́телем дете́й ста́нет госуда́рство, а не полугра́мотная уста́лая мать.

Э́ти ло́зунги реа́льно пресле́довали осо́бую, нея́вную цель: наро́дное хозя́йство обеспе́чивалось дополни́тельными рабо́чими рука́ми — же́нскими рука́ми. О́браз же́нщины в кра́сной косы́нке¹⁸, кото́рая рабо́тает там, где прика́жет ей па́ртия, ро́ет¹⁹ лопа́той²⁰ котлова́н²¹, забива́ет сва́и²², укла́дывает шпа́лы²³ на желе́зной доро́ге²⁴, выка́тывает из ша́хты теле́жки²⁵ с рудо́й²⁶, — э́тот о́браз стал си́мволом 1920-х–нача́ла 30-х годо́в.

По ме́ре того́ как в Сове́тской Росси́и создава́лось тоталита́рное госуда́рство, меня́лась семе́йная поли́тика. Но́вая семья́ должна́ стать

---

[9] polygamous marriage, trios
[10] to present as
[11] ideological compatriot, comrade, someone with the same political views
[12] to emancipate, free
[13] woman who is serving hard labor
[14] domestic enslavement
[15] domestic (family) slavery
[16] domestic cares, chores
[17] communes
[18] red triangular kerchief worn on one's head, symbol of revolutionary women in Russia
[19] digs, digs out
[20] shovel
[21] foundation pit
[22] hammers in piles
[23] lays down ties (for railroad tracks)
[24] railroad
[25] rolls out a coal cart from a mine
[26] ore

## Глава 33 • Женщины в России XX в.

опóрой[27] госудáрства. О теóрии «крылáтого э́роса» предпочитáли бóльше не вспоминáть. В 1936 г. выхóдит постановлéние[28], запрещáющее абóрты. В 1944 г. выхóдит укáз[29], соглáсно котóрому «тóлько зарегистрúрованный брак порождáет правá и обя́занности супрýгов». Развóды рéзко осуждáются.

Отдéльная странúца истóрии — жéнщины в Велúкой Отéчественной войнé (1941–1945). Жéнщины наравнé с мужчúнами освóили[30] воéнные профéссии и бы́ли не тóлько медсёстрами, но и снáйперами[31], развéдчицами[32], связúстками[33], дáже лётчицами[34]... Существовáли цéлые жéнские лётные эскадрúльи[35]. В тылý[36] вся рабóта леглá на жéнские плéчи. Жéнщины выполня́ли ту рабóту, котóрая дáже в пéрвые гóды совéтской влáсти считáлась исключúтельно мужскóй. Лýчше óбщих слов атмосфéру 40-х годóв передáст послевоéнная частýшка[37]: «Вот и кóнчилась войнá, / И остáлась я однá, / Я и лóшадь, / Я и бык[38], / Я и бáба[39] / И мужúк[40]...».

Совéтская власть, конéчно, декларúровала равнопрáвие[41]. Но э́то обернýлось[42] прáвом на двойнýю нагрýзку[43] — рабóта и дом. Обéщанное освобождéние жéнщин от тя́гот бы́та нé было обеспéчено экономúчески. Жéнщины не тóлько имéли прáво, но и вы́нуждены бы́ли рабóтать. Прожúть на однý зарплáту[44] мýжа бы́ло невозмóжно. Нéсколько поколéний[45] совéтских жéнщин испúло «чáшу рáвенства по-совéтски» до дна и устáло нестú двойнýю нагрýзку.

---

[27] support
[28] decree
[29] governmental order
[30] developed, took control of, mastered
[31] snipers
[32] spies, scouts
[33] telegraph operators
[34] pilots
[35] flight squadrons
[36] home front
[37] bawdy rhyming couplet
[38] bull (*animal*)
[39] woman, babe, chick
[40] man, stud, dude
[41] equality of rights
[42] turned around
[43] double load
[44] to live, to make it (on one salary)
[45] generations

Официально советская женщина считалась самой счастливой в мире. Все гражданские и политические права ей были предоставлены в полном объёме. Женщины были в числе первых космонавтов. Женщинам давали звания Героев социалистического труда[46]. Но реальные трудности, с которыми сталкивалось[47] большинство женщин, были одной из многих запрещённых тем в СССР. Под запретом было всё, что грозило разрушить образ «самой передовой[48] страны мира».

Новая волна феминизма поднялась в 1970-е годы и была тесно связана с диссидентским движением[49]. В Ленинграде группа женщин нелегально начала издавать альманах «Женщины и Россия»[50] и журнал «Мария». Протестуя против «большевистского гермафродитизма», они обращались к традиционным православным ценностям. КГБ[51] преследовало и издание, и его редакторов. В начале 1980-х годов журнал прекратил своё существование.

Распад[52] Советского Союза и крушение коммунистической идеологии сняло табу[53] с обсуждения женского вопроса и с феминистского движения. Сегодня в постсоветском пространстве старые и новые проблемы переплетаются[54] самым причудливым образом. Пожалуй, единственное бесспорное достижение — это открытое обсуждение наболевших вопросов на страницах печати и на телевидении.

Женская тема предстаёт[55] в неразрывной[56] связи с самыми злободневными[57] проблемами нашей жизни, такими как экономический кризис, социальная незащищённость[58] некоторых категорий населения, рост преступности, наркомания, детская беспризорность[59]. Женские

---

[46] Hero of Socialist Labor
[47] came into conflict with, clashed
[48] leading
[49] dissident movement
[50] This almanac has been cited as «Женщины и Россия» or «Женщины России».
[51] КГБ [ка-гэ-бэ́]—Комитет государственной безопасности—KGB, Committee on State Security
[52] dissolution, falling apart
[53] taboo
[54] are entangled
[55] appears as, constitutes
[56] indissoluble, inextricable
[57] relevant, timely, topical, burning
[58] vulnerability
[59] homelessness (of children)

## Глава 33 • Женщины в России XX в.

организации оказываются на передовом рубеже правозащитного движения[60]. Они пытаются активно влиять на реформу армии, протестуют против войны в Чечне, занимаются вопросами военнопленных[61].

В конце XX века женское движение в России освободилось от опеки[62] тоталитарного государства. Оно набирает силу и имеет шанс стать одним из демократических механизмов, но реализуется ли эта возможность, покажет только время.

М.В. Тендрякова

---

[60] human rights movement
[61] prisoners of war
[62] supervision, guardianship, tutelage

# Глава 34    Этнические конфликты в СССР

> **Введение**
> При М.С. Горбачёве устоявшиеся за годы советской власти отношения между национальными республиками, национальными меньшинствами, русским населением и центральной властью начали распадаться. Некоторые республики просто решили выйти из состава СССР (Эстония, Латвия, Литва), другие начали воевать между собой (например, Армения и Азербайджан). Наиболее трудноразрешимыми оказались этнические конфликты на Кавказе, особенно в Грузии. И самой неразрешимой была и остаётся ситуация в Чечне.

1  На протяжении всей своей тысячелетней истории Россия всегда была
2  многонациональным государством. В национальной политике всегда
3  соединялись две тенденции. Одна — к насаждению[1] и обеспечению прину-
4  дительной русификации[2] за счёт ущемления этнических, религиозных,
5  культурных прав и свобод[3] нерусского населения. Другая — к привлечению
6  национальных элит и целых народов на сторону господствующей нации[4] с
7  помощью системы льгот[5], особых прав и преимуществ.

8  В 1982 г. во время празднования 60-летия образования СССР Комму-
9  нистическая партия заявила, что национальный вопрос решён полностью и
10 окончательно, что в СССР сложилась новая социальная общность[6] —
11 советский народ. Политика гласности[7] конца 1980-х годов подтолкнула[8]
12 население национальных образований к обсуждению данных проблем.

---

[1] propagation, spreading
[2] compulsory Russification
[3] infringement of ethnic religious, cultural rights and freedoms
[4] dominant nation
[5] special privileges
[6] entity
[7] openness (Gorbachev's policy)
[8] pushed slightly, provoked

Пе́рвым сигна́лом послужи́ли стихи́йные[9] выступле́ния каза́хской молодёжи в Алма́-Ате́ (16–18.12.1986) в связи́ с отста́вкой[10] Д.А. Куна́ева и назначе́нием на пост[11] руководи́теля Коммунисти́ческой па́ртии Казахста́на ру́сского (Генна́дия Ко́лбина). В 1987 г. (06.07.1987) — кры́мские тата́ры организова́ли демонстра́цию проте́ста в Москве́ на Кра́сной пло́щади. С а́вгуста 1987 г. начали́сь ма́ссовые ми́тинги[12] в Приба́лтике, внача́ле осужда́ющие[13] «пакт Мо́лотова—Риббентро́па»[14], а зате́м под ло́зунгами[15] вы́хода из СССР.

В октябре́ 1987 г. начали́сь демонстра́ции в Наго́рном Караба́хе, входя́щем в соста́в Азербайджа́на, но населённом преиму́щественно армя́нами (хотя́ там прожива́ло и мно́го азербайджа́нцев). Це́лью армя́нской стороны́ бы́ло присоедине́ние[16] Наго́рного Караба́ха к Арме́нии и́ли созда́ние незави́симого госуда́рства. В феврале́ 1988 г. армя́не официа́льно тре́буют[17] реше́ния э́того вопро́са. Моско́вское руково́дство занима́ло сде́ржанную пози́цию, стимули́руя тем са́мым усиле́ние раздо́ра[18] ме́жду Арме́нией и Азербайджа́ном. Акти́вную де́ятельность разверну́л Комите́т по Караба́ху, кото́рый в феврале́ 1988 г. вы́вел на у́лицу чуть ли не полмиллио́на челове́к с тре́бованием присоедини́ть Караба́х к Арме́нии. 27–29 февраля́ 1988 г. в Сумгаи́те был организо́ван крова́вый погро́м, в кото́ром бы́ло уби́то мно́го армя́н. На фо́не армя́но-азербайджа́нской вражды́[19] развора́чивались янва́рские собы́тия 1990 г. в Баку́. Здесь акти́вно де́йствовал Наро́дный фронт, програ́мма кото́рого была́ о́чень схо́жей[20] с програ́ммами прибалти́йских наро́дных фронто́в. 13 января́ 1990 г. в Баку́ собра́лся съезд Наро́дного фро́нта, потре́бовавший от власте́й проведе́ния рефере́ндума по вопро́су об отделе́нии[21] от СССР. Съезд, его́ ло́зунги и тре́бования привели́ в возбужде́ние[22] азербайджа́нскую столи́цу. Огро́мные

---

[9] spontaneous
[10] resignation, ouster
[11] appointment to a post
[12] demonstrations, mass meetings
[13] See осужда́ть (to condemn).
[14] Molotov–Ribbentrop pact (of non-aggression between USSR and Hitler's Germany)
[15] slogans
[16] annexation
[17] demand
[18] strengthening of discord, dissension
[19] hostility
[20] similar
[21] secession
[22] agitated

## Глава 34 • Этнические конфликты

толпы[23], среди которых были и азербайджанские беженцы[24], приехавшие из Армении, начали избивать армян. Едва ли можно сомневаться в том, что здесь не обошлось без провокаций. Бакинские власти по существу бездействовали[25]. Армия оставалась в стороне. Но когда кровавые бесчинства[26] стали стихать[27], армейские части ввели в город для наведения порядка[28]. В итоге — не менее 150 убитых бакинцев[29].

Конфликт в Нагорном Карабахе перерос[30] в настоящую многолетнюю войну между Арменией и Азербайджаном.

16.11.1988 Верховный Совет Эстонии принял декларацию о суверенитете, означавшую признание[31] верховенства[32] законов Эстонии над законами СССР.

В апреле 1989 г. массовая демонстрация в Тбилиси была разогнана с применением военной силы[33]. Погибло[34] 16 человек. В июне 1989 г. произошло столкновение[35] турок-месхетинцев и узбеков в Ферганской долине (погибло 100 человек).

Драматические события разворачивались в Грузии, на территории которой традиционно проживало много национальностей. В конце апреля 1991 г. Верховный Совет Грузии принял новую Конституцию и избрал[36] Звиада Гамсахурдиа на пост президента республики. Новый президент сразу же взял на вооружение националистические лозунги, выдвинув требование: «Грузия для грузин!».

---

[23] enormous crowds
[24] refugees
[25] took no action
[26] deadly riots (bloody disturbances)
[27] to quiet down
[28] the imposition of order
[29] residents of Baku
[30] escalated
[31] recognition
[32] superiority
[33] application of military force
[34] were killed
[35] conflict, clash
[36] elected

Это привело к росту антигрузинских настроений[37] во всех наиболее крупных автономиях Грузии: Абхазии, Южной Осетии, Аджарии. Уже летом 1989 г. у населения Южной Осетии начало формироваться убеждение[38] в том, что нарастание[39] национального движения в Грузии и реальные перспективы его успеха вызывают необходимость перехода[40] в состав России. Паралич[41] союзной власти дал возможность тогдашним[42] грузинским лидерам попытаться силой решить южно-осетинскую проблему, причём не только предотвратить[43] выход Южной Осетии из состава Грузии, но и ликвидировать южно-осетинскую автономию как таковую. В январе–апреле 1991 г. в Южную Осетию были направлены грузинские боевые формирования[44], которые развязали[45] ожесточённые военные действия с вооружёнными отрядами осетин. Одновременно исключительно жёсткий характер приобрело[46] давление[47] на осетин, проживающих в других районах Грузии. В середине июня 1992 г. грузинские отряды вплотную подошли к городу Цхинвал — административному центру Южной Осетии, возникла реальная угроза[48] захвата[49] города и уничтожения[50] значительной части осетинского населения. В этот момент российское руководство выступило с ультимативными заявлениями. В результате Эдуард Шеварднадзе (занявший пост руководителя Грузии после свержения Гамсахурдиа с президентского поста) был вынужден пойти на серьёзные уступки[51], начать переговоры[52] и подписать 24 июня 1992 г. соглашение с руководством Южной Осетии. В июле 1992 г. была завершена 18-месячная война в Южной Осетии.

В 1992 г. абхазское руководство провозгласило независимость, невзирая на то, что лишь 18 процентов людей, проживающих в Абхазии,

---

[37] mood, sentiment
[38] conviction, strong opinion
[39] escalation
[40] transition
[41] paralysis
[42] at that time (*used as an adjective*)
[43] to prevent
[44] military formations
[45] unleashed (military action)
[46] acquired, assumed
[47] pressure
[48] threat
[49] seizure
[50] annihilation
[51] concessions
[52] negotiations

## Глава 34 • Этнические конфликты

принадлежат к коренной национальности. Вспыхнувшую[53] в августе 1992 г. войну с абхазами[54] Э.А. Шеварднадзе остановить не смог. В 1994 г. абхазы вытеснили[55] грузинские войска за пределы республики. Сегодня Абхазия — автономия в составе Грузии, большая часть территории которой в результате этнического конфликта 1992–1994 гг. не контролируется властями Тбилиси. В Сухуми провозглашена независимая республика. Она не признана мировым сообществом[56], однако Сухумские власти имеют армию, милицию и другие атрибуты государственности[57].

Большая часть населения Союза, особенно России, не понимала всей сложности происходящего и боялась лишь перерастания[58] национальных движений в открытую гражданскую войну. Вот почему очень долго для многих в России деятельность рижского[59] ОМОНа[60] была символом честного служения интернациональному долгу. Как и внутри СССР, в самой Российской Федерации к концу 1980-х гг. обострился[61] целый комплекс вопросов во взаимоотношениях между отдельными республиками (например, между Чечено-Ингушетией и Северной Осетией), между национальными республиками и субъектами Федерации и республиканским центром.

Отражением[62] этих противоречий стало, например, проведение в Татарстане референдума о независимости (21.03.1993). Острые противоречия возникли у центра с Якутией из-за права распоряжаться собственностью недр[63], а также с руководством Тувы об определении её статуса.

Особое место в современной истории России заняла чеченская трагедия. Кризис во взаимоотношениях между Москвой и Грозным, сопровождавшийся ростом сепаратистских настроений и разгулом преступности[64] в Чечне, перерос в полномасштабные военные действия[65],

---

[53] See вспыхнуть (to flash, flare up).
[54] Абхазцы is also possible.
[55] expelled
[56] world community
[57] statehood
[58] escalation
[59] Adjective derived from Riga (Рига), capital city of Latvia.
[60] Black Berets; ОМОН (отряд милиции особого назначения)—a SWAT team
[61] deteriorated
[62] reflection
[63] bowels of the Earth, mineral resources
[64] crime wave
[65] full-scale military actions

когда́ в конце́ 1994 г. на террито́рию респу́блики бы́ли введены́ федера́льные войска́[66].

Появле́ние федера́льных войск в Чечне́ бы́ло восприня́то ме́стным населе́нием как объявле́ние откры́той войны́. Да́же те гру́ппы населе́ния, кото́рые бы́ли настро́ены про-моско́вски и́ли пострада́ли от ме́стных мафио́зных группиро́вок, на вре́мя объедини́лись вокру́г Джоха́ра Дуда́ева, ли́дера бо́лее уме́ренного крыла́[67] в чече́нском руково́дстве. Д. Дуда́ев и его́ единомы́шленники не исключа́ли возмо́жностей перегово́ров с Москво́й и де́лали ста́вку[68] бо́льше на междунаро́дное давле́ние на Росси́ю, чем на откры́тые террористи́ческие де́йствия.

О́чень ско́ро, одна́ко, ста́ло я́сно, что внутри́ вы́сшего чече́нского руково́дства[69] идёт борьба́. Про́тив Д. Дуда́ева и его́ сою́зников выступа́ли Шами́ль Баса́ев и Мавла́ди Уду́гов, де́лающие ста́вку на вое́нно-террористи́ческие де́йствия и не допуска́ющие перегово́ров с Москво́й до призна́ния незави́симости Чечни́. Они́ нала́живают свя́зи[70] с ара́бскими и афга́нскими террористи́ческими группиро́вками и организа́циями и открыва́ют две́ри в Чечню́ для междунаро́дных террори́стов, ли́дером кото́рых стано́вится Эми́р Ибн Аль Хатта́б.

Боевы́е де́йствия в Чечне́ о́чень ско́ро приобрели́ хара́ктер партиза́нской войны́ — войны́ без чётких ли́ний фронто́в, с акти́вным испо́льзованием террористи́ческих ме́тодов. В ка́честве «живо́го щита́»[71] чече́нцы[72] предпочита́ли испо́льзовать ми́рное населе́ние[73], осо́бенно же́нщин и дете́й.

Росси́йская а́рмия оказа́лась по́лностью не гото́вой к тако́му ти́пу веде́ния вое́нных де́йствий. Нача́вшаяся вое́нная кампа́ния сра́зу обнару́жила[74] все недоста́тки росси́йской а́рмии: неподгото́вленность и непрофессионали́зм солда́т и офице́ров, неуме́ние вести́ боевы́е де́йствия в усло́виях го́рной ме́стности, отсу́тствие согласо́ванности ме́жду разли́ч-

---

[66] federal troops
[67] moderate wing (in the government)
[68] wager, bet
[69] highest Chechen leadership
[70] establish relations
[71] "living shield"
[72] Chechens, residents of Chechnya
[73] civilian population
[74] exposed, revealed

ными видами войск, непонимание воюющими целей и задач военных действий, коррупция внутри военного руководства.

Первоначально общественное мнение внутри России было почти целиком на стороне чеченцев. Ситуация стала меняться после событий в Будёновске (Ставропольский край), где в 1995 г. террористы захватили больницу. Открыто террористические действия и беспомощность российских спецслужб[75] вызвали сильное раздражение[76] и озлобление[77] в российском обществе. В ночь с 21 на 22 апреля 1996 г. в районе села Гехи-Чу при взрыве самонаводящейся ракеты[78] был убит Джохар Дудаев. На посту лидера сепаратистов его сменил Зелимхан Яндарбиев. Накануне президентских выборов в России такая ситуация была крайне опасной для Бориса Ельцина. Он поручает[79] Александру Лебедю — генералу, занимавшему в то время должность секретаря Совета безопасности России, — ведение переговоров о прекращении военных действий и выводе федеральных войск из Чечни.

31 августа 1996 г. были подписаны Хасавьюртовские мирные соглашения. Военные действия 1994–1996 гг. закончились. Это давало шанс чеченскому руководству начать активные преобразования и строительство мирной жизни, тем более что Чечня могла опираться[80] на достаточно широкую и активную поддержку международного сообщества[81] и гуманитарных организаций. 27 января 1997 г. в Чечне прошли президентские выборы, в результате которых президентом Чеченской Республики был избран Аслан Масхадов. В апреле 1997 г. Чечня получила из Москвы 11 триллионов рублей финансовой помощи из государственного бюджета России. Эти огромные средства в основном были разворованы[82], и в Чечне по-прежнему активно действовали бандитские формирования, которые продолжали похищать[83] и убивать людей. Вряд ли высшее чеченское руководство поощряло[84] эти действия, но оно явно не было способно с

---

[75] special services (secret service)
[76] irritation
[77] bitterness, animosity
[78] self-guided missile
[79] hands over, entrusts, charges
[80] to depend on, be supported by
[81] international community
[82] were embezzled
[83] to kidnap
[84] encouraged

ними спра́виться[85]. 3 февраля́ 1999 г. свои́м ука́зом А. Масха́дов приостанови́л де́ятельность парла́мента и ввёл в респу́блике по́лное шариа́тское правле́ние[86].

В а́вгусте 1999 г. вооружённые отря́ды чече́нцев под кома́ндованием Ш. Баса́ева и Э. Хатта́ба вто́рглись на террито́рию Дагеста́на, наде́ясь расколо́ть[87] его́ и в коне́чном счёте присоедини́ть к Чечне́ для совме́стных де́йствий про́тив Росси́и. Росси́йские вое́нные наста́ивали[88] на продолже́нии боевы́х опера́ций. Они́ воспринима́ли Хасавью́ртовские соглаше́ния как преда́тельство национа́льных интере́сов Росси́и и преда́тельство а́рмии. Одна́ко премье́р Росси́йской Федера́ции Влади́мир Пу́тин, кото́рый собира́лся баллоти́роваться в президе́нты и факти́чески уже́ руководи́л страно́й, хорошо́ понима́л реа́льное положе́ние дел в а́рмии. Сил для большо́й вое́нной кампа́нии у Росси́и не́ было.

Не́ было до конца́ я́сно, каку́ю роль в проведе́нии нападе́ния на Дагеста́н игра́л Президе́нт Чечни́ А. Масха́дов.

Колеба́ния[89] В.В. Пу́тина бы́ли пре́рваны взры́вами в Москве́ и Волгодо́нске в 1999 г., в результа́те кото́рых поги́бли со́тни ми́рных жи́телей. В столи́це начала́сь настоя́щая па́ника. Несмотря́ на то, что не́которые представи́тели либера́льной обще́ственности[90] призыва́ли не сме́шивать боевико́в[91] и чече́нский наро́д, большинство́ населе́ния ожида́ло от В.В. Пу́тина реши́тельных де́йствий. Его́ полити́ческая судьба́ в э́ти ме́сяцы зави́села[92] от сте́пени реши́тельности, на кото́рую он был спосо́бен. И В.В. Пу́тин взял курс на продолже́ние вое́нной кампа́нии, гла́вной зада́чей кото́рой бы́ло уничтоже́ние вое́нных баз и вое́нных сил боевико́в.

Росси́йские войска́ сравни́тельно бы́стро и с небольши́ми поте́рями за́няли террито́рию Чечни́. В хо́де боевы́х опера́ций по да́нным росси́йской ФСБ[93] бы́ло уничто́жено приме́рно 75% группиро́вок боевико́в. Кро́ме того́,

---

[85] to manage, deal with
[86] Islamic law
[87] to split up
[88] insisted
[89] hesitation
[90] liberal opinion
[91] insurgents
[92] depended
[93] ФСБ [эф-эс-бэ́] and [фэ-эс-бэ́]—Федера́льная слу́жба безопа́сности—Federal Security Force (post-Soviet agency that replaced KGB)

ФСБ провело целый ряд успешных операций по задержанию[94] и ликвидации наиболее авторитетных полевых командиров[95], в том числе и Хаттаба.

Однако военные меры не привели к решению самой чеченской проблемы. Конфликт перешёл в стадию постоянных мелких столкновений и террористических вылазок[96] со стороны боевиков. Крупными террористическими акциями стали захват театра в Москве в октябре 2002 г., при котором погибло 130 человек; захват школы в городе Беслан (Северная Осетия) 01.09.2004, во время которого погибло около 400 человек. Справиться с подобной ситуацией можно только в условиях консолидации общества и взаимного доверия[97] друг к другу со стороны чеченцев и России.

Именно эта проблема, одна из самых сложных в посткоммунистической России, до сих пор оказывается нерешаемой.

А.П. Логунов

---

[94] detention
[95] field commanders
[96] sallies, sorties
[97] mutual trust

# Глава 35    История евреев в России (XX век)

> **Введение**
>
> В конце XIX века вследствие погромов некоторая часть евреев, проживавших в Российской империи, приняла решение уехать из России. Другие начали активно участвовать в различных политических движениях, среди которых было и большевистское. Вскоре после революции многим казалось, что еврейский вопрос полностью решён, так как евреям были предоставлены те же гражданские права, которые имели и все другие граждане Советской России. Однако эта надежда не оправдалась: антисемитизм снова возник в 1930-е годы и усилился в 1950-е годы после окончания Второй мировой войны, во время которой сильно пострадало большое количество еврейского населения в Белоруссии и на Украине. Государственная политика антисемитизма продолжалась до 1980-х годов, когда к власти пришёл М.С. Горбачёв, и началась перестройка.

Рубеж XIX–XX веков Россия встретила с целой серией нерешённых проблем, связанных с положением евреев. Традиция отношения к евреям как к «инородцам»[1] сохранялась и усиливалась, причём это объяснялось «низким моральным уровнем еврейского населения». С другой стороны, иудаизм и традиционная еврейская культура представлялись русской монархии угрозой для православия.

Царствование Николая II (1894–1917) оказалось не менее антиеврейским по сути, чем предыдущее. Сильнейшим ударом для еврейского населения сельской местности была введённая казённая винная монополия[2]. Она лишила единственного заработка десятки тысяч евреев в черте оседлости[3], и обнищание[4] еврейских семей приобрело массовый характер. В 1901 году была уменьшена процентная норма для еврейских студентов. В конце 1890-х–начале 1900-х годов

---

[1] members of a national minority (i.e., ethnically not Russians) in tsarist Russia
[2] state monopoly for the sale of alcohol
[3] Pale of Settlement (where Jews were allowed to live), territories formerly part of the Polish Kingdom, located in Ukraine and Belorussia
[4] impoverishment

прошла серия погромов[5], самым грандиозным из которых был кишенёвский погром 1903 года, во время которого было убито 49 человек.

Частично евреям удалось добиться равных прав в результате первой русской революции 1905 года. Однако уже с 1907 года, после поражения революции, антиеврейские репрессии возобновились: прежде всего была восстановлена действовавшая до революции процентная норма, снова началось выселение[6] евреев из губерний вне черты оседлости.

С момента появления в России Государственной Думы[7] повысилась политическая активность еврейского населения. Образовались еврейские политические партии и группировки, большей частью социалистической направленности, самой известной из которых был Бунд[8]. Депутаты-евреи были во всех 4-х созывах[9] Государственной Думы, где они при поддержке прогрессивно настроенных русских депутатов противостояли антисемитскому блоку в Думе. Приходилось бороться и с созданными при непосредственной поддержке правительства антисемитскими организациями, такими как «Союз Михаила Архангела»[10] и «Союз русского народа»[11], которые настраивали российское общество против евреев, провоцировали погромы и даже убивали евреев-депутатов Государственной Думы.

В 1911 году началось дело по самому громкому кровавому навету[12] в истории России — обвинению[13] еврея Менахема Бейлиса в убийстве в ритуальных целях[14] 12-летнего мальчика Андрея Ющинского. После многочисленных экспертиз, длительного разбирательства[15] суд присяжных[16] оправдал[17] М. Бейлиса, несмотря на открытое давление министра юстиции, настаивавшего на версии ритуального убийства. Дело Бейлиса объединило все демократически мыслящие

---

[5] pogroms, anti-Jewish riots
[6] deportation
[7] State Duma (Russian Parliament)
[8] Bund—a Jewish socialist party
[9] session, convening
[10] Legion of Michael the Archangel, an anti-Semitic group in pre-revolutionary Russia
[11] Legion of the Russian people—another anti-Semitic group in pre-revolutionary Russia
[12] blood libel (accusation of a Jew in the ritual murder of a Christian allegedly in order to use Christian blood in a Jewish religious ritual)
[13] accusation
[14] ritual murder
[15] trial, process of presentation of the evidence in a case
[16] jury trial
[17] acquitted

## Глава 35 • Евреи в России (XX в.)

слой[18] ру́сского о́бщества. Про́тив крова́вого наве́та вы́ступили ру́сские писа́тели, учёные, прогресси́вные де́ятели ру́сской правосла́вной це́ркви. Оправда́ние М. Бе́йлиса вы́звало но́вую бу́рную волну́ тре́бований предоставле́ния евре́ям Росси́йской импе́рии всех гражда́нских прав и свобо́д. Одна́ко сам М.М. Бе́йлис был вы́нужден вско́ре уе́хать из Росси́и из-за угро́з черносо́тенцев[19].

В Пе́рвой мирово́й войне́, нача́вшейся в 1914 году́, в ру́сской а́рмии сража́лись до полумиллио́на евре́ев, мно́гие из кото́рых отпра́вились на войну́ доброво́льцами[20]. За хра́брость[21] мно́гие из них бы́ли награждены́ ордена́ми и меда́лями и да́же производи́лись в офице́ры[22]. Вме́сте с тем арме́йское кома́ндование постоя́нно обвиня́ло евре́йское населе́ние пограни́чных областе́й[23] в шпиона́же в по́льзу[24] Герма́нии. В 1915 г. бы́ли осуществлены́ ма́ссовые выселе́ния евре́ев из пригра́ничных губе́рний. Исключе́ния при э́том не де́лалось да́же для семе́й евре́ев, воева́вших[25] в э́то вре́мя на фронта́х.

Февра́льская револю́ция 1917 го́да отмени́ла все антиевре́йские ограниче́ния[26], сохраня́вшиеся в росси́йском законода́тельстве[27]. Ре́зко возросла́ полити́ческая акти́вность росси́йских евре́ев, пре́жде всего́ — сиони́стов[28], одни́м из наибо́лее я́рких ли́деров кото́рых был писа́тель и публици́ст Влади́мир (Зе́ев) Жаботи́нский. Евре́и, принима́вшие са́мое акти́вное уча́стие в револю́ции, занима́ли высо́кие посты́ на всех у́ровнях вла́сти, включа́я прави́тельство. Евре́и входи́ли в руково́дство практи́чески всех па́ртий, поддержа́вших револю́цию: каде́тов[29], социа́л-демокра́тов, эсе́ров[30] и др.

По́сле Октя́брьской револю́ции 1917 го́да симпа́тии росси́йских евре́ев в нача́вшейся вско́ре гражда́нской войне́ бы́ли бо́льше на стороне́ большевико́в

---

[18] thinking circles, intelligentsia
[19] members of the "Black Hundred" group (another anti-Semitic group in pre-revolutionary Russia)
[20] volunteers
[21] bravery
[22] were promoted to the rank of officer
[23] provinces near the border
[24] espionage, spying on behalf of
[25] See воева́ть (to battle, go to war).
[26] restrictions, limits
[27] Russian legislation
[28] Zionists
[29] Cadets, members of the Constitutional Democracy Party that favored constitutional monarchy
[30] SRs, members of the Socialist Revolutionary Party

вследствие антисемитизма белогвардейских войск[31]. В 1920-е годы многие евреи работали на руководящих должностях в государственном аппарате и коммунистической партии, что порой вызывало вспышки антисемитизма[32]. В это десятилетие проводились широкие показательные правительственные акции против антисемитизма, евреям предоставляли земли в Крыму, их широко вовлекали в общественную жизнь. Постепенное возвращение к антиеврейской практике началось с середины 1930-х годов, когда коммунистическая партия фактически взяла курс на воссоздание империи в её новом, советском виде. Тем не менее, к примеру, вплоть до 1941 г. идиш[33] ещё оставался одним из официальных языков Белоруссии. Что касается иудаизма, то советские власти вели с ним беспощадную борьбу в рамках общей борьбы с религией. Повсеместно закрывались синагоги[34], хедеры[35], еврейские училища[36] и др.

В 1928 году в Биробиджане (Хабаровский край, Дальний Восток) создаётся национальный еврейский район, который в 1934 году получает статус Еврейской автономной области. Советское руководство задумало биробиджанский проект как противовес сионистской идее — выделялась территория специально для советских евреев. После создания государства Израиль в 1948 г. и вплоть до конца 1980-х гг. советская пропаганда объявляла Биробиджан настоящей родиной советских евреев, которым якобы[37] глубоко чужда сионистская идеология.

Огромный удар по евреям СССР нанесла Вторая мировая война. На оккупированной территории немцы уничтожили[38] около полутора миллионов мирных еврейских граждан. Практически полностью были уничтожены еврейские общины Белоруссии, значительно пострадали общины Украины, прибалтийских республик. В то же время евреи принимали активное участие в боевых действиях: только в составе советской армии на фронтах воевало около 450 тысяч евреев, многие героически воевали в составе партизанских отрядов.

В послевоенное время И.В. Сталин начал проводить открыто антисемитскую политику. Был закрыт Еврейский антифашистский комитет, а его руководитель — Соломон Михоэлс — убит агентами госбезопасности. Евреев

---

[31] troops of the White Guard (White Army Troops) during the civil war in Russia (1918–1920)
[32] incidents (flare ups) of anti-Semitism
[33] Yiddish
[34] synagogues
[35] cheders—Jewish schools
[36] Jewish institutes, institutes for the study of Jewish law and culture
[37] allegedly
[38] annihilated, destroyed

увольня́ли[39] с рабо́ты, аресто́вывали, закрыва́лись евре́йские культу́рные и обще́ственные организа́ции. В 1949 году́ в стране́ начала́сь широ́кая кампа́ния про́тив «космополи́тов»[40] — э́тим сло́вом, по замеча́нию режиссёра Михаи́ла Ро́мма, заменя́лось сло́во «жид»[41]. В 1953 г. бы́ло на́чато «де́ло враче́й», по кото́рому оказа́лись аресто́ванными по обвине́нию в терро́ре и уби́йствах деся́тки враче́й-евре́ев. В стране́ возни́к антисеми́тский психо́з[42]: пацие́нты отка́зывались лечи́ться у враче́й-евре́ев, кото́рых ты́сячами увольня́ли из поликли́ник, больни́ц, медици́нских нау́чных учрежде́ний. То́лько смерть Ста́лина прекрати́ла «де́ло враче́й», кото́рое, по его́ за́мыслу[43], должно́ бы́ло заверши́ться ма́ссовыми погро́мами и депорта́цией всего́ евре́йского населе́ния на Да́льний Восто́к под предло́гом «защи́ты[44] евре́ев от справедли́вого наро́дного гне́ва[45]». Изве́стно, в ча́стности, что веду́щих представи́телей евре́йской интеллиге́нции заставля́ли подпи́сывать письмо́, в кото́ром они́ проси́ли Ста́лина защити́ть их от э́того гне́ва и вы́слать в отдалённые райо́ны страны́. Уда́ры наноси́лись и по представи́тельствам междунаро́дных евре́йских организа́ций в СССР, пре́жде всего́ по распредели́тельному комите́ту[46] «Джойнт»[47], кото́рый был объя́влен организа́цией англи́йской и америка́нской разве́дки[48]. Связь с «Джойнтом» инкримини́ровалась[49] мно́гим из аресто́ванных евре́ев.

В конце́ 1950-х–нача́ле 1980-х годо́в антисеми́тская поли́тика приобрела́ ины́е фо́рмы. Была́ восстано́влена негла́сная[50] проце́нтная но́рма для евре́ев при поступле́нии во мно́гие вы́сшие уче́бные заведе́ния[51], бы́ли введены́ ограниче́ния на приём евре́ев на рабо́ту. И́менно в э́то вре́мя возника́ет выраже́ние «пя́тый пункт» (и́ли «пя́тая графа́»). Пя́тым пу́нктом в сове́тских анке́тах при поступле́нии на рабо́ту и в ву́зы был вопро́с о национа́льности — и пресловутый «пя́тый пункт» стал спо́собом отсе́ва[52] неуго́дных по национа́льному при́знаку. Вла́сти

---

[39] fired
[40] cosmopolitans, i.e., someone who may have connections to more than one culture; this was a coded word for "Jew" in the 1950s
[41] derogatory term for a Jew
[42] psychosis
[43] intention, plot
[44] See защища́ть/защити́ть (to defend).
[45] справедли́вый гнев (*idiom*); justifiable indignation on the part of the people
[46] distribution committee
[47] «Джойнт» (American Jewish Joint Distribution Committee)—Jewish philanthropic organization founded in 1914.
[48] military intelligence
[49] were charged, accused
[50] secret, unofficial
[51] institutions of higher learning (*abbreviation* вуз)
[52] weeding out

боро́лись с нараста́ющим сиони́стским движе́нием, запреща́я евре́ям вы́езд[53] в Изра́иль, да́же с це́лью воссоедине́ния семе́й, запреща́лось преподава́ние евре́йской культу́ры и иври́та[54]. При Н.С. Хрущёве осо́бое внима́ние уделя́лось борьбе́ с иудаи́змом: закрыва́лись уцеле́вшие[55] синаго́ги, пресле́довались и запреща́лись евре́йские обря́ды[56]. По́сле смеще́ния Н.С. Хрущёва запре́ты[57] осла́бли. Эпо́ха Л.И. Бре́жнева отлича́лась пре́жде всего́ борьбо́й с сиони́змом (кото́рым называ́ли любо́е проявле́ние евре́йской национа́льной культу́ры и бы́та), запре́том на вы́езд евре́ев за грани́цу, ужесточе́нием проце́нтной но́рмы. В семидеся́тые го́ды возни́кло большо́е коли́чество так называ́емых «отка́зников»[58] — евре́ев, кото́рым бы́ло отка́зано в вы́езде в Изра́иль и кото́рые одновреме́нно бы́ли уво́лены с рабо́ты, лишены́ средств к существова́нию. Госуда́рственная подде́ржка ара́бских стран в их борьбе́ с Изра́илем породи́ла це́лую се́рию антисеми́тских книг и стате́й, в кото́рых сло́во «евре́й» заменя́лось сло́вом «сиони́ст».

Антисеми́тская поли́тика сове́тского госуда́рства была́ прекращена́ то́лько в конце́ 1980-х годо́в с нача́лом перестро́йки, кото́рая была́ свя́зана с и́менем М.С. Горбачёва. С 1987–1988 гг. и по настоя́щее вре́мя росси́йские евре́и широко́ по́льзуются все́ми гражда́нскими права́ми, развива́ют национа́льную культу́ру и иску́сство, свобо́дно испове́дуют[59] иудаи́зм. С конца́ 1980-х годо́в евре́и мо́гут свобо́дно выезжа́ть на постоя́нное ме́сто жи́тельства в Изра́иль, США и други́е стра́ны, отноше́ния с Изра́илем нормализо́ваны. Росси́я ста́ла занима́ть бо́лее объекти́вную пози́цию в ара́бо-изра́ильском конфли́кте.

В росси́йских города́х восстана́вливаются синаго́ги и стро́ятся но́вые, успе́шно функциони́руют евре́йские культу́рные и религио́зные о́бщества. С нача́ла 1990-х годо́в в Росси́и со́здано большо́е коли́чество евре́йских сре́дних школ, рабо́тают Евре́йский университе́т в Москве́ и Санкт-Петербу́ргский институ́т иуда́ики. Госуда́рственные уче́бные, нау́чные и культу́рные организа́ции охо́тно иду́т на конта́кты и сотру́дничество[60] с евре́йскими учрежде́ниями и о́бществами. Вме́сте с тем бытово́й антисемити́зм в росси́йском о́бществе сохраня́ется, что проявля́ется, в ча́стности, в де́ятельности ра́зного ро́да

---

[53] departure, emigration
[54] Hebrew
[55] See уцеле́ть (to survive).
[56] rituals
[57] prohibitions
[58] refusniks or refuseniks, people denied the opportunity to emigrate from the USSR in 1970–1980s
[59] belong to a certain religious faith, confession
[60] collaboration, cooperation

144  фаши́стских и полуфаши́стских организа́ций, борьбу́ с кото́рыми росси́йские
145  вла́сти веду́т весьма́ недоста́точно.

А.А. Кобринский

## Глава 36    Постсоветская история России: проблемы и противоречия посткоммунистического периода

> **Введение**
>
> После распада СССР (1991) правительству Российской Федерации предстояло решение многих проблем, как внешних, так и внутренних. Россия вырабатывает новую внешнюю политику. Формируются принципы взаимодействия России с бывшими союзными республиками. В декабре 1993 года принимается новая Конституция РФ. В 1991–1994 годах российское руководство проводит экономические реформы (либерализация цен, приватизация государственной собственности). Во второй половине 1990-х годов Россия переживает политический и финансовый кризис. 31.12.1999 Б.Н. Ельцин уходит с поста президента. В мае 2000 года Владимир Путин вступает в должность президента РФ.

1    1990-е годы стали не только временем одних из самых больших
2    надежд в России, но и временем самых заметных разочарований. После
3    победы в августе 1991 года над ГКЧП — Государственным комитетом по
4    чрезвычайному положению[1] — российское руководство обрело[2] практически
5    всю полноту власти[3], однако вместе с этим и всю полноту ответственности[4] за
6    происходящее в стране. И сам Борис Ельцин, и его ближайшее окружение
7    признают, что к такой быстрой смене ситуации[5] они были не готовы, ни
8    политически, ни психологически. Никто из сторонников[6] демократических
9    перемен[7] не ожидал и того, что столь мучительным[8] и непростым будет выход
10   страны из коммунизма.

---

[1] ГКЧП [гэ-ка-че-пэ] — State Committee for the Extraordinary Situation Martial Law/State Committee for the State of Emergence (name for the Junta in the communist attempt to overthrow Gorbachev)
[2] acquired
[3] absolute, unlimited power
[4] responsibility
[5] change of circumstances
[6] supporters, proponents
[7] change, transition
[8] torturous

Новой России требовалось точно и адекватно определить[9] своё место и роль в окружающем мире[10]. В сфере внешней политики руководству страны пришлось столкнуться[11] с громадным набором проблем[12], которые ранее не приходилось решать. Во-первых, новой России достались «в наследство[13]» проблемы Советского Союза. (Например, долги[14] западным кредиторам, неурегулированные территориальные споры[15] с Китаем, проблема Курильских островов в отношениях с Японией, последствия афганской войны и др.). Во-вторых, Россия перестала быть «сверх-державой»[16] и, следовательно, её дипломатии необходимо было искать принципиально новые способы решения[17] внешнеполитических проблем как в отношениях с Западом, так и с Востоком. В-третьих, России требовалось выработать[18] эффективные принципы взаимодействия с бывшими союзными республиками, с которыми не были урегулированы ни территориальные, ни экономические проблемы, в результате чего обострялись[19] проблемы беженцев. В-четвёртых, изменившейся России требовалось искать новые принципы взаимодействия с быстро меняющейся Европой.

Во внешней политике России 1990-х гг. явно выделяются[20] два этапа.

Первый этап — до 1996 г.: Важнейшая особенность этого периода — активное взаимодействие России с США и поддержка практически всех американских внешних инициатив (Россия даже поддержала санкции ООН против своих традиционных союзников — Югославии и Ирака). Благодаря совместным усилиям[21] России и США удалось заметно сократить[22] ядерное вооружение[23]; Россия получила мощную финансовую поддержку[24] от

---

[9] to determine
[10] surrounding world
[11] to clash, come into conflict with
[12] series of problems
[13] legacy, inheritance
[14] debts
[15] territorial disputes
[16] superpower
[17] means of solving
[18] to work out
[19] worsened, sharpened, deteriorated
[20] stand out
[21] joint efforts
[22] to reduce
[23] nuclear weapons
[24] financial support or assistance

Всеми́рного ба́нка[25], в кото́ром США игра́ют осо́бую роль; Росси́я ста́ла чле́ном «семёрки»[26], хотя́ и не в по́лном объёме. Во взаимоотноше́ниях с Евро́пой удало́сь доби́ться получе́ния ста́туса страны́ с перехо́дной эконо́микой[27], что вы́вело Росси́ю и Евро́пу на но́вый у́ровень экономи́ческого взаимоде́йствия. Подде́ржка США помогла́ доби́ться отка́за Украи́ны от ста́туса я́дерной держа́вы и бо́лее цивилизо́ванно реша́ть вопро́сы о разде́ле ору́жия.

Вме́сте с тем США и их европе́йские партнёры проигнори́ровали опасе́ния Росси́и по по́воду расшире́ния НА́ТО[28] и откры́ли две́ри для вступле́ния в него́ стра́нам Восто́чной Евро́пы и Ба́лтии. Э́то нанесло́ колосса́льный уро́н[29] авторите́ту Б.Н. Е́льцина и заста́вило[30] его́ скорректи́ровать свою́ вне́шнюю поли́тику. Сло́жно выстра́ивались взаимоотноше́ния ме́жду стра́нами СНГ[31] и Росси́ей. Обе́им сторона́м ча́сто не хвата́ло культу́ры полити́ческого диало́га. В результа́те отноше́ния ме́жду Росси́ей, Гру́зией, Молда́вией, Украи́ной развива́лись о́чень неро́вно и поро́й конфли́ктно.

Второ́й эта́п — с 1996 г.: Гото́вясь к вы́борам, Б.Н. Е́льцин смени́л руково́дство Министе́рства иностра́нных дел. Евге́ний Примако́в, смени́вший на э́том посту́ Андре́я Ко́зырева, принёс с собо́й и но́вые внешнеполити́ческие иде́и. Росси́и удало́сь активизи́ровать свои́ отноше́ния с Япо́нией, урегули́ровать спо́рные вопро́сы с Кита́ем, повы́сить свою́ роль в ара́бо-изра́ильском конфли́кте.

Одновреме́нно в Росси́и заговори́ли о необходи́мости формирова́ния многополя́рного ми́ра[32], в кото́ром не бу́дет домини́рования одно́й страны́ (США). Бо́лее акти́вная, чем ра́нее, вне́шняя поли́тика[33] Росси́и была́ напра́влена на созда́ние но́вых геополити́ческих по́люсов[34]: Москва́ —

---

[25] World Bank
[26] the Group of Seven — a group of countries with the seven largest economies in the world: USA, Canada, France, Germany, Italy, Japan, United Kingdom
[27] transitional economy
[28] NATO, North Atlantic Treaty Organization
[29] damage
[30] forced, compelled
[31] СНГ [эс-эн-гэ́] — Содру́жество Незави́симых Госуда́рств — CIS, Commonwealth of Independent States (all the former Soviet Republics except the Baltic Republics of Estonia, Latvia, and Lithuania)
[32] multipolar world
[33] foreign policy
[34] geopolitical poles

Пекин[35] — Дели[36]; Москва — Берлин — Париж. Это не означало стремления к ухудшению[37] отношений с США, но свидетельствовало[38] о желании России быть более самостоятельной. Политически это были чрезвычайно важные шаги, так как внутри[39] страны недовольство населения положением России в мире нарастало и воспринималось[40] как «унижение национального достоинства»[41].

Решение внутренних проблем проходило не менее сложно и противоречиво[42]. И здесь тоже можно выделить[43] некоторые этапы.

Первый этап, 1991–1993 гг.: В эти годы развернулась[44] жестокая борьба между Б.Н. Ельциным и его сторонниками и руководством Верховного Совета[45] России за реальную политическую власть. Б.Н. Ельцин выступал за наиболее радикальные преобразования[46] и решительный разрыв[47] с коммунизмом. Руководство Верховного Совета стремилось найти менее болезненные способы продвижения вперёд[48] при сохранении многих базовых элементов советской жизни. Большая часть населения поддержала ельцинский путь, надеясь с его помощью быстрее выйти из кризиса. Это противостояние[49] закончилось расстрелом[50] здания, в котором заседал[51] Верховный Совет, и полной ликвидацией системы советской власти в России. Конституция Российской Федерации (1993) юридически закрепила эту победу. Россия избрала путь создания правового государства[52] с рыночной

---

[35] Beijing
[36] New Delhi
[37] worsening, deterioration
[38] witnessed
[39] inside
[40] was perceived
[41] humiliation, offense to national honor
[42] in a contradictory way
[43] to allocate
[44] developed
[45] Supreme Soviet (upper house of the Soviet Parliament)
[46] radical transformations
[47] break (decisive break)
[48] movement forward
[49] juxtaposition
[50] shooting (spray of bullets in this context)
[51] was in session
[52] state based on legality/rule of law

экономикой[53] и с реализацией во всех сферах жизни базовых демократических принципов.

В эти же годы были проведены две радикальные экономические реформы: либерализация цен и приватизация государственной собственности[54]. Реформы проводились чрезвычайно быстро и жёстко. В итоге страна получила очень противоречивые результаты. С одной стороны, была создана база для реальной рыночной экономики. С другой стороны, большая часть населения оказалась за чертой бедности[55], имея доходы ниже прожиточного минимума[56]. Подобная[57] ситуация способствовала росту преступности[58], коррупции, массовому вывозу капитала[59], резкой дифференциации в доходах населения[60]. Больше всего пострадали, естественно, сферы образования и медицины.

Второй этап, 1993-1998 гг.: В ходе этого этапа российское население учится жить по новым демократическим правилам. Это не всегда удаётся. Возникают острые проблемы в отношениях между центром и регионами, между исполнительной[61] и законодательной властью[62], внутри политической элиты. Народ же всё меньше интересуется политикой, борясь за элементарное выживание[63] и всё больше разочаровываясь в существующей власти. Правительству не удаётся оптимально решать многие вопросы. Наиболее трагичной оказывается попытка преодоления сепаратизма[64] в Чечне, которая приводит к сильнейшему военному противостоянию и даёт толчок[65] распространению[66] терроризма в крайних формах.

В этой ситуации Б.Н. Ельцину с большим трудом удаётся победить на выборах 1996 г. Однако он уже не в состоянии[67] радикально изменить

---

[53] market economy
[54] privatization of state-owned property
[55] poverty level
[56] minimal subsistence level
[57] similar
[58] criminal activity
[59] flight of capital
[60] sharp differentiation of income (rich growing richer, poor growing poorer)
[61] executive (power)
[62] legislative power
[63] just getting by, basic survival
[64] the overcoming of separatism
[65] stimulus, catalyst
[66] dissemination, spreading
[67] no longer able

ситуа́цию к лу́чшему. Само́ госуда́рство, пыта́ясь вы́йти из экономи́ческих затрудне́ний, развора́чивает це́лую систе́му спекуля́ций, в результа́те чего́ в 1998 г. страну́ охва́тывает мо́щный[68] фина́нсово-экономи́ческий кри́зис.

Тре́тий э́тап, 1998–2000 гг.: Страна́ с трудо́м преодолева́ет после́дствия кри́зиса. Б.Н. Е́льцин не́сколько раз меня́ет соста́в прави́тельства[69], в результа́те чего́ управля́емость основны́ми проце́ссами то́лько ухудша́ется[70]. Реа́льно он озабо́чен[71] по́исками прее́мника[72], кото́рый смог бы удержа́ть завоёванные[73] демократи́ческие преобразова́ния и одновре́менно стал бы гара́нтом[74] сохране́ния интере́сов и безопа́сности семьи́ самого́ Е́льцина.

Таки́м челове́ком стано́вится Влади́мир Влади́мирович Пу́тин, кото́рому Б.Н. Е́льцин и передаёт свою́ власть в 2000 г.

А.П. Логуно́в

---

[68] powerful
[69] the composition of the government
[70] to deteriorate
[71] concerned with
[72] successor
[73] See завоёвывать/завоева́ть (to win, vanquish, conquer).
[74] guarantor, guarantee

# Appendix

# Reading Strategies

*Pre-Reading Strategies: Plan Your Reading Session*

Before you begin to read the text, review historical vocabulary from previous chapters. Next, read the introduction to the text (Введение) and the guided questions in section 1 of the learning tasks. Set goals for yourself: identify questions you want to answer and hypothesize what possible answers might be. Write those hypothesized answers down so you can check your hypotheses as you read. Make predictions about what other information you might find by reading the text and decide in advance what you might want to find out in addition to the answers to the guided questions.

Some of the reading strategies are called "top-down," while others are "bottom-up." The top-down strategies are used to understand the text as a whole, see the bigger picture, the structure of the text's argument, the general points each author wants to make. Bottom-down strategies are used to look for specific features in the texts, to concentrate on a word, a phrase, the word order. These strategies make you understanding specific and precise, and not only general. Try to use some strategies from both categories: if you use only one set of strategies, you will miss either the bigger picture or the fine details.

*Reading Strategies: Top-Down*

Try the top-down strategies first before working on bottom-up strategies, described below.

While you are reading, remember that you already know a lot about the text. Consider, for example, what you may have read about the topic in a Russian or European history class or what a Russian friend or relative may have told you about this period, topic or historical figure. Remember also all that you know about world and Russian history. For instance, if you are reading a text about 17th century Russian history, you know not to expect references to aviation or tanks, but you might well expect to read about serfdom. Try to use what you know about Russia itself: an 18$^{th}$ century trip from Moscow to St. Petersburg could not be done overnight, for example. Look for key words in the title, introduction and opening paragraph of the text that will help you orient yourself to the text.

As you read, try to summarize each paragraph's main points, paying special attention to the words and phrases in each paragraph that the author uses to structure the argument. Think aloud as you read, articulating each paragraph's main idea in your own words. Then write down a few key words to identify that main idea. Look also for "value words and expressions" that convey the author's attitude towards the issues or people s/he is describing, words and expressions such as «к сожалению» or «неизбежно», for example, and note the author's ideological perspective. As you finish work on each paragraph, reconsider the guided questions, your hypotheses and your predictions. Confirm or refute your hypotheses, revise them as you continue to read. Take notes on any additional information that answers the questions you raised in the pre-reading phase.

*Reading Strategies: Bottom-Up*

As you read, remember that you don't have to find a precise English equivalent of every Russian word in the text in order to understand the text. Translation is *not* the same as reading for comprehension. Consider, for example, this text in English about the American revolutionary war:

> British forces captured the pqrh and seized control of the entire bvcx, ytpqming the Continental army to retreat towards the river.

Knowing the historical context (American revolutionary war), the identity of the players (British and American armies) and their military and political struggle, you should be able to guess the meaning of the entire sentence, even if you are not certain of the exact meaning of the unfamiliar words.

If you feel that the meaning of a particular sentence is unknown to you without understanding a particular word or phrase, first try to guess at the meaning of the sentence in which it occurs without using the unknown word at all. If that is impossible, use the word's ending to determine its part of speech. For instance, a word ending in -ого is probably a masculine or neuter adjective in the accusative (masculine animate) or genitive (masculine or neuter) case. A word ending in -ют is probably a third-person plural verb form. Once you determine the part of speech of the unknown word, try to identify what it might mean by context. For example:

> The empress fghjqzed that henceforth title to serfs would be transferred with the land they farmed.

The word "fghjqzed" is most likely a verb in the past tense (with the English past tense ending -ed). It agrees with the subject "empress." Logically, the word might mean:

> decreed
> pronounced
> ruled

When you find yourself stuck on a particular word or phrase, consider carefully the situation described by the sentence. In the example above, the verb agrees with the subject of the sentence, "the empress," and therefore you may be able to guess that the verb in the sentence is most likely a word used to describe actions of monarchs

# Reading Strategies 235

(decreed, pronounced, ruled), rather than actions of peasants (e.g., implored, begged, pleaded, rebelled, or set their landlords' houses on fire).

When you do choose to look up a word in the dictionary, write it down so you can review it later. Chances are that the words you look up in one text will recur in another text in our book. We do *not* recommend that you write English translations into the texts themselves, because when you re-read the text these English translations will distract you from understanding the text in Russian.

Try to understand unfamiliar words by breaking them down into their constituent parts: prefixes, roots, suffixes, and grammatical endings. For example, consider the etymological analysis of two Russian words:

поверхностный
по = prefix meaning "by" or "at"
верх = root meaning "top"
ност = suffix meaning "abstract noun"
н-ый = grammatical suffix + ending indicating adjective (masc., sing., nom. case)
поверхностный = superficial

сдерживают
с = prefix meaning "from" or "off"
держ = root meaning "hold" or "support"
ив = infix indicating imperfective verb
а-ют = grammatical ending indicating third-person plural verb form
сдерживают = [they] restrain

As you encounter unknown words and phrases, you should also consider whether they may include cognates from English or other languages you may know. (Russian is rich in borrowings from Latin and Greek, German, French and, especially in the 20th and 21st centuries, English.)

At the sentence level, consider carefully the nuances conveyed by word order in Russian. Remember that the most important or new information in a Russian sentence is the information that typically comes at the end of the sentence. Look at the relationships between words, identifying the antecedents for pronouns, such as который and тот. If you have difficulties understanding them, circle these words and draw arrows back to their referents.

*Post-Reading*

After you have finished reading, evaluate the degree to which you have attained your reading goals. Consider your original hypotheses and whether or not you have confirmed or refuted them. Were your predictions on target? How many of your additional questions were you able to answer?

Make a list of words and phrases you have learned in reading this text. Create flashcards for some or all of these words and review them before you begin your next reading assignment so you can gradually expand your mastery of Russian historical, political and sociological vocabulary. You may want to focus on the words that come up in the text repeatedly or decide that a certain word is worth learning because you use its English equivalent frequently. You will also notice that the more you read the easier it is for you to recognize words even if you have not looked them up in the dictionary.

Next, consider your use of strategies for a specific reading assignment. Which reading strategies did you use? Were they helpful? Determine which strategies you would like to try using for your next reading assignment as you continue to expand your strategy use. Consider also the time of day during which you worked on this reading assignment and your mood: were you well-rested and attentive, or did you find your attention failing? Decide at what time of day you will do your next reading assignment. Talk with classmates and friends about the strategies they used and find out which strategies they found most successful; next time, try using strategies your friends recommend. But also remember that strategies are learner specific and the ones that work for your friends may or may not work for you.

# Об авторах

**Аксёнова Галина Геннадиевна,** кандидат искусствоведческих наук. Автор двух книг, сценариев восьми документальных фильмов, двадцати телевизионных программ и более ста статей, опубликованных на русском, французском, немецком и английском языках. Режиссёр нескольких аудиокниг. Многие годы преподает историю российского кино в университетах США и является заместителем директора Русской школы Мидлберийского колледжа.

**Борисов Николай Сергеевич,** доктор исторических наук. Многие годы преподает историю России в Московском государственном университете им. М.В. Ломоносова (МГУ). Читал курсы лекций во многих университетах США. Автор десяти книг по истории и культуре дореволюционной России, в том числе учебников для средних и высших учебных заведений.

**Ершов Глеб Юрьевич,** кандидат искусствоведческих наук. Преподает в Смольном институте свободных искусств и наук, Санкт-Петербургском государственном университете культуры и искусств, а также в других учебных заведениях Санкт-Петербурга. Специалист по искусству XX века, в частности по русскому авангарду и современному искусству. Куратор художественной галереи *Navicula Artis*.

**Каган Ольга,** Ph.D. Руководитель программ русского языка на факультете Славянских языков и литератур и директор Центра по изучению языков мира в Калифорнийском университете (г. Лос-Анджелес). Автор нескольких учебников по русскому языку, в том числе первого в США учебника для русскоговорящих студентов, живущих в англоязычных странах. О. Каган и Б. Рифкин – соредакторы сборника "*The Teaching and Learning of Slavic Languages and Cultures*" (Slavica).

**Логунов Александр Петрович**, доктор исторических наук. Заведующий кафедрой Отечественной истории нового времени, декан факультета истории, политологии и права Российского государственного гуманитарного университета (РГГУ). Автор более ста статей, монографий по проблемам российской истории, историографии и исторической психологии. Эксперт ВАК Министерства образования РФ по специальности "история", участник многочисленных российских и международных симпозиумов, в том числе и по проблемам методики преподавания истории.

**Рифкин Бенджамин**, Ph.D. Пятнадцать лет работал профессором русского языка в Висконсинском университете (г. Мадисон), в настоящее время заместитель декана в Колледже гуманитарных и общественных наук Темплийского университета (г. Филадельфия). Автор двух книг и более двадцати статей по проблемам методики преподавания русского языка и о современном русском кино, автор учебника по русскому языку "Грамматика в контексте" (McGraw-Hill). О. Каган и Б. Рифкин — соредакторы сборника *"The Teaching and Learning of Slavic Languages and Cultures"* (Slavica).

**Тендрякова Мария Владимировна**, кандидат исторических наук. Научный сотрудник Института этнологии и антропологии Российской Академии наук, доцент Учебно-научного центра социальной антропологии при Российском государственном гуманитарном университете. Ведёт курсы по этнопсихологии, антропологии детства, истории социальной антропологии, введение в социальную антропологию (курс для студентов-психологов МГУ). Член Европейской ассоциации социальных антропологов, участник многих российских и международных конференций и конгрессов; автор около трёх десятков статей по этнографии детства и религиозной жизни традиционных обществ.

**Яценко Анна Анатольевна**, кандидат педагогических наук, специалист в области теории и практики преподавания русского языка иностранцам. Область профессиональных интересов — методика преподавания грамматики и синтаксиса, социолингвистика. Автор двух учебных пособий для изучающих русский язык. В настоящее время работает в Рид-колледже (г. Портланд).